中国革命纪事

（1925—1927）

[俄] A.B. 勃拉戈达托夫／著

李 辉／译

人民出版社

在1982年4月中国驻苏联大使馆举行的招待会上，时任中国驻苏联大使馆随员的本书译者（右二）与本书作者勃拉戈达托夫中将（右一）进行交流；左一、二分别为我使馆一等秘书方荣萱、叶军。照片为苏联塔斯社记者摄，刊登于1982年5月《苏联妇女》杂志中文版第五期。

目　录

再版序言　李辉 ／ 1

出版说明 ／ 1

作者的话 ／ 1

第一部分　在华北

前往中国 ／ 3

在北京 ／ 16

中国的国内形势 ／ 21

中国的军队 ／ 30

顾问在北京 ／ 35

国民军第一军和张家口顾问组的活动 ／ 39

在河南 ／ 49

农民的处境 ／ 58

返回北京 / 63

一九二五——一九二七年革命的开始

　　和国民军 / 65

山东之行和在河南军校的工作 / 70

一九二六年初华北的军事政治形势 / 75

在天津战场 / 80

国民军第二军的南部战场和驻马店之战 / 92

从郑州到陕县 / 103

取道山西回北京 / 109

国民军第一军的覆没 / 120

国民军第一军失败的原因 / 126

第二部分　在华南

从莫斯科到广州 / 135

在广州 / 139

华南的形势 / 144

华南的顾问和国民革命军的改组 / 155

蒋介石的政变和国民革命军军事

　　委员会领导人 / 160

"三二〇事件"后国民革命军中的

　　军事政治派别 / 165

北　伐 / 168

进攻武昌 / 174

国民革命军东路军的南昌战役 / 180

等待出发 / 183

同政府大员前往南昌 / 187

关于华南组参谋部的活动 / 194

新占领省份的形势和国民革命军的分裂 / 202

国民革命军第十一军 / 206

瓦·康·布留赫尔（加伦）/ 211

一九二七年初在华中 / 216

北方军阀的武装力量 / 219

一九二七年初国民革命军的部署 / 227

浙江之战 / 230

南京战役 / 233

在南京 / 240

南京政府的成立 / 250

在汉口 / 260

河南战役 / 262

冯玉祥的叛变 / 279

离开中国 / 288

附　录 / 295

　　一九二五——一九二七年革命期间的中国军事
　　活动家 / 296

　　一九二五——一九二七年革命时期在华的部分
　　苏联军事和军政顾问 / 303

　　参加一九二五——一九二七年中国革命的苏联
　　军事翻译和汉学家 / 318

后　记 / 321

再版序言

1982 年 11 月，我翻译的《中国革命纪事（1925—1927）》一书由人民出版社以三联书店名义出版了。这在当时中国与苏联国家关系还未实现正常化的环境下，已经是一个很了不起的举动。我想，这在很大程度上是因为这本书对研究 20 世纪 20 年代中国革命史，研究共产国际、苏维埃俄国与中国革命的关系具有重要的参考价值。自 20世纪 70 年代中期以来，尽管中苏关系还处于僵冷对峙状态，但苏联方面陆续出版了几部介绍中国革命、中共发展壮大历程的书籍，均以回忆录的形式出版。其作者都是在 20 世纪 20 年代初期受苏俄政府派遣，前来中国支持孙中山领导的民主主义革命、支持北伐战争的苏联红军将领和共产国际的重要官员。这些回忆录的作者以自己的亲身经历详细叙述了当年中国革命发展的风风雨雨，对于我们深入开展中共党史和中国革命史研究，了解伟大的十月革命胜利后，列宁、斯大林领导的苏俄政权在捍卫自身胜利成果的同时，高举国际主义旗帜，支援世界革命，尤其大力支持中国革命的历史，提供了鲜活的素材。

我是在 1979 年翻译完这本书的。1981 年 4 月我到中国驻苏联使馆工作。由于双边关系尚未实现正常化，使馆的对外活动较少。有一次，使馆举行了一场规模较大的苏联友好人士招待会，我从与会者名单中看到了本书作者的名字，非常高兴。在招待会上，我终于找到了勃拉戈达托夫中将。当时来了很多曾经在中国工作过的苏联将军。尽管两国关系政治气候紧张，但这些将军们对来中国大使馆做客都十分兴奋。我跟勃拉戈达托夫将军谈了他写的这本书，他又回忆了当年在中国工作的经历。与会的苏联记者给我们拍了照片，后来刊登在了苏中友协办的刊物《苏联妇女》中文版杂志上。

在隆重纪念伟大的十月革命一百周年之际，人民出版社决定再版此书，这是一件很有历史意义的事情，体现了出版社同志们的宽广政治视野和历史眼光。谨向他们表示衷心的感谢。

中国与俄罗斯关系现在处于历史最好时期。在两国元首的战略引领下，两国的政治互信不断增强，战略协作日益加深，人民间的传统友谊得到了巩固和发展。在这一前所未有的历史时刻，我们不能忘记那些为了中国革命的胜利、为了加深两国人民友谊而贡献了自己聪明才智、青春年华的苏联（俄罗斯）同志和友人。他们为我们今天日益巩固的全面战略协作伙伴关系铺下了第一块路石。我们坚信，中俄作为两大邻国，一定会按两国领导人指引的方向，永做"好邻居、好朋友、好伙伴"，让两国和两国人民"世代友好"的旗帜高高飘扬。

李　辉

2018 年 8 月 20 日

出 版 说 明

  《中国革命纪事（一九二五——一九二七年）》，是苏联志愿人员 A.B.勃拉戈达托夫关于帮助中国建立国民革命军、参与筹划和实施反对封建军阀和帝国主义的军事行动的回忆录，由莫斯科科学出版社出版。本书译自一九七九年增订第三版。

  本书对于研究中国现代史、中共党史和国际共产主义运动史，有一定参考价值。书中涉及历史事件及人、地名较多，有些史料欠准确，有的观点尚待研究。我们除删去原书的序言外，均保持原貌，请读者注意。

  本书在翻译出版过程中，承有关同志热情帮助，在此一并表示感谢。

一九八二年二月

作者的话

　　根据中国南方政府总统、国民党的创始者和领导人孙中山博士的请求，我们苏联志愿人员，为了帮助中国人民建立国民革命军、筹划和实施反对封建军阀及其主子——帝国主义分子——的军事行动而去了中国，从那时到现在，已经五十多年了。积极承担这一困难而又光荣使命的是很多在俄国国内战争年代威名远扬的杰出的苏联军事首长。在中国领导我们工作的 П.А.巴甫洛夫、В.К.布留赫尔（加伦）、Н.В.古比雪夫（季山嘉）、В.К.普特纳、Л.Л.卡拉蒂金（拉冈）、В.М.普列马科夫（林）、М.В.桑古尔斯基（乌斯曼诺夫）、А.Я.拉平（薛福林）以及很多其他的顾问，在当时极其复杂而又充满矛盾的环境下，在向中国革命者传授军事经验时，表现出了极大的勇敢和创造精神。

　　我在中国待了两年半。我最初在驻北京的苏联武官处工作，因而有可能了解国民革命军第一军的一些情况和我国顾问们的工作情况。后来我被任命为驻国民革命军第二军河南顾问组副组长。在这期间，我参加了山东战役、驻马店战役以及洛阳附近的战斗。我参加了制定南京—上海战役计划和反对在河南省的张学良奉系集团的驻马店战役计划。我在中国滞留的后期，中国国民革命军正开向长江流域，我曾与著名的统帅 B.K.布留赫尔一起共事，任他司令部的参谋长和副总顾问。

　　我国顾问在华北和华南的工作条件截然不同。在华北，国民军第一军所占领的各省的权力都控制在冯玉祥元帅手里，而在河南省，权力则由国民军第二军军长岳维峻将军所控制。

国民军的领袖们不管是在口头宣言、还是在书面声明中，都大讲自己信奉孙中山博士的学说。然而在他们所管辖的一些省份里，人民实际上无权参与政事，甚至连国民党都经常受到限制，而中国共产党当时还处于半地下状态。

我国顾问的工作受到极大的限制。有时让我们搞点工作只是为了换取苏维埃俄国的武器和弹药，或者只局限于狭隘的军事技术范围。在有战斗行动时，人们有时认为没有必要向我们的顾问通报形势，因而使他们失去了使国民军在同直、奉军阀的优势兵力——日本、英国、法国、美国等帝国主义强国支持直系和奉系，大力援助它们——较量时免遭失败的可能性。

在华南，中国伟大的革命家孙中山创建的广州国民革命政府，一直领导着同反动将军和帝国主义分子所进行的斗争。国民党是政府的一支组织力量，连共产党员都加入了国民党。最初，顾问们在政府的直接领导下，深入地了解了军事政治形势，因而也就能发挥自己的知识、经验和能力来帮助国民革命军。但是，随着军队向北挺进，国民革命军便渐渐脱离了自己的根据地——革命的广东省，与政府的关系也逐渐恶化了。一些投机将军和军阀混进了国民革命军，并将大权越来越紧地抓在自己手里。甚至华南也渐渐军阀化了。国民革命军总司令蒋介石后来变成了一个独裁者，苏联的敌人。

这样，华南的上空也布满了阴云。人们都不理睬我们，不向我们通报情况，有时干脆故意向我们谎报军情。所有这些自然会缩小我们的活动范围。有一批顾问在离华回苏联时，甚至被从轮船上拉了下来并被逮捕。

本书第一版问世以后，我收到了读者提出的很多重要意见。一些读者要求解释一下，为什么人多势众而又坚强勇敢、很早就掌握了高度物质技术文化的中国人民，在其发展中，会远远落后于那些晚于中国登上历史舞台的国家。

很遗憾，我们这些参加了一九二五——一九二七年革命的苏联顾问，只是在自己的实际工作中了解到一些中国人的风俗习惯、他们的历史，以及中国的地理，而且也是很不全面的。特别是这使我们没能预见到国民革命军第二军、第三军的瓦解。

读者们关心的另一个问题是俄国伟大的十月社会主义革命在中国革命运动的发展中，特别是在一九二五——一九二七年革命中所起的作用。

现在大家都很清楚，俄国伟大的十月社会主义革命为殖民地国家和附属国争取解放的革命开辟了新纪元。由于这场革命斗争，很多亚洲国家，其中包括中国，都获得了政治上的独立和主权。但是，中国革命运动的结局在一九二四年尚未见分晓。伟大的中国民主主义革命家、中华民国的缔造者孙中山十分清楚这一点。他去世前在致苏联政府的信中，要求援助中国人民的解放斗争。

苏联政府在一九一九年七月二十五日致中国南北政府的呼吁书和一九二〇年九月二十七日的宣言中宣布，苏联放弃沙皇政府的各种特权，废除沙皇政府强加给中国的各种不平等条约，奉行苏中人民友好的政策。

但是，亲日的华北段祺瑞反动政府和华北、华中各省实际上的统治者：军阀张作霖、张宗昌、吴佩孚，以及他们的靠山——日本、英国、法国和美国，千方百计地阻挠苏中两国人民建立友谊，残酷迫害传播伟大的十月社会主义革命思想的人。

在南方的广东省，政府首脑孙中山博士依靠中国共产党人的支持和苏联人民的援助，经过与当地军阀长期的奋战，建立了为在全中国开展革命解放运动的根据地。

在华北，苏联公民经过此地，都要受到中国和日本警察机关的严密监视。因而，对伟大十月革命思想的传播主要通过进步的知识分子、学生和工人小组来进行。北京大学政治经济学教授李大钊就是十月革命思想最著名的传播者。他由于通晓马克思列宁主义的理论，因而成了中国共产党的创始人之一。李大钊懂得，年轻的中国共产党的理论水平还满足不了革命斗争向党提出的那些政治要求。

李大钊在其一系列著作中非常坚决地拥护无产阶级国际主义的思想。他始终在同那些号召"黄种人"灭绝"白种人"的中、日沙文主义者的激烈斗争中宣传这种思想。李大钊认为这种反动观念旨在反对苏联，企图破坏国际革命运动与东方各被压迫国家的民族革命的统一战线。中国革命运动进一步发展的进程，证明李大钊对中国共产党理论水平所作出的评价是正确的，他为反对中国的沙文主义而写的一些著作是切合实际的。

我收到了读者的很多来信，他们想详细了解本书作者的生平。为了满足他们的要求，我现在简略地介绍一下自己的情况。

在我的一生中，几乎有十七年的时间是在战争中度过的，大半生都过着戎马生活。因此，我主要谈谈昔日战斗中的一些最有教益的事情。

一八九三年一月，我出生在卢布林市第六十九梁赞步兵团一个大尉的家庭里。父亲是一个在旧军队里屡建战功的军官，参加过俄土战争。一九〇四年，他作为志愿兵，参加了日俄战争，从此再也没有回来。我在雅罗斯拉夫尔的陆军学校学习，后来又在炮兵学校学习专业。陆军学校的教官，使我们养成了热爱俄国军事艺术的习惯，炮兵学校教授了很多军事科学方面的专业知识以及大学数学物理系的数学课程。我们学完了全部高等数学（微积分学）。对俄国炮兵的培训，要求是很高的，这使得他们最先采用了隐蔽射击法，发明了很多有关的仪器（瞄准镜、罗盘仪、杜罗夫—米哈伊洛夫斯基测角器等等）。后来，我们的炮兵顾问们一九二六年在开封的河南军校和在平地泉，尽量向中国炮兵们传授这种射击法。

军校毕业后不久，我便在第一次世界大战期间，将我所学的知识应用于实践了。因为我在靠近边界的华沙军区服役，因而战争刚一开始，我便置身其中了。第一仗是在一九一四年八月十日，在东普鲁士的奥尔利亚乌附近打的。这是我所见到的伤亡最大的一仗。在一个宽一公里左右，纵深三四百米的开阔地，共阵亡了一千五百名俄国官兵和二千名德国官兵。伤者比死者多一两倍。这个战场后来被我们攻占了。

这些部队尽管在奥尔利亚乌附近的战斗中遭受了如此巨大的损失，然而在瓦普利兹附近的下一次战斗中，以不超过六百——七百的官兵，外加一个炮兵营，使翁格恩的德国步兵师惨遭失败。德国人伤亡一千，被俘一千，其中包括十七名军官。我这样详谈这些情节是为了能加以比较。在一九二六年二月的驻马店战斗中，由于武器的技术质量低劣，操作本领不过硬，因而尽管火力很猛，同样装备的中国士兵却只消灭了一个人。这更进一步证明"兵不在多而在精"的格言是正确的。

在俄国国内战争期间，我在东南战线，任 M.B.伏龙芝指挥的第四军第二十二步兵师炮兵营营长，后任西南战线炮兵总监 B.Л.戈连达尔的副手。此期间，该战线由 A.П.叶戈罗夫（后来任驻中国武官）指挥。我参加过佩烈科普、恰普利卡、卡霍夫卡等地以及其他许多地方的战斗，在一九二〇年八月二十四日强渡别里斯拉夫附近的德涅伯河时，指挥过第六军的炮兵。这是一个复杂而又艰苦的战役，因为敌人拥有坦克和铁甲车，而这些装备我们则一概没有。这时，我第一次设计了一个密集炮火重要目标射击图。此后，我任过麦利托波尔战线顿巴斯地区鲍古恰尔第四十师炮兵主任，直到消灭了克里米亚的弗兰格尔白匪军（详见收入《从冬富到佩烈科普》集子里我的那篇《一个炮兵的日记》，莫斯科一九七八年版）。

我参加俄国国内战争的下一个阶段是所谓的"小战"阶段，开始时打马赫诺父亲的"起义军"，后来打形形色色的匪帮：舒夏、勃罗夫兄弟、马鲁西等匪帮，马赫诺一度曾是我们对付弗兰格尔的盟友。由于马赫诺分子对我们的后方机关和一些单个红军战士大肆抢劫，我们便分道扬镳了。

我曾参加了鲍古恰尔第四十师师长 M.B.桑古尔斯基（后来在国民军中任冯玉祥元帅的首席顾问）与马赫诺的代表、一个叫什么特卡钦科的谈判。特卡钦科穿着一件带腰褶的外衣，戴着一顶新羊羔皮帽，衣冠楚楚。他对一些马赫诺分子的胡作非为表示不满，建议我们如果必要的话，就镇压他们。但是我在特卡钦科的"随从"中间，认出了穿在他的一个代表身上的我过去的一件炮兵军大衣。这件军大衣曾放在一辆遮掩的行李车上，两天以前，这辆大车被马赫诺分子劫走了。同马赫诺分子及其同伙的斗争是一场长期的斗争。正如 M.B.桑古尔斯基所说得那样，敌人"胆小如兔，淘气像猫"。

在古利亚伊波列附近我参加了攻打马赫诺的最大一次战斗。在这次战斗中，马赫诺分子用七八千骑兵，四百辆"塔常卡"① 来对付第三骑兵军（一万二三千骑兵）。只是由于夜幕降临和冬天的寒冷，才使马赫诺分子当时免遭彻底的歼灭。这恐怕是全世界最后一次大规模的骑兵战。

一九二二年九月，我进了工农红军军事学院。学院当时招收的学员都是一些具有国内战争经验的指挥员。关于学院第五期学员，包括去中国的一些志愿者的情况，以及学院的军事科学教学安排情况，在我的这部记事中将做介绍。

我从中国返回以后，在列宁格勒军区服役，任波罗的海舰队喀琅施塔得独立步兵团团长，尔后任军参谋长、军长。伟大的卫国战争前

① "塔常卡"为车上载有一挺重机枪的马车，苏联国内战争期间常用。——译者注

夕，我在总参学院任讲师。

伟大的卫国战争期间，我参加了我们西部战场南段的很多战役。一九四三年九月，我指挥的第六十八军在萨什诺夫卡附近强渡了德聂伯河。在任第五十七集团军副司令员期间，我在基洛夫格勒和季腊斯波尔一带指挥了很多次战役。在季腊斯波尔地区强渡了德聂伯河后，我又参加了雅斯卡—基希涅夫战役。在追歼残余德军时，我们占领了康斯坦察，逼近罗马尼亚—保加利亚边境。

由于我军压境，保加利亚爆发了革命，反动统治被推翻了。保加利亚成立了人民共和国。一九四四年九月八日，我们以凯旋游行方式开进保加利亚境内。我奉集团军指挥部之命第一个进入保加利亚境内。保加利亚边防站站长向我做礼仪报告，以示欢迎。一路上，临时扎起来的凯旋门比比皆是。人民欣喜若狂，抛撒着鲜花，欢迎苏联军队。集团军司令部设在舒曼市，我被任命为该市的警备司令。我们集团军不久又开进了南斯拉夫，同南斯拉夫人民解放军一道，将这个国家从德国法西斯占领者手中解放了出来。

在南斯拉夫，我们在艰苦的山区，同南斯拉夫军队协调行动，与德国占领者的第一山地步兵军展开了一系列战斗。经过对贝尔格莱德持续一周的猛攻，德国的一个军于十月二十日被击溃并被俘虏，首都解放了。

第五十七集团军在芭金附近强渡了多瑙河之后，继续胜利地向前挺进，参加了解放匈牙利的战斗。在这次战役中，我被任命为乌克兰第三方面军派驻保加利亚第一军的代表，该军在第五十七集团军的左翼，沿德拉瓦河向前进攻。战斗进行得十分顺利，部队斗志昂扬，伤亡也不大。四月十日，我又接受了一项新的任命——任命我为维也纳市的城防司令。摆在我面前的一个并非轻松的任务是恢复该市的正常生活。这个有两百万人口的城市的行政机关，在历时八天的攻城期间，早已十室九空，城市的公共事业均遭破坏，几千具尸体无人掩埋。

城防司令的行政机构由一个警卫营、一个警卫室和几名指挥员组成。当时任命了前将军柯尔纳为维也纳市长，他担任此职直到一九五一年被选为奥地利总统为止。当时我们竭尽全力保障供给居民食品。城市生活终于走上了正轨。关于我任维也纳市城防司令期间的活动情况，Г.萨文科的《维也纳会见》一书里介绍得更为详细。

在这本书里，我并不想对中国革命作军事和历史的评论。我只想根据我在中国期间所写的一些笔记，以及根据我的同志们介绍的情况，回忆一下当时的一些事件。

在我的这部回忆录里，对中国的军事地理描述较为多一些。由于中国军队的技术装备低劣，因而军事地理因素对它们来说，有着重大的意义。而我由于工作关系，在研究这一问题时，花费了不少的精力。我在中国期间，完成了近一千五百公里的测绘任务，将利沙尔的著作：《中国地理》从法文译成了俄文，组织和参加了绘编华南和华北战略战役地图的工作。

最后，我愿向所有向我提出过诚挚的建议，或者为我写此书提供过材料的同志，以及对前两版热心关注的读者表示衷心的感谢。

第一部分　在华北

前往中国

一九二五年的春天，对于我们这些工农红军军事学院（现在的伏龙芝军事学院）第五期学员来说，却是"农忙"季节。我们进行了最后的毕业考试，开始毕业论文的答辩。我们都住在离学院相当远的集体宿舍里，学院当时在克鲁鲍特金大街十九号。我住在特维尔斯基大街以前的"列瓦达"旅馆里。我们的大部分时间都用在学习上，但对外部世界的事物，特别是对远东国家发生的事情，即使在百忙的考试中，都一直是十分关心的。

让我去中国，这对我来说，完全出乎意料。事情是这样的：在三月底，有一次，我在学院会场休息厅里碰到同年级同学阿利别尔特·扬诺维奇·拉平。他叫住了我，把我拉到一边，小声对我说："中国南方政府总统孙中山请求我国政府向中国派出军事顾问，以便向正在筹建的国民革命军传授军事技术，并协助他们部署军事行动。为此目的，米哈伊·瓦西里耶维奇·伏龙芝建议，我们学院选派十五——二十名学员前往。党委已经提你作候选人了。你不必担心毕业文凭，这件事还要征得你的同意。"

这个问题真使我茫然不知所措。必须立即作出决定，在自己生活的道路上来一个急转弯。这可能使我业已开始的以战役艺术为题的毕业论文的研究付诸东流。说实话，对此我倒不怎么在意。我感到惬意的是，我将放弃书本上的学习任务和假设的作战条件，而在不久的将来我们将制定调兵遣将的实战计划了。

另一件事却使我忐忑不安。我们这些军事学院的学员，既不懂中国的语言，又不了解中国人的风俗习惯。我们对中国军事地理和总的政治形势的了解也非常肤浅。

但是，我们具有国内战争的战斗经验，此外，大多数人也都参加过第一次世界大战，因而，对用先进军事技术装备起来的帝国主义军队的作战方法并不陌生。学院在很多重要的军事领域方面，对我们进行了大量的理论上的训练，培养我们的唯物主义世界观，帮助我们掌握认识社会现象的辩证法。

在我的脑海中，一下子闪现出很多互相矛盾的想法。我还记得亲人们讲述的那些关于中国和中国人的故事。我父亲原来在俄国西部的军队中服役，在日俄战争爆发前不久，他带着全家，迁到了符拉迪沃斯托克①，并转到东西伯利亚第三十二步兵团。妈妈和我的姐妹们一直对中国人赞不绝口，说他们是诚实勤劳，有着古老和独特文明的人民。

由于某些不利的历史条件，中国在技术发展水平方面落到了一些先进的资本主义国家后边，并遭到了一些西欧国家、美国和日本的野蛮侵略，变成了半殖民地。对于我们这些不久前才打碎了资本主义枷锁的苏联人来说，渴望帮助千百万中国人民保卫民族独立，这是很自然的事情。这是我们的国际主义义务。因此，我决定同意去中国当军事顾问。

不久，我便打听到了我们这一届学员中愿去中国担任军事顾问的一些人的名单。同时也了解到了前几届的某些学员已于一九二三年和一九二四年去中国的情况。

当时去中国的学员都是些什么人呢？

---

① 即海参崴。——译者注

我们这一届和前几届的学员都是在一九二一年和一九二二年从国内战争的战场上直接来学院学习的。当时只让那些积极参加过国内战争或者建立过其他革命功勋的红军指挥员参加入学考试。他们中间各种年龄的人都有，从极为年轻的共青团员到两鬓斑白的老人。他们的文化水平不尽一样，他们在各军种中都担负过各种职务，但他们所有的人都富有战斗经验，几乎都是共产党员和共青团员。

这些在为建立苏维埃政权而进行的战斗中经受了锻炼的学员们，在学习过程中，不是在表面上，而是批判地掌握了军事科学，若谈起第一次世界大战的经验，这一点就更为明显。对一些"一成不变"的军事艺术原则、外国专家的论述以及我们学院当时的教授们就策略和战略问题发表的看法，当时是有争论的。在我们学院里，经常就各种军事方面的问题争得面红耳赤。在组织讨论过程中，学院的军事科学协会及其各个组：步兵组、炮兵组、骑兵组、空军组、工兵组，都发挥了积极的作用。

学院军事科学协会召开的会议，除了学院的教师和学员以外，M.B.伏龙芝、M.H.图哈切夫斯基、C.C.加米涅夫、A.И.叶戈罗夫等工农红军的著名人物也常常前来参加。进行这样的讨论，不仅对学员深入研究学院的教程颇有帮助，而且对苏联的军事科学的发展也有促进。

当时，学员们都同军队的很多杂志和报纸密切合作，其中有些人甚至进了编辑委员会。在创立苏联军事思想方面，二十年代是硕果累累的时期。正是在那个时候才开始认真研究战争经验，就军事和战争史方面的一些重要问题展开了讨论，运用了马克思列宁主义的方法论。当时出版了很多学院的教师和校友——M.B.伏龙芝、M.H.图哈切夫斯基、A.A.斯维钦、A.A.涅兹纳科莫夫、A.M.扎伊奥恩奇科夫斯基、A.И.维尔霍夫斯基等——写的军事科学方面的著作。

学员们的兴趣不仅仅局限于狭窄的军事专业方面的一些问题。他们为了跟上苏联文化科学蓬勃发展的步伐，不放过当时常在莫斯科举办的任何一次文学讨论会，经常去听政治经济学和其他专题的报告，当然，一有机会，就到我们的一些优秀的剧院——艺术剧院、大剧院、小剧院、梅耶尔霍里特剧院、革命剧院以及其他一些当时非常著名的剧院里去看演出。

当时，人们都有如饥似渴的求知欲，都想掌握世界上积累的所有的文化财富，竭力把这些知识融会贯通，并用某种方式表达自己的感情。我们在学院里出版了一种文学杂志。我们中间的一些人甚至想登上更广阔的文坛。但如大家所知道得那样，干作家这一行，需要有天才，同时对文学创作的技巧有一定的"了解"，而这个我们常常掌握不了，如人们所说得那样，连起码的常识都不懂。

我所认识的一位学员 H.E.丘瓦科夫对我讲的一件事，我一直铭记在心。这个人想当诗人。他利用课余时间，写了两大本诗。H.E.丘瓦科夫由于不好意思将自己的创作成果拿给同学们看，有一次便将这些诗带着去见苏联新诗泰斗弗拉基米尔·马雅科夫斯基。马雅科夫斯基热情地接见了他，倾听了他突然来访的原委，然后让他将两本手稿留下，过两个星期再来听答复。

丘瓦科夫在预定的那一天，又怀着激动的心情，抱着希望，跨进了马雅科夫斯基的房门。"尼基塔·叶麦尔扬诺维奇，您知道，——诗人说——我写的诗，说实在的，是很差劲的，那么您写的诗就更不行了。我劝您干脆放弃这件事吧！"尼基塔·叶麦尔扬诺维奇听从了这一真诚的劝告，并开始将大部分时间都用来学军事。他后来成了一名出色的指挥员。在伟大的卫国战争期间，他指挥一个军，干得很有成绩，被授予中将军衔和"苏联英雄"称号。

这个故事对那种不认真钻研军事的人敲响了警钟。如果莽撞行事，尽作些毫无根据的决定，其结果必定使人力和物力遭受巨大的损失。

根据当时的形势，我们在学院学习时，特别注意研究与我国毗连的那些西欧国家的情况。面对远东国家的了解则很少。例如，甚至在研究日俄战争时，只上了两小时的大课。这样，我们这个中国班不得不自己主动弥补这一空白。

我们学院的教授和教师，都是知识极为渊博的人，都有日俄战争、第一次世界大战和国内战争的丰富的战斗经验。斯维钦、维里奇科、扎伊奥恩奇科夫斯基、鲁基尔斯基、诺维茨基等教授撰写的一些著名的军事著作都被译成了外文。他们尽力培养我们掌握正确的、科学的思维方法和独立解决军事问题的实践素养。我举一个例子。

军事地理教研室主任当时是考斯佳耶夫（前红军全俄总参谋部参谋长）。他提醒学员不要死背那些地理名称和各种数字。在他教的课目考试时，允许使用各种教科书、参考书和笔记。教科书和工具书事先都放在一组组应考人的书桌上。考卷中的各种问题，在教科书中都无法找到直接的答案，但学员要是熟悉教科书，对学过的东西完全了解，那他在规定的口试预备时间里（三十分钟到一小时），是能够轻而易举地找出必要的答案来的。例如，我要回答的是下述几个问题。第一个问题，从军事地理的角度，对华沙战役和维尔纽斯战役的决战方向做出有比较的评价；第二个问题，用军事战略的观点评价加拿大和美国的边界。这就要查参考书，看每个战区有多少条交通道路，容量多大，这些道路中都有哪些障碍，当地都有什么资源等等。

大约过了半年，我便在中国根据一些实际材料，为全权代表 Л.М.加拉罕汇编类似的军事问题资料。

我们这一届愿去中国担任军事顾问的学员由阿利别尔特·扬诺维奇·拉平领队。他是本届学员中年纪最轻的一个，但已是一个战功卓著的人了。他才干出众，是一个很好的同志。拉平具有非凡的魅力，他属于完成了俄国革命那一代人之列。

阿利别尔特·拉平于一八九九年五月二十七日出生在里加一个拉脱维亚工人家里。他的父亲老拉平在"向导"工厂工作，积极参加了一九〇四——一九〇五年的革命运动，是俄国社会民主工党党员。老拉平一九〇七年来到了莫斯科，在"勇士"工厂干活，从一九一五年起，加入了布尔什维克党。他积极参加了一九一七年的革命，任莫斯科党委会委员。我与他见过多次面，他豪放、直率的性格给我留下了深刻的印象。阿利别尔特也继承了这些特点。他把他父亲送的一件礼物——一支老式左轮手枪，作为传家宝一直保存着。他是在莫斯科上的学，毕业于高小和商业学校。拉平于一九一九年六月加入共产党。一九一七年十月间，阿利别尔特·扬诺维奇在莫斯科经受了战斗洗礼。他当时作为共青团的组织者之一，率领列法尔托夫斯基区的共青团员占领了阿列克塞耶夫士官学校。一九一七年十二月，拉平曾任红色近卫军总参谋部成员。一九一八年六月，为了镇压捷克白匪的叛乱，他上了喀山前线，在那儿他最初被任命为第五军司令部侦察处政委，后来任该军司令部政委兼军革命军事委员会副委员。在这里，他在第五军军长米·尼·图哈切夫斯基的直接领导下，提高了自己的军事技术水平。

阿利别尔特·扬诺维奇不愿待在司令部里，根据他的坚决要求，他被任命为第二十六步兵师二三二步兵团团长。他参加了第五军发动的布古尔马和切列亚宾斯克战役中的很多次战斗。一九一九年七月二十三日，拉平在切列亚宾斯克附近脊椎受了重伤，住了几个月的医院。医务委员会认为他已不宜再服役了。但是根据拉平的请求，米·尼·图哈切夫斯基接受他到自己的司令部，任作战部部长。

但在阿利别尔特·扬诺维奇刚刚能离开拐杖行走时，他就要求上前线。第五军革命军事委员会任命他为瓦·康·布留赫尔创建的第三十步兵师师长。他率领这个师打了很多漂亮仗：攻击托木斯克；在克腊斯诺亚尔斯克和坎斯克附近俘虏高尔察克的第二军和第三军的主力。这个师在克拉斯诺亚尔斯克表现得尤为突出。在这里，为了保障第五军的右翼的安全，拉平带着一部分兵力发动了一次奇袭。他们迂回到敌后，并紧追敌人不放，于一九二〇年三月七日占领了伊尔库茨克。第三十步兵师被授予荣誉革命红旗，并被命名为"伊尔库茨克第三十步兵师"。师长 А.Я.拉平被授予红旗勋章，以表彰他的功绩和在战斗中表现出的勇敢精神。

东部的一些主要战役结束以后，拉平被派到了西部前线，对付波兰白匪。当时指挥西部战线的是米·尼·图哈切夫斯基。拉平在这里担任第二十七奥姆斯克步兵师第八十旅旅长，参加了华沙战役。第八十步兵旅与二十七师的其他部队一道，迅速渡过了别列津纳河，消灭了据守在明斯克外围的波兰白匪，并以迅雷不及掩耳之势，插到明斯克波兰白匪军的后方，迫使其节节败退。尔后，在追歼敌人时，马不停蹄地渡过了西布格河，迎头痛击了斯莫洛维奇的部队，抵达了华沙附近。

在我们的部队撤离华沙时，拉平指挥第二十七师一部，在沃尔科维斯克附近进行了反击，牵制住了敌人的全线进攻。鉴于对部队的灵活指挥和在同敌人的战斗中表现出的自我牺牲精神和英雄气概，阿利别尔特·扬诺维奇又荣获二枚红旗勋章。

与波兰白匪的战争结束以后，拉平便前往远东，清剿这一地区的日本人和白匪残余。

在这里，他参与制定和实施了沃洛恰耶夫卡战役计划，这个战役成了彻底解放这一地区的序幕。在一九二一年到一九二二年间，他担任过各种职务：远东共和国铁路警卫部队司令、远东共和国代理总司令、阿穆尔边区部队司令和外贝加尔军区司令。当时，这个司令员才二十二岁。

阿·杨·拉平后来又从远东被派往莫斯科，到工农红军军事学院学习。拉平和我不在一个班里，因此我对他在这期间的学习情况不太了解。我只记得在一次年级军事表演中，拉平在完成 А.И.维尔霍夫斯基教授交给的任务时灵活机警。维尔霍夫斯基夸奖拉平处理问题不死板，尽量利用军事机智，但指出他还有些急躁，对部队的实际能力、一致行动和后勤估计不足。A.H.拉平于一九三七年牺牲。在苏联的各个城市里——莫斯科、明斯克、伊尔库茨克、哈巴罗夫斯克、切利亚宾斯克——都有用他名字命名的街道，他的名字将流芳百世。

现在，祖国又把拉平派到了另一个战场，去帮助中国人民开展解放斗争。不久，我们这个赴华小组就开始办理证件。办证件时曾发生了一些摩擦，不过这也难免。我在北京政府驻莫斯科使馆里办理签证时，就遇到了麻烦。

中国大使馆当时坐落在克鲁鲍特金胡同里。使馆的一个秘书接待了我，这个人个儿不高，宽肩膀，一头厚黑发，俄语讲得很好。他对我是否需要去中国表示怀疑，拒绝给我办签证。

这样，我不得不到外交人民委员部去找远东司司长麦尔尼科夫，他给了我一张他的名片，在上面写了几个字，要求中国大使馆给办理签证。名片起了作用，使馆的那个秘书特别客气地接待了我，我便立刻得到了签证。

四月七日，我与志愿者小组一起，乘莫斯科至符拉迪沃斯托克的火车，前往我们陌生的中国。我与同年级同学康斯坦丁·勃罗尼斯拉沃维奇·卡利诺夫斯基一起，坐在国际车厢的一等包厢里。坐在隔壁包厢里的是当时著名的骑兵指挥官维塔利·马尔科维奇·普利马科夫。卡利诺夫斯基和普利马科夫都为提高冯玉祥的国民军的战斗力贡献了很多力量。

康斯坦丁·勃罗尼斯拉沃维奇·卡利诺夫斯基中等个儿，很瘦削。他好像始终在思考着某些重大问题。康斯坦丁·勃罗尼斯拉沃维奇·卡利诺夫斯基于一八九七年出生在斯摩棱斯克一个旧军官家庭，由在莫斯科的亲戚抚养长大，入莫斯科第二中学学习。毕业以后，他自愿参军，到第四炮兵营当了一名自愿入伍者①。

① 指在帝俄时代，受过中等教育，在一般规定以外参军的人。——译者注

革命期间，他同全营一道，转到了革命一边。不久，炮兵营被编入北方战线第六军，保卫阿尔罕格尔斯克，使之免遭英美干涉者的侵占。在申库尔斯克附近的战斗中，K.B.卡利诺夫斯基表现得既勇敢又主动。一九一九年夏，他被派往莫斯科，进了高等装甲学校，毕业以后，于一九一九年十一月十七日被任命为开到南方战线去打波兰白匪的第八号装甲列车车长。

国内战争期间，由于屡建战功，K.B.卡利诺夫斯基被授予二枚红旗勋章。第一枚勋章是为了表彰在他的领导下，装甲列车全体人员在突破波洛茨克—莫洛杰奇诺铁路线上的佳特卡车站附近两湖隘口波兰白匪牢固防线时所表现出的主动顽强精神。这个装甲列车在开到一座被毁的桥梁跟前时，用大炮和机枪的火力为步兵和坦克开辟了道路。第二枚红旗勋章是为了表彰他在保卫亚谢利达河渡口和消灭敌人优势兵力时所表现的大无畏精神。

国内战争结束以后，康斯坦丁·勃罗尼斯拉沃维奇连同自己的装甲列车积极参加了镇压白俄罗斯和北高加索匪徒。后来，他进了工农红军军事学院。学习期间，他写了一部学术著作，发表了几篇介绍在各种战斗中使用装甲部队的颇有意思的文章。此外，卡利诺夫斯基还担任《红军的技术装备与后勤》杂志编辑委员会委员。他极为谦虚，并和 A.Я.拉平一样，从不夸耀自己的革命战功。

维塔利·马尔科维奇·普利马科夫看上去相当魁梧，中等个儿，仪表堂堂。他有超众的讲演才能。他于一八九七年出生在舒曼村（契尔尼戈夫省）一个乡村小学教师家庭里，毕业于契尔尼戈夫中学。普利马科夫与革命作家 M.M.柯秋宾斯基的儿子非常要好，因而 M.M.柯秋宾斯基对他的成长影响很大。

一九一三年，普利马科夫十六岁时，因参加革命工作，曾遭逮捕并被投进沙皇监狱。从流放地返回以后，普利马科夫成为基辅党市委委员，他作为一个宣传家负责在军队争取士兵转向布尔什维克方面的工作。

他参加过佩得留拉第二预备团的起义，一九一七年十二月又建立了红色哥萨克支队，这支队伍后来变成威名远扬的红色哥萨克第八骑兵师，尔后又变成红色哥萨克第一骑兵军，红色哥萨克部队所走过的战斗道路与维塔利·马尔科维奇·普利马科夫的名字密不可分。红色哥萨克部队接受的第一次战斗洗礼是在一九一八年一月六日，在波尔塔瓦附近。他们在那儿与哈尔科夫的红色近卫军一道，迎头痛击了乌克兰的反革命部队。

而在德国人完全占领了乌克兰以后，在那些抗击德国人、佩得留拉分子和波兰白匪的游击部队中间，就有普利马科夫的一支队伍。

一九一八年十二月，红色哥萨克部队与苏维埃乌克兰第二师一道，解放了哈尔科夫。一九一九年春，普利马科夫的队伍在袭击库齐敏斯科耶湖附近的老康斯坦丁诺夫镇时，使佩得留拉赫尔松师遭到了惨败。

一九一九年夏末，普利马科夫率领的红色哥萨克部队参加了在克罗梅附近消灭邓尼金军队的战役。他们深入敌后（达一百二十公里），突然袭击，使白匪遭到了惨败。鉴于在这次战役中的表现，普利马科夫被授予一枚红旗勋章。此后，红色哥萨克部队被派到了西线去打波兰白匪。在这里，普利马科夫的师于一九二〇年六月五日在普罗斯古罗夫袭击敌人时，歼灭了波兰第六军司令部及其后勤机关。为了表彰这次突袭，普利马科夫被授予第二枚红旗勋章。一九二〇年十一月，红色哥萨克部队在皮萨烈夫卡附近的战斗中，消灭了弗多维钦科将军指挥的佩得留拉分子。哥萨克队伍在乌克兰同马赫诺、巴利亚以及其他一些匪首指挥的队伍战斗了相当长时间。

鉴于屡立战功，红色哥萨克师被授予一枚列宁勋章、一枚红旗勋章以及一枚乌克兰劳动红旗勋章。国内战争结束以后，普利马科夫于一九二四年在莫斯科结业于指挥员进修班，尔后被任命为列宁格勒高等骑兵学校校长，而在一九二五年四月，我们便在赴华列车上见面了。

维塔利·马尔科维奇是一个富有经验的秘密工作者，他走进了我们的包厢来"熟悉旅伴"，以便让局外旅客觉得我们是萍水相逢。但在此时这已无必要，因为整个车厢都是我们的志愿者，只有乘务组是局外人。至于乘务组，在新经济政策时期，很少去注意自己的旅客；他们所关心的是在途经各站购买畅销货物和商品，然后将其拿到其他城市以高价出售。

我们离莫斯科越远，见到的不久前才结束的内战和外国武装干涉所留下的痕迹就越多：很多车厢翻倒在路基下面；村子和车站成了一片瓦砾；在横跨西伯利亚的大铁路上，到处是用一堆堆枕木架起来的临时桥梁。我当时想，要医治这些创伤和为这个幅员广阔，人烟稀少的边区创造正常的生活条件，还需要做很多的努力，需要很多的财力和时间。

在长途旅行中，我们经常就未来工作的前景问题交换意见。维塔利·马尔科维奇幻想着在冯玉祥的军队里建立一支庞大的骑兵队伍，然后沿着沙拉木伦河谷奇袭沈阳。康斯坦丁·勃罗尼斯拉洛维奇计划着要建立装甲列车队，在山地铁路线上培训装甲列车组人员和进行行动。

至于我，中国对我来说，是一个陌生的国家，因此我打算首先无论如何要搞到有助于了解这个国家的文献资料。在莫斯科时，我们没来得及购买这些书籍。我认为波波夫—塔季夫写的《中国地理概要》不足为信。比方说，书里讲中国的人口为四亿至八亿，非常模棱两可。这样，我不得不忍耐一下，希望让中国来作自我介绍。

我们最先接触中国是在满洲里车站。经过一番十分马虎的海关检查以后，我们上了中东铁路的一列火车，先去长春。根据一九二四年苏中两国签订的协定，中东铁路当时已变成了一个纯商业企业，按平均分配原则，由双方共管。

中东铁路从未发生过战事，因而铁路一直运转正常。列车都是正点运行，各车站秩序井然。乘务组经常打扫车厢和洗擦车窗。这很有必要，因为正是在春天常刮北风，尘埃飞扬，塞满了所有的缝隙。有鉴于此，一些富有经验的旅行者都建议我们不乘坐一等车厢，而乘有二个硬座位的三等车厢，那儿的灰尘要少一些，设备也不比一等车厢的差。每个车厢里都有电风扇，柞木壁板擦得明亮照人。

中东铁路最引人入胜的地段是大兴安岭山口。在这里，铁路两旁风景如画；铁路蜿蜒曲折，因而火车有时朝相反的方向——从东往西，要走好长时间，然后突然钻进最长的，几乎有三公里的一条隧道。

不管我们怎么竭力保守秘密，我们苏联人的外表还是瞒不过哈尔滨暗探老练的眼睛。在月台上，几名搬运工朝我们走过来说："您们的人已经住到旅馆（我忘了这个旅馆的名字）里了。"然后，一个苏联志愿者前来接我们，并让我、尼古拉·谢苗诺维奇·莫尔察科夫医生和副官普特纳三人继续跟这列火车走。他还提醒我们路上小心，因为有消息说日本警察局及其雇佣的白匪正在策划反苏挑衅行动。

我们于傍晚到了长春。在这里，我们才真的觉得到了中国。车站上刺耳的嘈杂声和拼命的喊叫声立刻使我们感到震耳欲聋。这都是些人力车夫和各个旅馆的堂倌，他们在招揽顾客去住旅馆和去茶馆。长春是一个转运站。当时日本人经营的南满铁路由这里始发。车厢都是日本式样的，体积不大，服务人员都是日本人。我们好不容易才搞到去沈阳的火车票。

我们于第二天早上到了沈阳。负责我们小组抵达北京的任务交给了我。我上了月台，希望能碰到个苏联领事馆的人，让他帮我们搞到车票并坐上去北京的火车。这时一伙自称在日本警察局里干事的白匪走到了我跟前。他们问长问短，但我没答理他们。我注意到有一个矮个子，穿着灰大衣，戴着礼帽，显然是在找人，从一个车厢跑到另一个车厢，不断打量着每一个旅客。当他一看见我时，便急忙朝我奔来。"您好"——他用相当流利，尽管带有口音的俄语对我说。"我是日本警察局的代表，这是我的证件"。他把证件翻开给我看了看。"您到哪去?"

我回答说去北京。为了避免进一步纠缠，我打断了他的话："我要去苏联领事馆怎么走"?

"您要到苏联领事馆去? 等一等!"

我的这个歇洛克·福尔摩斯①跑到一帮车站的马车夫那儿，并同他们开始大声地争了起来。然后，他快步返回我这儿，把我带到了一个他选中的马车夫那儿。

"这个马车夫负责把您拉到领事馆，然后再带您回车站。您付给他一元零四分就行了，多了别给。"

我对这个殷勤的警察道了谢，然后就前往领事馆。

在同领事谈话时我才知道，他对我们的到来一无所知。我不得不返回车站，自己动手买车票，在车厢里把一切都安排好。这真不是一件容易的事。中国人维持车站和列车上的秩序是很困难的，因为外国人利用治外法权，不断破坏中国铁路规章制度。

在北京，B.E.戈列夫参赞迎接了我们，交给我们一张写有到离使馆不远的一家旅馆住宿的条子。在旅馆里，一个办事员让我们在旅客登记簿上登记。当我们在这个簿上看到我们一个先来的人用俄文字母写了一个意大利的索尼诺名字时，我们简直惊讶不已。

---

① 歇洛克·福尔摩斯是英国作家阿瑟·柯南道尔（一八五九——一九三○）侦探小说《福尔摩斯探案集》中的主人公。——译者注

在北京

第二天，我急忙前往北京的使馆区，以便向我们的武官阿纳托利·伊里奇·格克尔报到。

阿纳托利·伊里奇是一个红军指挥员，文化程度很高，军事科学方面的知识很渊博。他是一个早在十月革命胜利以前就转到了人民一边的旧军官的代表人物。

阿纳托利·伊里奇于一八八八年八月二十五日出生在梯弗里斯①一个高加索部队军医的家庭里。他在梯弗里斯中学毕业以后，进了彼得堡弗拉基米尔军校。一九一二年，阿纳托利·伊里奇被任命为驻扎在格罗德诺的维亚特第一〇二步兵团军官。第一次世界大战一开始，他就在该团服役。一九一六年，他在总参谋部军事学院训练班里学习，结业以后，被派到编入罗马尼亚战线的第三十三军参谋部任职。上尉格克尔以其具有的革命热情而闻名，因而担任军团委员会委员，一九一七年九月加入布尔什维克党。同年十一月，第三十三军革命军事委员会选举他担任该军的参谋长，年底，又选他担任第八军军长。

旧军队解散以后，阿纳托利·伊里奇又被吸收参加组建红色近卫军，尔后参加组建红军的工作。一九一八年三月 A.П.格克尔最初被任命为顿涅茨军军长，尔后于一九一八年四月又被任命为苏维埃乌克

---

① 即现在的梯比里斯。——译者注

兰部队总司令部参谋长。他在当时极端复杂的条件下，领导了同资产阶级民族主义反革命分子和德国占领者的斗争，一九一八年七月，参加了镇压雅罗斯拉夫的反苏维埃叛乱。同年八月，他担任科特拉斯战区司令，他所率领的部队给盘踞在祖国北部的干涉者以毁灭性的打击。

一九一九年夏，阿纳托利·伊里奇指挥第十三军与邓尼金作战，解放了新奥斯科尔和科罗恰市，一直打到了别尔戈罗德市附近。在打顿巴斯时，阿纳托利·伊里奇负了伤。一九二○年，А.П.格克尔担任共和国警卫部队参谋长，指挥了契卡部队反对反革命匪帮的一系列战役。一九二○年九月，格克尔指挥第十一军消灭了干涉者的最后支柱之一——格鲁吉亚白匪反革命分子。正如命令中所讲的那样，"鉴于在十一军发动的多次战役中能亲自参战、英勇顽强、指挥有方"，А.П.格克尔荣获一枚红旗勋章。苏维埃亚美尼亚政府曾授予他一枚亚美尼亚苏维埃社会主义共和国红旗勋章，阿塞拜疆苏维埃社会主义共和国革命委员会授予他一枚阿塞拜疆苏维埃社会主义共和国红旗勋章，格鲁吉亚共和国授予他一把银质军刀。一九二二年六月，А.П.格克尔前来中国担任武官。

А.П.格克尔非常热情地接待了我，并把我留在武官处工作。但他自己却又接受了新的任命，很快就回苏联了。担任新武官的是前土耳其斯坦战线革命军事委员会委员 Н.М.沃罗宁。阿纳托利·伊里奇提醒我甚至在我们的使馆区里务必采取预防措施，以防各种挑衅活动。特别是要同那些不认识的使馆人员疏远一些。

武官处当时只有他一个人，而且也只有他才能向我提供重要的情报和材料。然而由于阿纳托利·伊里奇急于要回莫斯科，便没有详细地向我介绍情况。他让我自己看看他所留下的材料。我在这些材料里并没找到有重大价值的东西。当然，靠一个人去搞清人数众多的军阀部队的部署情况，监视他们内讧的动向，搜集各战区的材料，同时出席各种招待会和宴会，拜访各国代表等等，是不可能的。

阿纳托利·伊里奇作为一个武官，显然对中国很多重要的军事战略问题了如指掌，他为大使整理了很多专门的质疑材料，提出了很多建议。

我知道，我要想了解中国军阀部队的情况，弄清他们都依靠什么人，查明一些军事行动的性质等等，还必须下大功夫。

但眼下首先要找个安身之处。我想了一想，便选中了离我们使馆不远的国际卧车协会的"六国饭店"。在这家饭店里的第五层，我要了一个设备齐全的单间，房费每月一百五十元，伙食全包。

对于我们来说，最好不要住豪华的饭店，而应选择大众化一些的、人们不大留心的旅馆。应当指出，我们在中国有时闹得很不愉快：我们在苏联时，出国的事曾向亲友们保密，因此不便作种种准备，到了国外，我们既不懂风俗，又不会交际，结果，就被特务跟上了。有一次在天津，一个日本军官在车站上跟我找碴儿。他放肆地站到了我对面，将相机对准了我。当他就要按快门的时候，我便转过身去，背对着他。这个军官又跑到了我的前面，照样又将相机对准了我。只是在第三次给我拍照仍未成功以后，这个笨家伙气得又跺脚又挥手、声嘶力竭地对我百般谩骂。

可以举出很多帝国主义国家的特务跟踪我们的例子。我只再谈一件有点儿滑稽的事情。有一次，我们的顾问组乘火车从北京前往张家口。车厢里进来一个白俄。这个家伙挨着我们坐了下来。他嘴里叼着烟斗，手里拿着一份英文报纸，装扮成一个英国人。我们的人个个都心情欢畅，便开始嘲弄这个家伙。"唉，小特务，你干这份奴才事，能从你的主子那儿拿多少赏钱？恐怕是像犹大①那样只拿三十个银币吧？"

---

① 犹大是耶稣的徒弟，他为三十个银币出卖了耶稣。——译者注

接着一直这么嘲弄他。这个"英国人"镇定自若，好像这与他无关，好像他并不懂俄语似的。当时一个爱开玩笑的人小声对其他的人说：

"伙伴们，我们要经过南口狭谷，那儿的拐弯处有个深谷，到时咱们就把这个特务扔到山谷里去。"

这个"英国人"惊恐不安地盯着自己的这些旅伴，赶紧把报纸和烟斗收拾起来，并立即溜出了车厢，在南口车站他真的下了车。

遗憾的是我们在中国逗留期间，这种事情经常发生。

在饭店里安顿下来以后，我便决定参观这座城市。北京是世界上最美丽和具有独特风格的城市之一。同时，这也是一座最古老的城市。关于现在北京地区的最初记载可追溯到公元前二千年。公元前一千年时，北京称为蓟城。后来，这个城市经常变换名称。燕京、幽州、中都、大都等等。一四二一年，北京取了现在这个名字。北京修建得最完美的地方是内城。内城围有城墙。城墙高十七米，宽度足以对驶两辆马车，城墙上筑有炮台，顶上长着树木和放着一些长凳。我住的那家饭店也与南城墙挨着。夜晚，我常常出来散步，欣赏这个独特城市的景色。在紫禁城和北京外城之间，有一座天安门，从天安门上远眺，北京的全景一览无余。过去在内城里住的都是皇帝的侍从和封建贵族。这里有古老的宫殿、古老的建筑和带有小湖的公园。最大的湖是北海。内城的中央部分——皇城，最为豪华，建筑装饰与众不同。在皇城里有一个皇宫建筑群——紫禁城。这里过去是皇帝及其家族的宫殿。只有一小部分皇帝的亲信才能来这里。紫禁城四周围有砖砌的呈长方形的高墙和水壕。紫禁城从一九二四年起变成了博物馆。这里有很多中国建筑的名胜古迹；对称的太和殿结构严整，装饰精巧。在皇城西边有一个公园，里边有一个用琉璃瓦砌成的"九龙壁"。九龙壁工艺高超，保存完好。

北京城区还有很多古迹。其中，就其历史意义和建筑艺术来说最有意思的是天坛。它是中国人景仰的一个主要神殿和圣地。

天坛的四周围有五米左右的高墙。天坛的主要建筑是由白色大理石砌成的三层露台祭坛。每一层的四周都围有大理石柱子，上面雕刻着图案。

皇帝（天子）以前就在最上边的平台中央做祈祷。皇族成员在第二层，皇帝的亲信——大臣、武将——都在最下边一层。他们每年来天坛祈祷两次。每次拿一整头一色的小公牛上供（在瓷砖炉里火化）。很多礼品和香草也都放在青铜火盆里烧着。

人们在皇宫里为这个仪式要进行长时间的准备，并认真进行排练。天坛里预先都插满了杏黄旗和龙旗以及灯笼。皇帝及其亲信都由人们用轿抬着，出了宫门，顺着大马路直奔天坛。居民们禁止观看这支浩浩荡荡的队伍，所有的门窗都得紧紧锁上。到祭坛，要途经"幽宫"，皇帝在祈祷前要在这里过一夜，独自斋戒和静心。祭祀一般只在黎明进行。

另一个有名气的地方是祈年殿。这是木制的圆形建筑，它有三层铺着蓝瓦的屋顶，最顶尖立着一个镀金的圆球。这个建筑物坐落在样子很像前面讲到的祭台、但面积直径比它稍小的一个三层露台上。

中国的国内形势

我们渐渐熟悉了中国一般的军事政治形势。А.П.格克尔武官在同我们谈话时不止一次地指出，中国的革命形势正在成熟。此后不久，我们的大使Л.М.加拉罕对军事顾问组讲得更具体，他说："中国的革命形势已经到来了。"但是，不论在北京，还是在华北，我们并没有真正感觉到这一点。有一次，我到底还是见到了一支青年人的游行队伍，看来，这是北京大学学生的游行队伍。他们三五成群地在北京的一条主要街道上走着，相互之间隔有五十—— 一百步远，打着国民党旗，显然是在高喊着政治口号。但不论是群众，还是警察，对他们都没有理会。

众所周知，中国革命的主要根据地是广东省的主要城市广州。一九二三年二月在这里成立了由孙中山领导的国民党政府。但是，这个政府所能控制的实际上只有广州和邻近几个不大的地区。广州政府同广东省的那些互相敌视的军阀集团进行了艰苦的斗争，对北京的中央政府也一直持敌对态度。

至于北京，它当时是行政和贸易金融中心。北京的工业大都是半手工业，设备简陋。然而，这个城市是一个重要的铁路枢纽，工人数量很多。北京自古以来就以中国人民的社会文化中心而闻名。这里建立了中国第一所大学，这所大学在中国革命运动的发展中起着很大的作用。

北京大学教授李大钊（一八八八①——一九二七）是当时最有文化的人之一。他在科学上颇感兴趣的是历史、哲学、政治经济学、政治、社会学。

一九二五——一九二六年间，在称之为"哥萨克城"的我们的使馆区里（在一九五〇年二月十五日的苏中公报中，这里被称为前北京兵营），我们和李大钊的住处相互挨得很近。每逢见面时，他的脸上总是现出和蔼可亲的笑容，我至今仍铭记着他的笑容。似乎他的笑容是在昭告世人："看，能帮助我们获得自由的人来了，他们在自己的俄国已经实现了这一目标。"李大钊在同我国的军事顾问们单独谈话时，总是帮助他们了解中国当时复杂而又充满矛盾的军事政治形势。

李大钊一八八八年十月六日②出生在河北省（当时叫直隶省）乐亭县大黑坨村一个贫农家庭里。他的童年是多灾多难的。他的父母很早就去世了，尔后，他又失去了他十分心爱的祖父。无法抑制的求知欲使得他克服了重重障碍，于一九〇七年考入了天津法政专门学校。他在这里接触了对于中国来说是一门新的科学——政治经济学，并开始学习日文和英文。

中国的革命高潮和一九一一年的革命促使李大钊参加了政治生活，并吸收了民主主义思想。革命以后，报刊上出现了他写的抨击反动势力的文章。

一九一三年九月，他到了日本，中国青年当时都到那儿去学习欧洲科学。他在东京考入了早稻田大学经济系。他在这里阅读了大量的政治、经济方面的书籍，特别是马克思主义的书籍，其中包括卡尔·马克思的《资本论》。中国当时已开始了"新文化运动"。这是一场反对守旧思想、民族局限性、争取民主和传播现代文化的运动。李大

---

① 应是一八八九年十月二十九日。——编者注
② 应是一八八九年十月二十九日。——编者注

钊参加了这场运动并很快就成了这场运动的领导人之一。

为了直接参加反对企图在中国恢复帝制的袁世凯的斗争，李大钊于一九一六年回到了中国。在这里，他在报纸上发表了《青春》一文，深信中国必会复兴，"新春"即将到来。《青春》一文给中国激进青年留下了深刻的印象，李大钊便也成了这一思想的传播者。在《孔子与宪法》这篇文章里，李大钊尖锐地抨击了孔子及其继承者的学说，称他们是君主主义和专制的辩护士。

当俄国爆发了二月革命，尔后爆发了十月革命，李大钊对此表示热烈的欢迎，认为引导年轻的新中国诞生的世界复兴的春天来到了。

李大钊在思想上一直为这一天的到来做着准备。十月革命前夕，他彻底摆脱了资产阶级民主主义不切实际的幻想，认定中国必须要走革命的发展道路。

李大钊在自己的一篇文章里，将十八世纪末叶的法国大革命同俄国的十月革命做了比较，指出，法国大革命开辟了资产阶级历史发展阶段，导致了资本主义时代的到来。俄国的十月革命是一场社会主义革命；它是世界复兴的源泉。李大钊在《庶民的胜利》和《布尔什维主义的胜利》（一九一八年）两篇文章里指出，中国必须走十月革命开辟的道路。

李大钊从来都是言行一致的。当一九一九年反帝的五四运动爆发时，他直接参加了这场运动，并成为学生的思想鼓舞者和领导人。他把革命青年团结在自己的周围，经常参加示威游行和集会。

李大钊为马克思主义在中国的广泛传播作出了巨大的贡献。一九二〇年十月，在李大钊的领导下，在北京建立了一个马克思主义小组。只在一九二一年一年里，李大钊就发表了五篇阐述历史唯物主义的著作，为北京的铁路工人编写了马克思主义宣讲教程。

李大钊和其他一些中国首批马克思主义者所开展的活动，为在中国建立共产党奠定了思想基础。一九二一年夏，中国共产党第一次全国代表大会在上海召开了。李大钊没能出席这次会议。在党的第二次全国代表大会上（一九二二年），李大钊被选为中国共产党中央委员会委员。

李大钊是中国第一个理解马克思列宁主义关于世界革命和中国革命意义的人。他为中国共产党第一次全国代表大会专门起草了一份弗·伊·列宁的生平，其中强调必须认真学习列宁的著作。

李大钊这一时期的著作中，我认为《对民主与专政的看法》这一篇专著值得注意①。他在这篇著作里断言工人阶级掌权就是真正的民主。一九二三年春，孙中山在广东建立了政府，这为中国共产党在这个省里公开和半公开活动创造了条件。李大钊在组织国共两党合作的过程中，发挥了重要的作用。

李大钊参加了国民党第一次全国代表大会的筹备和召集工作（一九二四年一月），这一点也有着重大意义。这次代表大会所取得的成果巩固了民族革命统一战线。

李大钊竭力捍卫同第一个社会主义国家的友谊。他积极参加了要求承认苏维埃俄国的运动。他对苏维埃俄国和苏联人民的这种友谊，随着他对马克思列宁主义理解的深入，也在不断加深。苏联政府废除一切不平等条约起了特殊的作用。

一九二四年春，李大钊前往莫斯科参加共产国际第五次代表大会。启程之前，在谈到中国共产党的理论水平时，他不得不承认："遗憾的是我们党的理论水平，无法满足革命斗争向我党提出的政治要求。"

返回中国以后，他继续负责华北中国共产党的工作，领导了一九二六年三月十八日的反帝游行示威，并受了伤。

李大钊的活动引起了军阀和帝国主义分子的极端仇视。他们在等

---

① 在李大钊同志著作目录中未查到有此文。——译者注

待时机，以便对他进行迫害。一九二七年四月六日清早，满洲军阀张作霖的五百名士兵和警察闯进了苏联大使馆内，在与使馆主区相隔一条小巷的"哥萨克城"进行了大搜查、大掠夺、大逮捕。李大钊和他的两个女儿被逮捕了。被捕者都受到了严刑拷打。

李大钊视死如归。他公开承认他是中国共产党党员。他说："共产主义在全世界、全中国，必然要得到光荣的胜利"[1]，"我的死帮不了你们什么忙，你们是无法杀绝代替我的青年的"[2]。

一九二七年五月一日，《真理报》发表了《被杀害的英雄》一文。文章具体指出，在监狱里杀害战士、学者和人道主义者李大钊及其许多同志的真正罪魁，与其说是奉天傀儡，不如说是他们的主子——帝国主义分子。天津的《华北之星报》编辑詹姆斯·福克斯在给美国合众社写的一篇专题报导中点出了杀害李大钊的具体罪犯，他写道："据我所知，美国公使马克谟积极参加了怂恿中国人袭击俄国使馆的活动。他与坐镇幕后的主要怂恿者英国公使和身为外交使团团长的荷兰公使一起，放手让张作霖搞这次袭击。"

李大钊被永远载入了中国和世界革命运动的史册。他将大量的思想理论工作与革命的具体实践结合了起来，勇敢地向中国劳动人民宣传社会主义思想。

李大钊是中国第一个了解当代革命进程的人。正由于此，他掌握了马克思列宁主义思想，并在科学共产主义思想的指引下，投入了改造世界的斗争。

各阶层群众对革命的到来持有各种各样的态度。充当外国资本的经纪人和代理人的反动买办资产阶级对革命采取敌视的态度。他们与封建主一样，是帝国主义列强在中国的依靠力量。

一方面，民族资产阶级由于受外国资本的压迫和军阀、封建主保

---

① 见《李大钊传》第二二一页。——译者注
② 这一句话未查到原文。——译者注

守思想的欺凌，便起来反对帝国主义分子。另一方面，民族资产阶级勇气不足，在这场斗争中是动摇的。

城市小资产阶级（手工业者、零售商贩等等）占城市人口的多数，约有一千五百万左右，若将与手工生产有间接关系的人也包括进去的话，有三千万到四千万人左右。大多数手工业者境况不佳。他们既受军阀连绵内战之苦，又受捐税和洋货竞争之害。城市小资产阶级的绝大多数都有反帝的情绪，都积极参加了反帝斗争。

中国的产业工人近二百五十万人，如连手工业工人和运输苦力工也算在内的话，将近六百万。工人中女工很多（特别在纺织厂）。工人的平均工资每月为十——十二元左右。工作时间一般为十——十二小时，有时还多一些。中国工人星期天基本都不休息。工人一般一年休息一次（每逢中国阴历年），每次休息几天。女工和童工的工资要比男工低百分之五十——六十。工厂和矿山的劳动条件非常恶劣。矿工们的大半生都在地下度过。例如，宜昌（湖北省）石膏矿的工人一个月只能上地面二次至四次。中国工人都住在破烂不堪的小房子里，他们要拿出半个月的工资交付房费。工人们不得不几家饥寒交迫地合住一起，相依为命。

毋庸置疑，中国工人憎恨自己的压迫者。一九二一年成立的中国共产党，已经开始组织中国无产阶级开展反对帝国主义和资本家的斗争了。

中国是一个农业国。百分之八十以上的人口都在农村。农业占国民收入的百分之八十以上。在中国大量的可耕土地中（几乎有三百五十万平方公里），只开垦了百分之二十。耕种土地的百分之七十——八十都控制在只占农村人口百分之二十的地主和富农手里，广大农民群众的土地只占百分之二十一——三十。中国的地主一般都将自己的土地出租给农民，租金高达全部收成的四成至五成。

中国的农民大多数都很贫穷，因为主要都靠手工劳动。木齿的耙子、锄头、播种机——这就是中国当时耕种土地的工具。只用简单的技术而缺少牲畜，便无法获得稳定的收成。由于整个国家经济和技术水平落后，农民便常受自然灾害之苦。在中国的大部分地区，由于水灾、旱灾和虫灾等，每年都要减产二成。在一九○六年——一九一○年，共饿死了几百万人。

帝国主义分子一心想着从附属国攫取最多的财富，因此，他们千方百计地支持中国的封建残余。这样，中国农民要受封建地主和帝国主义的双重压迫，这使中国的农业陷入了严重危机之中。

一些无法忍受的条件迫使农民背井离乡，流入城市和侨居邻国，或者沦为乞丐、流浪者和当土匪。

在我们抵达中国的年代里，形势是复杂而又充满矛盾的。从我们接触到的有限的资料、报纸和使馆人员的谈话中，我们得出了下述印象：

中国在经济上受着帝国主义列强的控制，它们将它瓜分为很多势力范围。帝国主义列强对中国经济的投资，到第一次世界大战爆发时，已达二十二亿五千万美元。这大大超过了中国本国的投资，确保了外国人在中国工业中的垄断地位。中国的一些主要工业部门和财政，以及铁路、矿场、银行等等，当时都由帝国主义分子掌握或由他们控制。帝国主义列强侵吞中国的宝藏，和买办资产阶级狼狈为奸，阻挠中国的独立发展。

帝国主义分子依仗签订的不平等条约，在中国很多城市里都建立了特区——租界。他们在这些地方不受中国法律管辖，成了这块土地的真正主人。租界实为国中之国。外国列强在这里建立了自己的警察局，组建了自己的市政府和军队。一九一一年的革命推翻了君主制。就其性质来说，这是一场资产阶级民主主义革命，除了资产阶级以外，参加这场革命的还有劳动人民群众，特别是农民。以袁世凯为首的反动分子曾妄图恢复君主制。但在华南，由孙中山领导的强大的反帝运动开展起来了。袁世凯的统治加强了中国军阀的作用。袁世凯和在他死后任政府首脑的段祺瑞将军对各省省长——督军——的权力不加限制，任其扩展。这些将军乘国家中央机关和国家政权解体之机，凭借自己的私人军队和警察，将省的军政大权都夺到自己手里。

华北最主要的军阀集团有：

安福系：它是由段祺瑞将军领导的亲日集团。从一九一七年起，日本向安福系提供了近二亿日元的贷款。一九一八年，这个集团与日本签订了共同干涉苏联的协议。

奉系：它是由土匪出身的军阀张作霖领导的一个集团，也得到日本的支持。张作霖手中掌握有一支兵员强盛、装备精良，并有满洲丰富资源供养的军队。这支军队由日本教官负责调练。

直系：它由曹锟领导，而在军事上听吴佩孚将军指挥。直系与英美资本有联系。吴佩孚以中国旧派的杰出军事长官而闻名。由于他生活俭朴，使得不论是小资产阶级，还是农民中间的一部分旧制度的信徒们对他十分崇拜。

在华南，业已诞生的，由孙中山领导的国民革命政府的捍卫者们，与广东、同时与邻省广西以及云南的军阀将军们，展开了激烈的斗争。这次斗争的详情在 A.Π.切列潘诺夫的《一个驻华军事顾问的札记》中已做了阐述，因此，对华南革命的发展情况，我就不作介绍了。稍后一些时候我将谈谈这一时期的一些个别事件，因为我是身临其境的。

除了主要军阀集团互相争斗以外，各省一些小集团也不断发生冲突，有时还为了捞点油水而参加大军阀的内战。例如在四川，自革命开始，省里各派军阀之间的斗争一直未停。

我现在简单谈谈第二次直奉战争——这场战争导致诞生了国民军。一九二四年夏末，在华北又一次爆发了直奉集团的内战。北京中央政府当时由吴佩孚和曹锟的直系控制。一九二四年秋，正值吴佩孚军队与张作霖军队酣战不已之际，吴佩孚手下的冯玉祥将军起来倒戈，占领了北京，逮捕了大总统曹锟。冯玉祥宣布拥护孙中山，并将自己所属部队易名为"人民军"，准确地说，叫"国民军"。力量的对比发生了不利于直系的剧变。吴佩孚被迫逃到华中。

尽管直系被打败并被赶出北京，然而奉系头子张作霖并没有从吴佩孚的失败中捞到多少好处。北京被冯玉祥占领。这样不得不建立一个由张作霖和冯玉祥双方派人组成的联合政府。双方一致同意将总统一职让给安福系领袖段祺瑞。段对冯并不构成威胁，因为他手里没有军队，因而也就没有实权。段祺瑞还不得不顾及到民族革命运动的加强和孙中山在广大人民中间的巨大声望。根据冯玉祥的极力主张，段祺瑞邀请孙中山前来北京，进行关于和平统一中国的谈判。基于这一目的，计划要召开一个专门会议。

孙中山前往北京，成了他周游全国的一次凯旋式的旅行。人民成群结队地隆重欢迎这位"中国革命之父"。

孙中山于一九二五年初患了重病。三月十一日，他在逝世前几个小时，向国民党的领导人口授了具有历史意义的致苏联中央执行委员会的信。

一九二五年三月十二日，恰好在我们到中国的前一个月，孙中山与世长辞了。

在我们到达北京时，华北的军事政治形势简单来说，就是这样的。

中国的军队

我认为，有必要较为详细地谈谈中国正规军队和个别军阀部队组建的特点，以便使读者能够了解我们的顾问是在什么样的条件下开展工作的。

众所周知，清朝政府从对日战争失败和镇压义和团起义的经验中感到，政府的武装力量相当弱，因而便从一九〇三年起，着手按西欧方式组建中国的正规军队。清朝皇帝将组建军队的重任交给了直隶省总督袁世凯。

到一九一一年革命爆发时，已建立了二十六个步兵师，十多个混成旅，这些队伍均归中央政府指挥。此外，各省也都建立了大量的警备部队（巡防队）。

中国由于没有全国的预算，因而各省的军队都由地方长官和总督用本省的资金来维持，根本不接受陆军部徒有虚名的领导和控制。甚至在旧社会，中央政府在这方面也都依靠各省督军。因此，中央政府关于军事改革的一些方案常常杳无音信。

袁世凯所组建的军队都装备有从国外购来的武器，并且还请了德国教官来进行训练。步兵师是最高的军事单位，它基本上是模仿德国的步兵师建立起来的。一个步兵师按编制辖二个步兵旅（每旅二个团）、一个炮兵团、一个工兵营、一个辎重营、一个卫生连、一个野战医院、几个宪兵队。一个步兵团下辖三个营，每营辖四个连。

一个炮兵团辖三个营，每个营辖三个连，每连共有六门炮。一个骑兵团下辖四个连。此外，在日俄战争结束后，每个师还配备了一个下辖四个连的机枪营（共二十四挺机枪）。

一个工兵营辖三个连（架桥连、电线通讯连、布雷连）。卫生连（营）的编制还未确定。

除了步兵师外，还建立了一些混成旅，每个旅都辖二、三个步兵团、一个炮兵营、一个工兵连，以及其他一些加强分队。

一些主要军阀集团的武装力量的组织形式基本如此，但它们的武器、技术装备和满员情况都各不相同，而且在战争中不断变换。

张作霖的奉军的武器配备，技术装备和满员情况，可以说，比其他军阀部队要好，这是因为在满洲为所欲为的日本，为了控制住中国的这一重要地区，有意下了很大的本钱。在中央政府权力有限的情况下，征兵是补充中国军队的唯一重要方法。

由于国内农业人口过剩、自然灾害（歉收、水灾等等）和极端贫困，征兵并不特别费事。征兵人员经常前往那些能轻而易举并代价不高地将新兵拉到部队的地区去征兵。征兵事宜由部队的长官自行解决、办理，而军饷视征募的部队的数额从上级领取。这样，部队的长官们都喜欢所补充的部队不满员。士兵是长官们个人收入的来源，因为在无人监管，无人问津的情况下，不断产生一些进行各种舞弊的实际条件（克扣士兵应领的军饷；冒添"死魂灵"，即冒添假兵等等）。

通常，新兵来队都要签订合同，根据合同，士兵同意服役几年（二三年），自觉执行长官的命令。部队的长官也答应供给新兵服装，提供武器，支付一定数量的薪俸（六——十元）。士兵吃饭都自己掏钱。这样，士兵自己所能支配的钱就剩了二——四元。一般地来讲，这个合同都无法实现。士兵们根本得不到规定给他们的薪俸，只能领到一份难以饱肚的口粮，他们的钱都被长官们攫为己有了。很自然，在这种情况下，士兵一心想开小差，或者从当地老百姓身上揩油。

　　自愿参军的主要都是些无阶级分子：失业者、被打垮的敌军士兵、土匪，一句话，都是些走投无路的人。中国悲惨的现实——连绵不断的军阀混战、时常出现的自然灾害、饥荒、水灾、农村的极端贫困、城市的大批失业——使得军阀部队的征兵者们大有机会可乘。一九一一年革命以前，袁世凯军队的总数已达三十万人。这支军队非常注意新兵的体力和精神状况。此外，还调查父母的品行，吸鸦片者一概不许入伍。而一到了军阀部队里——到一九二五年底，军阀部队已有八十多个步兵师和一百多个混成旅，总数超过了二百万人——征兵者便不对新兵横加挑剔了。

　　军士人员的编制。军士是低级指挥员，是向士兵转达上级指挥官命令的最低的一级，一般都是通过他们来对士兵进行直接的控制，同时也通过他们来执行部队的内部规章和纪律。由此可见，在部队中安排称职的军士人员是多么的重要。在中国的军队里，这是一个薄弱环节，结果，纪律松弛，命令贯彻不下去。一般情况下，军士都由优秀的、富有经验的士兵和中学生担任，他们都要在专门的士官学校里训练三四个月的时间。

　　但是，对军士的培训工作很薄弱，以至于他们在战争中不能发挥其作用。

　　一九一一年革命以前，袁世凯部队的军官都是专门学校的毕业生，都是在诸如三年制的武备中学这样一些军校里受的初级普及教育。考试及格者然后再进二年制的中等军校学习。毕业之后，军官们要到部队去见习四——十二个月。其中的优等生便被派到保定府和武昌的军校再学习。这些军校都设有步兵班、炮兵班、骑兵班、工程兵班。每期学员的学习时间为一年半——二年半，一次招收一百四十人。在这些军校学习过的军官都在中国军队里得到重用。

　　在保定府还有一所培养能分配到总司令部担任高级参谋职务的各种军队指挥人员的军校。这所军校设有校官班和尉官班二个班。

各省军队都归省督军指挥。督军一般是通过各个署、军需管理和训练部队来控制军队。督军的个人办事人员由总顾问负责管理，总顾问实际上也是参谋长。

在一九一一年革命后的军阀混战期间，这一套体系被打乱了。各个军阀集团都根据自己内部局势，采用了各种各样的扩充、训练自己部队的新方法。

步兵的武器跟在第一次世界大战爆发以前欧洲军队的一样，都是步枪和机枪。至于大炮、飞机、通讯器材和工程技术等技术设备，在中国军队里是很缺乏的。二十年代的中国军阀部队跟革命前的袁世凯的军队比较起来，部队的总数增长了三倍，而兵额增长了近四倍。由于整个经济基础薄弱，军阀们无法建立自己的军事技术基础。他们不得不从国外购买必要的武器。众所周知，军阀部队的武器有百分之四十多是进口的。这便使得中国军队的武器五花八门。军队配备的步枪常常是各个国家的都有：日本的（六·五毫米口径）、德国的（七·六毫米口径）、日本老式的（六·八毫米口径）、国产的（七·九毫米口径）、俄国三英分口径的、美国的、奥地利的、意大利的、法国的等等。

武器这样复杂，使得部队的弹药供应十分困难。常常有这种情况：那些配备有六·五毫米口径步枪的部队得到的却是七·九毫米口径步枪的子弹。在一个机枪连里，可能有各种系统和口径的机枪。在革命前的中国军队里，重机枪基本是国产的，但在军阀的部队里，却也有其他系统的机枪，如"戈奇基斯""什瓦兹列泽"（音译）"圣太田"，俄国的"马克辛"，英国的"维克斯""勃朗宁"。

武器的技术质量也相当低劣。例如，有一个师有四千条枪，但其中有三千二百条完全无法使用（枪筒是焊接的，枪床和枪托都是用铁丝捆绑到一起的，枪筒的顶头都已裂开了等等）。实际上，这些武器根本没有专人管理，步枪和机枪的命中率极低。在中国军队中，有近百分之八十的枪支都无法瞄准。

几乎所有的中国军阀都拥有大炮，大部分为日本的"有坂"和德国的"克虏伯"炮。但是当时的中国炮兵只能在无掩蔽阵地直瞄射击。炮兵对隐蔽阵地的现代化射击方法都一无所知，同时，他们既没有用于射击的仪器（特别是罗盘仪），也没有炮与炮之间的电话通讯设备。

奉军，尔后还有国民军，在二十年代中期买到了斯托克斯迫击炮，这是一种火力很强的武器。这种炮，结构简单，使用方便，同时炮弹的威力不亚于七十五毫米的炮弹。迫击炮体积小，重量轻，因此不用花大力气就可以转移阵地。

随着中国现代化正规部队的建立，本国的军事工业便也出现了。沈阳兵工厂、汉阳兵工厂、巩县兵工厂便是最大的综合生产企业。此外，几乎每个省都有自己的省兵工厂或不大的修理厂、弹药厂。当然，这些厂的技术水平都不高，生产出的废品率达百分之四十。

至于军用飞机，当时在中国才刚刚出现，还未发挥实质性的作用。

对于诸如军事训练、后勤供给、士兵，军官和将军们的培训，以及战术等一系列问题，我在这里就暂且不介绍了，因为在中国的各军事集团中，解决这些问题的方式并不一样。关于这个问题，回头在叙述我们走访许多部队的印象时再做介绍。

顾问在北京

А.И.格克尔返回苏联以后，原土耳其斯坦方面军军事委员会委员 Н.М.沃罗宁被任命为武官。他个子不高，一只脚由于在内战期间受了伤，瘸得很厉害，因此像跳着走路似的。由于他的步态与众不同，加之性格豪放，他便立刻成了使馆区住户所注目的人物。不管他怎样改装换服，外国的情报人员从步态一下子就能认出这个苏联武官。

革命前，Н.М.沃罗宁在尤里耶夫斯基大学医学系学习过。在任武官期间，他仍对医学很感兴趣。

沃罗宁肩负的任务艰巨而又责任重大：在中国复杂的形势下，他必须通过 В.К.普特纳、В.К.布留赫尔（加伦）、Н.В.古比雪夫、В.М.普利马科夫等红军著名的和有威望的军事首长——各顾问组组长——来领导军事顾问们的工作。同时，Н.М.沃罗宁必须以我国全权代表 Л.М.加拉罕——他是一位杰出的外交家，在中国人民中无疑享有巨大的声望——的军事问题权威人士的身份不断出面讲话。

一九二五年五月初，一个庞大的苏联教官组来到了张家口，到国民军第一军工作。教官组的负责人是红军一个最有能力的指挥员、军长维托夫特·卡季米罗维奇·普特纳。他出生在立陶宛一个农民家庭，当过羊倌，尔后在里加打短工。第一次世界大战爆发后，他应征入伍。不久，В.К.普特纳被派到准尉学校学习，一九一七年毕业。

维托夫特·卡季米罗维奇很小就开始从事革命活动。他于一九一七年底加入了布尔什维克党。他曾担任过党和军队的领导工作。自一九一八年九月起，Б.К.普特纳参加了国内战争，由于指挥军队有方，作战英勇顽强，他曾荣获三枚红旗勋章。普特纳于一九二三年毕业于高级班①，来中国前，任工农红军督察员。

首先，我们必须掌握有关中国局势的全面和详细的情况。在莫斯科时，曾对我们讲过，到了北京，我们就会从武官那儿得到有关我们在军队工作目的的指示。但我们暂时还不知道要干些什么：只是当军事教官呢，还是也当政工人员？我们无法很快就搞清国民党是个什么政党。我们有些人认为国民党是一个坚强的、革命的、纪律性强的政党。根据国民军的名称，我们臆定这会是一支能保护广大人民群众、为中国的民族利益而奋斗的军队。

但我们刚一着手工作，就遇到了很多矛盾。我们感到奇怪的是国民军第一军军长冯玉祥是一个信基督教的将军，然而却称自己是孙中山的信徒，他同中国人民的公敌张作霖签订了协议，反对自己的上司吴佩孚。来北京办事的张家口顾问组的几个顾问告诉我说，冯玉祥元帅目前还以宴会款待他们，但不让他们干事。

在北京，我先从了解中国地理着手，开始研究中国和它的武装力量情况。我偶然在书市上买到了一本利沙尔用法文写的《中国地理》。我将这本书译成了俄文，并用打字机打印出来，发到了各个顾问组。尔后我又同地形绘测员普罗塔索夫一起，着手绘制华北军用地图。我们以在北京的一家百货商店里买到的一份德文的地形图为蓝本。这是一件耐心而又细致的工作，除了一个比例圆规以外，我们没有任何专门的制图工具。但是，如果没有地图，制定战役行动计划是不可设想的。而我们除了我们带来的一比四十俄里的地图外——而且

---

① 指工农红军军事学院高级班。——译者注

份数还很有限——，任何别的地图都没有。关于中国武装力量的情况，只有英文本的《中国年鉴》是我们唯一的情报来源。我们在这本年鉴里所看到的材料都是极为一般而又过时的材料。自从彼得·彼得罗维奇·卡拉蒂金来了之后，我才能详细地了解一些国民军的情况。

П.П.卡拉蒂金过去在革命军事委员会主席 M.B.伏龙芝那儿担任完成特殊使命的指挥官。米哈伊·瓦西里耶维奇（伏龙芝）把他派到中国是为了让他能了解一下情况，然后向伏龙芝报告我们军事顾问在国民军里工作受阻，无法大力开展活动的原因。П.П.卡拉蒂金是米哈伊·瓦西里耶维奇最亲密的忠诚的助手，博得了他的极大信任。卡拉蒂金过去是旧军队的军官，参谋部上校，文化程度很高。他能用法文和英文自由交谈，精通艺术。彼得·彼得罗维奇经常特别热情地介绍米哈伊·瓦西里耶维奇的事迹，回忆他们一起工作的情况。他对伏龙芝交给的使命一丝不苟，竭力想尽快地熟悉局势和就地查明情况。他让我陪他到国民军里视察一下。

在介绍国民军第一军的情况之前，我谈几句关于国民军第一军卫生顾问兼我们的医生尼古拉·谢苗诺维奇·莫尔察诺夫的工作情况。我们的顾问们，以及我国驻北京使馆的工作人员们都对他怀有感激之情。

H.C.莫尔察诺夫于一八九六年出生在格多夫。他在中学毕业时获得了金质奖章，并考入了军医学院。学院结业之后，他便前往莫斯科，到第一共产主义医院工作。由于工作单位对他评价很高，他于一九二五年被派来中国。从哈尔滨到北京，他一直跟我在一个小组里。在北京，H.C.莫尔察诺夫被派到张家口，任国民军第一军的卫生顾问兼张家口顾问组的医生。中国这一地区（内蒙古）的气候条件对于我们来说，简直难以忍受：西北风卷着戈壁的尘沙不断刮进我们的不很结实的木板房子，塞进人们的鼻孔，迷住人们的眼睛，甚至

"渗进了食品里"。此外，张家口的卫生条件极差，使得所有的顾问
们都得了肠炎。莫尔察诺夫为在张家口创造令人满意的工作环境，做
了大量工作。有些顾问的健康状况无法适应当地的气候，在莫尔察诺
夫的协助下，他们都返回了祖国，其中包括顾问组长 B.K.普特纳。
当军事形势需要国民军第一军转到天津前线时，莫尔察诺夫便被派回
了北京。他在北京的"哥萨克城"里，开办了一个有十五个床位的
常设医院和顾问与使馆人员门诊部。莫尔察诺夫当时既无医士，又无
卫生员；既无翻译，又无医疗用具。有一次，我曾同尼古拉·谢苗诺
维奇一起到处寻找医疗器械和制图仪器以及中国地理书。每当我们问
起在哪儿能搞到这些东西时，售货人都说"不懂得"。这使我想起了
日俄战争期间的一件事。我们的地形绘测员在测量时，用半通不通的
中国话向当地的居民询问一个地方的名称，那些人便回答说"不懂
得"。我一直保存着我父亲留下来的一份当时的标有很多"不懂得"
地名的地图。复杂的工作环境要求莫尔察诺夫必须紧张地劳动，有自
我牺牲的精神，独自奋战。中国的医学是世界最古老的医学之一。中
国医学有其自己的诊断、医治方法和药物。应当对其加以了解和掌
握。在莫尔察诺夫的夫人叶甫根妮娅·格利戈利耶芙娜——她也是一
名医生——来到北京之后，她便减轻了他繁重的劳动。从中国返回祖
国以后，"莫尔察诺夫式的"工作作风得到了人们的确认：吃苦耐
劳，遵守纪律，精力集中，讲究文明。我从中国回国后，很长时间没
见到 H.C.莫尔察诺夫，只是在卫国战争结束以后才见到了他。他被
授予军医中将的军衔，担任过基洛夫军医学院内科教研室主任和苏军
内科总医师职务，他是医学科学院的院士。

国民军第一军和张家口顾问组的活动

冯玉祥军队的主力占领了包括北京在内的首都地区和内蒙古以后，便易名为国民军第一军。国民军的另一支部队大多数为陕西省人，由胡景翼将军指挥，它继续向南进攻，将吴佩孚的残余部队赶出了河南省，然后便驻守河南，取名为国民军第二军。胡景翼将军成了这个省的督军。这个军的一部分由孙岳将军指挥，挥戈西下，将吴佩孚军队彻底赶出了陕西省，成为国民军第三军。孙岳当了陕西省督军。

要了解国民军第一军，还是先从军长冯玉祥元帅开始，他于一八八二年出生在一个手艺人家庭里。他的军人生涯是从当中国皇帝军队的士兵开始的。据他的同事、旅长许长林介绍，冯将所有的空闲时间都用来自学，他用自己的薪水买了一些书，夜里阅读。他有文化，埋头苦干，通晓事理，这使他很快就进入了军官的行列。

著名的牧师刘芳吸收冯参加了基督教，并且还成了他的教父。在这一点上，冯所看中的美人、女基督教徒李德全也起了很大的作用。不久，他们就结了婚。冯玉祥认为基督教对加强部队的纪律非常有用。部队早晨起床后要念圣经，晚睡前要唱圣歌。常常请牧师给士兵灌输禁欲生活和基督教道德的原则。谁若办公事出差错，就以棍棒处罚。若犯有严重过失，就连军官也躲不过这种处罚。有时将军们的背上也要挨棍棒。

冯玉祥和他的将军们同士兵一样，衣着俭朴，不戴军衔标志。冯很喜欢表现自己民主：他常逛集市，在一些普通的小酒馆吃饭。他对士兵的生活了如指掌。他的左右侍从基本上都是从他过去亲自指挥过的第十六混成旅的士兵中挑选出来的。

全军以及自己辽阔的，但不富庶的地区都由冯亲自管理。显然这是中国军队所固有的那一套封建主义的制度，是军阀们害怕大权旁落。

冯玉祥尽管有杰出的才干，但他一个人是无法认清中国的各种矛盾的。他所采取的一些措施经常是很陈腐（例如支持郭松龄反对张作霖）或者是欠考虑的（如他不听武官 A.И.叶戈罗夫和张家口顾问组长 B.M.普利马科夫的建议，擅自去苏联），但这不足为怪。冯经常在琐事上耗费精力。士兵们讽刺他所进行的小改革是开玩笑。特别是他禁止妓女们穿华丽的服装，还为老兵建立了个养老院。士兵们为他编了一首打油诗：

　　我们的督办好，我们的督办好，

　　养老院里能养老。

冯不仅经常出尔反尔，而且还像罗马的太阳神一样，要两面手法。关于他，有两种完全对立的看法，而且两种看法都有根据。冯以一个民主主义者而著称，他喜欢玩弄诸如"社会公仆""人民幸福"等字眼。他写了一本小册子，赞扬人民实行管理。他确信说，人民是国家的主人，军人不应干涉民事。但是在他执政期间，他并未采取任何改善农民和工人状况的措施，未想任何办法来促进所控制的一些省的生产力的发展——兴建工业企业、改善交通等。

冯不止一次地宣布自己是国民党和孙中山"三民主义"的捍卫者，但他不承认自己同国民党有关系。他在自己的军队里不允许国民党组织开展活动。在他所管辖的地区里，他不让举行示威游行。例如，一九二五年九月七日，他禁止工人举行喊出"打倒张作霖"口号的示威游行，而鼓励出卖灵魂的工贼搞破坏活动。

为了全面评价冯玉祥，我现在引用一段 H.M.沃罗宁武官一九二五年秋在汉口同吴佩孚谈话的摘录。吴佩孚强调说："张作霖是中国人民的敌人。如果张作霖在中国掌了权，他会将中国分块出卖给帝国主义者。他现在几乎就已将整个满洲出卖给日本了。冯玉祥尽管是个危险人物，但他是不会将中国出卖给帝国主义者的。我现在是能够拿下河南省的，这用不了很多军队，两个师足够，因为河南没有驻军。但我现在还不想这样做，我要让国民军去消灭张作霖。"当 H.M.沃罗宁问到冯玉祥哪一点危险时，吴佩孚回答说："赤化危险——罢工、骚动——正在通过冯渗透到中国。"应当指出，吴佩孚在冯玉祥的革命性方面是奉承了他。

有这么一个俗语，叫"有其主，必有其仆"。再谈谈冯玉祥的"仆"，即他的侍从们。

冯玉祥最亲近的助手和副手是张之江，人们也称他为张都统。他在国民军第一军的部队里组织了几个牧师小组，并坚持每个团都必须有一名牧师。司务长以上的军官，他都任命基督教徒担任。张都统一天祈祷三次。在天津附近的战斗中，他只会祈祷戒斋，请上帝帮助，而不相信自己的理智和力量。部队攻克天津以后，在张家口做了一次谢恩祈祷。张都统强烈反对国民党在部队里开展工作并不同意顾问来部队。只是在冯的压力下，张才不得已允许在部队里谈论政治。他对冯一片忠心，因为他知道，任何另外一个军事长官都不可能给他这样的高官厚禄。

李鸣钟将军同张都统一样，胸无韬略。同时他胆小怕事，优柔寡断。实际上，他与张都统相比，只不过不那么太信奉基督教罢了。

冯玉祥的另一个助手佟麟阁将军刚好相反，他坚信基督教，然而这并没有使他抛弃傲慢自大的习气。

第五步兵师师长兼张家口军校校长石友三中将是士兵出身，不大懂军事，对苏联及对我们的顾问态度恶劣，阻挠他们进行工作。他总是力主秘密地去前线，以便神不知鬼不觉地将顾问摆脱掉。

第五步兵师第五旅旅长是陈毓耀将军。他是一个懒汉加酒鬼，敌视中国共产党，对苏联态度冷淡。

骑兵军军长宋哲元（前热河督军）是一个追求功名、性格坚强的人。他只在和平时期同顾问们相互来往，但一打起仗来，便对顾问们弃之不理。他对苏联态度友好。

第二骑兵师师长宋将军是一个办事果断的人，很重视顾问的意见，对苏联怀有友好的感情。

第一骑兵师师长张树声实际上负责冯的外交工作，过去同张作霖关系密切。

第一骑兵师第三骑兵旅旅长王镇淮将军是一个毫无主见、沽名钓誉的人，过去是吴佩孚的信徒。

总的来看，可以说，这些人都忠于冯玉祥，都绝对服从他的命令。在国民军第一军里，在国外受过教育的将军和军官一个也没有，只有不多几个人是从保定军官学校毕业的。在这几个人中，鹿钟麟将军和唐之道将军的军事知识出众。

总的来说，冯军军官们文化水平都很低，只能从自己的亲身体验中吸取军事知识。他们都不会独立研究作战方针或制定战斗计划，因此，总是同意那些从军校毕业出来的参谋人员的意见。

如果抛开不谈冯玉祥的革命词藻和他的民主主义的、蛊惑性的姿态的话，他的军队同军阀的军队毫无两样。

冯玉祥向我们要物质援助，说明他已走投无路。邀请苏联顾问来部队，显然也是出于无奈。

冯有时也同一些国民党人就发生的一些事件交换意见，但只如此而已。在军事方面，冯一般不同他们商量，都是独自做决定并根据自己的意愿和从自己的利益出发加以贯彻执行。他为了抬高自己的身价，常同国民党和一些盟友拉关系。冯的做法常常是莫名其妙的（隐退、去苏联等等）。任何时候你都说不清楚他明天会有什么举动。例如，人们搞不清楚他为什么把同孙传芳签订共同反对奉系条约一事隐瞒了下来。

在一九二四年的直奉战争期间，冯成了张作霖的盟友。但是，这个联盟寿命很短，战争刚一结束，他们就几乎因分赃不匀而闹崩了。所有的人一开始就知道张作霖同冯的联盟是好景不长的。我们驻北京的领导分析了他们之间的复杂关系，然后向在国民军第一军里工作的苏联顾问下达了指示，要求尽快地加紧训练冯军，准备抗击奉军及其盟军的进攻。显然这是一项正确然而又是艰巨的任务。因为总的军事战略形势和军力的对比对国民军很不利。

必须估计到要在三个甚至四个战场打仗的可能性：第一，打张作霖；第二，打山东省督军张宗昌；第三，打吴佩孚；第四，可能打山西省督军阎锡山。

奉系的主要根据地是满洲和山东省（总面积为一百二十万平方公里，人口近六千万）。奉军有官兵近十八万人（其中奉天兵十一万人，山东兵七万人）。这些军队拥有机枪四百二十挺，大炮二百六十门，铁甲列车五辆，坦克六辆，飞机四十架。

吴佩孚的直系老巢是湖南、湖北和河南部分地区（总面积为四十万平方公里，人口为五千五百万）。直系拥有一支十三万五千人的军队，机枪一百二十挺，大炮一百八十门。盘踞在安徽、浙江、福建、江西和江苏（总面积为六十八万七千平方公里，入口为一亿一千万）的孙传芳隶属于直系。孙传芳的部队有官兵二十二万五千人，机枪四百零六挺，大炮四百六十门。

控制地盘总面积为一百三十七万五千平方公里，人口近五千二百万的国民军，用于对付这些军阀部队的只有二十七万五千人，六百二十挺机枪，近四百门大炮。

　　乍一看来，军阀部队占绝对优势，似乎对国民军不利的斗争结局事先早已决定下来了。但是，这些军阀之间的矛盾（张作霖与吴佩孚的矛盾；孙传芳与张作霖的矛盾；孙传芳与吴佩孚的矛盾）异常尖锐，因此，此时他们之间相互实行的妥协和他们反对国民军的军事联盟，都是不大稳固的。此外，各个军阀集团里也都有一些因各省督军和所属的将军们之间的矛盾而产生的离心势力。他们之间的倾轧必然导致个别将军，甚至一部分将军率部转到敌对的一方。例如冯玉祥在一九二四年九月直奉战争期间就是这样干的。在奉系内，张作霖由于在帝国主义分子面前奴颜卑膝和反对民族运动而声名狼藉，同时也引起了他的将军们的不满，他们试图摆脱他的控制，一九二五年夏，在天津举行的一次高级将领会议上，多数将军都反对同国民军打仗，但张作霖竭力坚持要立即采取军事行动。以吴佩孚为头子的直系的情况也是如此。孙传芳彻底摆脱了吴佩孚，并奉行独立的政策。吴佩孚甚至在他的老巢湖北省，在该省督军萧耀南活着时，都无法左右形势。只是在萧耀南死后，吴佩孚才控制了湖北省。但是，军阀们所面临的一个主要矛盾是他们与人民的矛盾。广大的人民群众憎恨军阀，把他们看作是暴君，是强盗。

　　军阀们在混战中，将人民的精力和国家的资源消耗殆尽，使中国的人力物力背离了为民族利益——使国家摆脱殖民地位——而斗争的轨道。应当指出，国民军对待群众的政策同军阀们的政策没有多大区别。自诩为孙中山的继承者的冯和他的将军们，在他们所占领的地区里，照样向人民征收重税，大搞强迫劳动，降低工资等等。

　　为了了解所有这些充满矛盾的形势，制定提高国民军第一军战斗力的计划，顾问们必须要掌握详细情报。但是，在我们的教官们于一九二五年五月来到张家口国民军第一军大本营以后，从未从冯或是从他的司令部那里得到过所需的情报。他们对我们制定的加强部队战斗训练的计划草案都表示同意，但却不让我们任何人干实际工作。只是在顾问组长普特纳向冯表示了强烈抗议，向北京报告了国民军第一军中出现的不正常现象，提出了辞职的要求之后，冯最后才允许让我们干几项教官的工作。

我同卡拉蒂金于一九二五年七月底来到张家口以后，便开始了解顾问们在国民军第一军里工作的情况。顾问们的生活条件很差。在当时的情况下，要创造必要的卫生条件是很困难的，结果，百分之七十五以上的顾问都染上了痢疾。顾问们住的房子不适合于当地的气候。在我们到来之前，张家口顾问组已做了大量的工作。组织了一个有一百一十四名学员的炮兵学校（培训连、排长）。H. Ю. 佩特凯维奇（久弗林）和 A. A. 阿尔根托夫（马利诺）在这所学校里负责教授隐蔽射击法。他们俩都是富有经验的炮兵和教育家。佩特凯维奇参加过第一次世界大战和国内战争，荣获过二枚红旗勋章。同时还开办了一所高级步校。从这所学校培养出来的毕业生都经过了高水平的训练，在各师里表现都很好。骑兵学校拥有学生二百四十名（其中军官八十名，士官生一百六十名），机枪学校有学生一百八十名，工程学校有学生四千名。此外，还办了个士官生学校，但冯害怕学员们以后开展反对他的鼓动宣传，借口军事形势危机，将学员们分到了各所学校。

同时，还装配了三辆铁甲列车，对车组人员进行了射击和在铁道线上展开军事行动的训练。负责装配铁甲列车的是 К. B. 卡利诺夫斯基和工程师 C. C. 切金。在铁甲列车的自动转塔上装有大炮和机枪。蒸汽车头也装有铁甲。通过对我们在国民军第一军部队里的顾问和教官工作情况的直接了解，证明他们都力图竭尽全力完成交给他们的提高部队战斗力的任务。

冯元帅在确信苏联顾问的确熟悉军事之后，才允许他们在部队开展工作。这时，国民军的指挥人员又走到了另外一个极端——不考虑自己武器的数量、配备有专门技能的指挥人员和部队资金供给等情况是否允许，一味要求增加大量新编部队。例如，第一军过去实际上没有骑兵，现在他们考虑要建立六个骑兵师。但是这未必能实际办到。如果说从蒙古可以为新编部队买到所需的马匹的话，那么由于缺少一定数量的富有经验的教官，因而需要很多年才能把成群的马驯熟，以及让士兵学会骑马和在马上使用武器。况且我们的一些骑兵教官并没有上过专门的骑兵学校，他们只是在实践中学会了骑马。由于不能进行充分的训练，加之组织措施得不到物质保障，这支骑兵大队是经受不住战火考验的，后来的情况确实如此。

众所周知，炮兵如能在隐蔽阵地进行射击，就能更大地发挥其优越性。日俄战争和第一次世界大战的经验证明，一个能在隐蔽阵地进行射击的炮兵连可以对付五六个无隐蔽阵地的炮兵连。斯留萨连科上校指挥的一个炮兵连在日俄战争期间的辽阳战斗中，消灭了六个日军炮兵连。但是，要达到这一点，只靠指挥员掌握这个射击本领还不够，还必须给炮兵连配齐各种炮兵仪器——罗盘仪、电话机、电线。遗憾的是国民军第一军的炮兵这些东西样样都没有。因而，一打起仗来，根本不可能从隐蔽阵地射击。

教官们在为训练部队而开展的各种各样的工作中，遇到的一个十分严重的障碍就是翻译人员不够用，以及翻译人员开始时水平太差。后来，他们都出色地胜任了自己的工作。同时，顾问们的口语也大有起色，都能将自己的知识发挥出来了，特别是在用仪器和其他一些物品结合教学的时候。顾问 A.A.阿尔根诺托夫和 П.兹尤克在没有翻译的情况下就是这么做的。

应当指出，在国民军第一军的指挥官中，也有一些相当有能力的，甚至是天才的将军和军官，如张都统司令部的参谋长李景林将军①。顾问组长普利马科夫对李景林很为推崇。他说，尽管这个将军

---

① 这里可能有误，似应为李鸣钟。——译者注

也没受过专门教育，但是他为提高自己的军事素养所做的努力并没有白费。

有一次我和卡拉蒂金在步兵学校听了一次战术课。讲课的人是一名中国少校，他用各色粉笔在黑板上画出了很多草图，以此来巧妙地说明自己所讲的东西，这样，甚至连不懂中文的人也都明白了他的思想。

去了一趟国民军第一军所驻扎的地区以后，我们对该军的组织和军事训练情况有了一定的了解。

该军的主力是六个步兵师（第一、第二、第三、第五、第六和第十一师）、一个近卫步兵旅和二个骑兵旅。二个步兵师和近卫步兵旅驻扎在北京，其余部队驻扎在内蒙。

每个步兵师如同中国其他的军队一样，辖二个步兵旅，每个旅辖二个团，每个团辖四个营，一个营辖四个连，每个连有一百至一百二十名兵员。

每个师都有特种部队：一个炮兵营（由于物资不足，没建炮兵团），以及一个下辖机枪营、骑兵营、工兵营和技工营（通讯兵、警卫排等等）的混成团。

至于该军的军事技术装备，那是很落后的。大炮的部件磨损得相当厉害，各种牌号的机枪和步枪都需要彻底修理。

国民军第一军士兵的队列训练和体育锻炼的水平很高。就这方面来讲，冯军超过了中国所有的军阀部队。

然而部队的射击训练很差。炮兵只能目视瞄准射击，机枪手和射手都是按最远的有效距离定点射击，毫不顾及天气和其他条件。国民军第一军的战术训练水平比日俄战争期间的俄国军队还要低。

该军的骑兵包括一个由蒙古族骑手组成的察哈尔骑兵旅和另一个由汉族人组成的骑兵旅。后者更像会骑马的步兵。

国民军第一军部队的思想状况，可以说还过得去（在部队里，对吸鸦片，酗酒和抢劫居民者始终都给予严厉处罚）。但是，由于长期不给士兵和军官们发薪饷，伙食又差，使人怀疑，这种思想的稳定性在遇到艰苦的战斗考验时能否保持下去。

至于革命觉悟，在该军里根本感觉不到。部队里的政治工作从未开展起来，如前所说，禁止国民党在这里开展宣传工作。在营房的一些地方曾立着一块"不劳动者不得食"的标语牌，但这与其说是一个采取行动的号召，不如说是一个装饰品。

国民军第一军的指挥员中，也有从士兵提拔上来的人。这些人都没有在专门的学校里受过军事训练。他们都是靠自己的战斗经验，或者根据"古老"的传说，直至模仿"三国"时代中国传奇式的军师诸葛亮的军事手腕，来指挥部队。

总之，国民军第一军不是一支能完成一些重大政治任务、能抗击诸如奉系这样的敌人的力量。

在河南

　　我通过阅读张家口顾问组一些顾问写的回忆录中的一些片断和根据自己同 П.П.卡拉蒂金一起于一九二五年八月底去了一次河南省——此行的目的是了解国民军第二军中我们顾问的工作环境——所留下的印象，对我们顾问在河南工作初期的情况有了一些了解。

　　河南省是国民军第二军的根据地。它位于黄河的下游（面积为十七万九千平方公里，人口为三千一百万）。以督军岳维峻为首的行政管理机关和开封顾问组的总部都设在河南主要城市开封。

　　简单谈几句这个省的军事地理和经济方面的一些特点。在这个省，我不仅在国民军第二军里工作和战斗过，而且还参加了武汉政府于一九二七年建立的国民革命军发动的反对张学良（张作霖之子）指挥的奉系军阀的一些战役。

　　河南省的东部地区地势低洼，是华北平原的西部地区。这里是河南省的粮仓。在河南的西部地区，秦岭山脉的支脉此起彼伏，绵延不绝。

　　河南省属季风气候，冬天寒冷。冬天，北部地区的平均气温为零下四度，南部地区为零上一度，北部地区遇寒流时，气温常达零下二十度。这里夏天很热，在七月份，温度为摄氏二十六-——二十九度。雨季主要是在夏天（五月——十月，雨量为五百——一千毫米）。冬天降雪量不大，但常刮北风，风力很强，尘土飞扬。河南省的最大河流是黄河，东西流向，横贯全省。黄河流域的土地占全国土地耕种面积的百分之四十，占小麦种植面积的百分之六十二，占棉花种植面积的百分之五十七，占烟草种植面积的百分之六十七。黄河流域灌溉系统的蓄水量能灌溉一百万公顷土地。

有两条重要的铁道线经过河南省：横穿南北的京汉线；纵贯东西的陇海线〔从商丘站到徐州（山东省）① 枢纽站〕。

河南省探明的矿产资源很少。仅在郑州和洛阳两地区有煤层。

敌视国民军第二军的各个军阀集团——奉系、鲁系、直系（湖北的吴佩孚）——所占据的位置很有利，他们利用铁道线，不费吹灰之力就可以组织进攻河南省，使国民军第二军难以防守。

国民军第二军军长胡景翼所走过的道路坎坷不平。他积极参加了一九一一年的革命和"白朗"领导的农民起义，尔后他当了土匪，被抓进了监狱。一九二一年，当时任陕西省督军的冯玉祥从监狱里把胡景翼放了出来，吸收他参加了自己的军队。

胡景翼由于机智勇敢，有杰出的军事指挥才能，很快就高升了，正如他的嫉妒者们称他的那样，由土匪变成了将军。胡景翼当了河南省督军以后，仍然是一个民主主义者和具有革命思想的将军。他允许集会和结社。在他任职期间，国民党组织和共产党组织可以公开进行活动。胡景翼政治上最亲密的助手是国民党中央执行委员会委员、驻北京的国民党北方委员会委员、国民党左派于右任。为了加强自己在河南的影响，胡景翼请求格克尔武官给他派苏联教官。

但是，胡景翼统治河南省的时间并不长。由于疏忽大意，他在玩麻将时碰破的一处小伤口意外感染，引起血液中毒，遂于一九二五年四月去世。

胡景翼去世以后，各种将军在河南展开了争夺当河南督军的激烈

---

① 徐州为江苏省的城市，但徐州枢纽站历来归济南铁路局管辖。——译者注

斗争。这场斗争开始时只是使用外交手腕，后来便以武力互相威胁。

只是由于张作霖部队沿京汉铁路向南迅速挺进，才使河南的将军们互相达成了妥协，同意第二步兵师师长岳维峻将军做候选人。

岳维峻将军一九二三——一九二四年任陕军第一师的一个旅长。他在吴佩孚惨遭失败以后，转到了革命军方面，被任命为第二步兵师师长。他这个人不问政治，意志薄弱，不大聪明，但很勇敢，岳维峻仪表堂堂，个子高大，体格强壮，说话声音很低，但带有命令口气。

在那些互相为敌的将军中，每一方都想将这个初出茅庐的督军置于自己的影响之下。自岳维峻执政之日起，一场争相对他施加影响的斗争便展开了。开始时，督军的几个主要顾问由各个集团分摊。国民党人于右任当上了总顾问，但是在后来，一些出于投机而转到国民军方面来的前吴佩孚分子压过了国民党人。吴佩孚将自己的一个亲信马祥派到了督军那儿，作为他的顾问。

国民军第二军下辖十一个由四个团组成的步兵师、二十一个混成旅、几个警备旅、三个炮兵团、一个骑兵旅（没有战马）。就其部队的数量而言，国民军第二军是各省军队中最庞大的军队之一。

但是，第二军由于分成了很多敌对的集团，部队的训练也差，当地的广大人民群众又对其怀有敌意，因此，实力并不强，督军岳维峻自己在同苏联红军最高指挥机关代表特利冯诺夫谈话时说，坚决执行他的命令的只有两三个师长。联合军校校长徐将军直言不讳地宣称第二军毫无战斗力，只能打土匪。

这样看来，督军岳维峻缺乏足以将各派系的将军及其所率部队联成一体的威望。他自己也承认这一点。因此，国民军第二军虽有其名，但内部却存在着各种派系的、甚至是敌对的集团。主要的集团有四个；陕西集团；吴佩孚集团（豫军的一部）；樊钟秀的独立集团；中间派集团（豫军的一部）。国民军第二军的陕西集团掌握着第一、二、三、七、八、九、十一步兵师、第六和第十混成旅、第一预备旅和第一骑兵旅。

吴佩孚集团控制着第四、五、十五步兵师、第十七、十八混成旅。

国民军第二军中樊钟秀独立部队称为第六师，下辖四个纵队。每个纵队，或者称为每个方面军，统辖一、二个旅。樊钟秀不受督军所管，不谈论政治。过去他曾同孙中山合作并共过事。樊钟秀当时并不反对吴佩孚，也不拥护国民军第二军。

中间派集团掌握着第八、十三、十五、十六混成旅、第二预备旅、第三骑兵旅（无马）、"义军"第四旅（旧时部队）和脱离了樊钟秀、驻扎在河南南部的第二旅。在这些部队中，第十三和十六旅忠于督军，其余的吴佩孚的旧部在财政上依赖于督军，对独立没有表现出特殊的愿望。

此外，国民军第二军还掌握有第十步兵师，第二、七、十一、十二、十九和第二十混成旅。这些部队都驻扎在陕西省，督军孙岳死后，由第十步兵师师长李虎臣将军指挥。这些部队尽管也算作国民军第二军的盟军，但一直保持着自己组织上和行动上的独立。督军胡景翼曾一度依仗自己的坚强性格和威信，将陕西集团的将军都联合在一起，并借此使其他一些将军不得不就范。

我现在详细介绍一下国民军第二军内部的一些矛盾，以便弄清它瓦解的原因，同时也谈谈苏联顾问在该军工作所遇到的一些困难。

在陕西集团内部，斗争主要是在督军岳维峻和他的政治顾问（已故督军胡景翼委托的顾问）于右任之间进行。岳维峻竭力想摆脱于右任的监督。这种内讧给国民军带来了很大的损失。站在于右任一边的有第三和第六旅。具有革命思想的第七师师长、国民党员邓宝珊将军和第九师师长李纪才都赞成岳维峻留任督军职务，因为邓宝珊将军对他施加的影响可同时起到扩大国民党影响的作用。

第九步兵师师长李纪才是个湖北人，在军事方面，他是国民军第二军里颇有才干的人物，他加入了陕西集团。李纪才与邓宝珊很接近，同情国民革命军。在国民军第二军占领期间，河南的政治制度一直取决于该军中陕西主要核心人物的政治态度。很多将军都加入了国民党或者靠近国民党，例如，国民党中央执行委员会委员于右任、柏文蔚、邓宝珊、李纪才等人。他们都极端憎恨张作霖、吴佩孚一类的军阀以及帝国主义分子。

他们对苏联的态度一般是友好的，把苏联看作是反帝斗争的盟友。然而，这并不意味着他们同情苏联的政治制度。凡此种种使河南出现了相对自由的政治制度，这对于国民党、工会进行公开活动和共产党进行半公开活动提供了保障。

在此期间，河南的工人运动有了发展，工会会员的人数大为增加，并成功地举行了一些罢工。与此同时，农民运动也蓬勃开展起来了。农民组织大都是反对军阀的中世纪组织（"红枪会"等等）。在共产党的领导和影响下，农会开始建立起来。

共产党和共青团接受了一批新的党、团员。例如，从一九二五年六月到一九二六年十一月，党、团员的总数增长了四倍。顺便说一下，这也成了吴佩孚指责岳维峻的政策促进了在国民军第二军增加"赤色危险"的理由。

至于国民军第二军同当地群众的相互关系问题，可以说，该军的将军们关心的是与督军和他周围的人的冲突，而并不关心在群众和士兵中开展工作之类的严肃的政治问题。国民军第二军同任何一个阶层的群众都没有建立过牢固的联系。

已故的督军胡景翼是个有远见的人。他为了提高自己部队的战斗力而请来了苏联军事顾问，并打算通过国民党将广大的人民群众争取到自己一边来。

被派到国民军第二军来的顾问组的组长是格奥尔基·鲍利索维奇·斯卡洛夫（西纳尼）。他在苏联时曾任东方学院院长，没有受过专门的军事教育。他是国内战争的参加者，曾担任过一段时间的土耳其斯坦方面军革命军事委员会委员。为表彰他参加镇压喀琅施塔得叛乱，曾授予他一枚红旗勋章。我的同年级同学 А.Я.拉平——他的简历我已向读者介绍过了——被任命为顾问组的参谋长。顾问组由四十三人组成，其中有十个人受过高等军事教育，六个人是速成班毕业的。顾问组里有一个医生，二个工程师（弹药专业），七个政工人员。翻译人员只有五人。顾问组的大多数成员都是共产党员。顾问组于一九二五年六月二十一日到达开封，督军组织了仪仗队和乐队，隆重地欢迎了他们。

有一个笑话证明督军和他的助手们对苏维埃俄国发生的事件一无所知。在顾问们走出车厢时，乐队竟奏起了沙皇的旧国歌。这种隆重的欢迎仪式结束后，督军举行了一个如人们说的那样，充满了友好气氛的宴会。

顾问们在开封的住处相当不错：斯卡洛夫和行政管理组（一个政治工作的助手和几名翻译）住在开封唯一的一座称为"新拱桥"的欧式楼房里，其他的顾问都住在军事区兵工厂附近的一些木结构的房子——即所谓宾馆里。

顾问们在对情况做了一番初步了解以后，便根据督军的请求，开始动手制定工作计划。当时决定要集中顾问们的全部力量来解决这样一些重要问题。为高、中级指挥官开办短期训练班；建立督军管理机关（国民军第二军司令部）；开办一所低级指挥官学校。再就是制定检查国民军第二军部队的军事训练和战斗力情况的计划。

我们都心有余而力不足。我们在制定切实可行的部队训练纲领和计划时，甚至不知道学员们懂得什么和会干什么。

督军岳维峻审阅了我们的计划和纲领，并表示同意，但一切到此也就无声无息了。

应当指出，国民军第二军内部各派领导人之间因为联合军校校长的人选问题而进行的角逐在我们到来之前就已经相当激烈了。这所有二千四百名学员的军校是模仿广州黄埔军校建立起来的，其任务是在提高国民军的战斗训练水平方面发挥更大的作用。该校设有十八个班：四个炮兵班；二个骑兵班；二个工程班；一个通讯班；九个步兵班。

督军胡景翼活着的时候，曾指定国民党左派、前安徽督军柏文蔚将军任校长。在学校开学时，柏文蔚作为学校的校长发表了讲话。他在讲话中提到，苏联是中国的朋友，她的代表现正在这里参加开学仪式。督军命令他立即结束讲话。这次事件后，督军自己兼任了校长职务，然后又任命了吴佩孚的一个信徒徐将军任副校长。

顾问们为学校制定了教学大纲，并起草了一个说明，然后将其交给了督军，但被督军否决了。由于吴佩孚分子获得了胜利，督军的主要顾问于右任不得不于七月离职，取而代之的是吴佩孚分子马祥。这样，所有的领导职务都被吴佩孚分子所窃据，他们下达了反对"赤色危险"和结社自由的命令。

开始时，我们在河南的顾问只能做些允许他们做的事情。在国民党中央执行委员会委员于右任担任督军岳维峻主要顾问以后，国民党左派可以放手在群众和部队中开展工作，我们的顾问便也可以在部队中进行工作。督军当时也做出同苏亲善的假象。一九二五年七月，著名的莫斯科——北京飞行成功之后，我们的飞行员于八月中旬访问了开封，督军为他们举行了隆重的欢迎仪式和热情的招待会。人们热烈欢迎飞行员和机组负责人 И.П.施密特。广大人民群众当时曾举行了集会和游行。各个企业的代表团把机组负责人施密特看作兄弟国家的代表，并赠送了红旗。这期间，我们的一些顾问都收到了国民军第二军的几支部队的邀请。B.M.阿基莫夫小组被分配到洛阳，去邓宝珊的师里；齐明带着自己的小组去了驻扎在开封——泥古岭附近的一个骑兵旅；鲁别的小组被分派到开封的军校。

　　随着吴佩孚在河南影响的加强，顾问们便不断遇到各种障碍。国民党中央执行委员会的一个委员给督军岳维峻的一封信可以证实这一点。他写道："在胡景翼任督军期间，不仅将河南的国民党员，而且将其他人士都团结了起来。但你团结的都是什么人呢？都是像马祥一样的恶棍！他们都是直系的人。所有这些人都反对革命。"

　　岳维峻德不高，望不重，因而关于发动政变和罢免他督军职务的谈判一直在进行，但是总也找不出一个为各个集团都能同意的合适人选来。

　　一九二五年八月，吴佩孚在湖北召开了一个会议，说是要研究佛教。实际上，他的企图是要瓦解国民军第二军，网罗自己的亲信。九省八月会议提出了一个计划——建立九省反对张作霖联盟和推翻段祺瑞的北京政府。一九二五年秋天爆发的内战就是在这次会议上筹划和确定的。

　　应当承认，岳维峻作为河南督军，其处境是很艰难的。督军一九二五年十二月初同斯卡洛夫谈话时开诚布公地说："河南已被内外部敌人包围了。很多人都认为我是一个共产党人（？），这对工作是有害的，会使敌人借口同以我和冯为代表的'赤色危险'做斗争来网罗反对派。冯可以更自由地发表自己的意见，他的北面是不受威胁的，而我却四面受敌。我的军队集中不起来，缺乏统一。我不得不随机应变。邓宝珊的第七军、陈思成的第十六混成旅和史克全（音译）旅是我的部队。"

　　接着在谈到在北京建立政府时，岳维峻发表看法说："真正的政府不应当是联合政府，而应是由人民军队、社会团体和国民党的代表组成的人民政府。由于出现孙传芳集团称霸南方的复杂形势，新组织的政府只能是临时政府。我们往孙传芳那儿派去了一名代表，孙传芳也派来了一名代表，连孙岳（陕西督军）也向孙传芳处派去了自己的一名代表。"

至于同吴佩孚的相互关系，岳维峻指出，吴佩孚、孙传芳和萧耀南之间都有矛盾。他说："吴佩孚还是坚持老观点。吴佩孚想当总统，但遭到了国民军和孙传芳的反对。为了解决直、鲁问题，必须想一个消灭吴佩孚的办法。现在还做不到这一点，吴佩孚还可能从南边来对付国民军。因此，等战事结束以后，俄国顾问就能够开展工作。现在工作进展缓慢有很多同我无关的原因。"

督军岳维峻认为，受军阀集团四面包围的河南的军事战略形势是很吃紧的，尤其是由于国民军第二军里一些对立集团的角逐和广大人民群众对陕西统治集团抱着敌视的态度，使局势变得更加复杂。我们是同意他的这一分析的。

农民的处境

　　我们对河南、湖南两省的农民状况做了如下调查。中国是一个农业大国。中国的领土大约有二十亿公顷，其中百分之八十五是山地，耕种面积只占百分之十（根据各方面提供的材料，有七千二百万到一亿公顷）。中国有近七千五百万——八千万农户，每个农户平均有土地不超过一公顷。在南方，比如广东省——那里的气候条件很有利，适宜种植诸如水稻等耗劳费时的农作物，一块地一年可以收几茬——，这点儿土地还勉强可以使一个家庭过上半饥半饱的生活；但在北方，靠这么点儿土地是很难维持生活的。就拿华中的河南省来说吧，在那里，百分之三十二的农民只有半公顷或更少的土地。他们都披星戴月地干活，收获完后，为了填饱肚子，便给地主去当雇工。河南农民大约有四分之三的人过着饥寒交迫的生活。

　　河南的农民按拥有土地多少来算，可以分为四类：百分之五十三的农民（小小农户）拥有的土地占总面积的百分之十七；百分之二十一的农民（小农户）拥有的土地占总面积的百分之二十一；百分之十四的农民（中农）拥有的土地占总面积的百分之十四；百分之十三的农民（大地主）拥有的土地占总面积的百分之三十九。

　　我们从这些材料中可以看出，占农民总数百分之七十四的下层农民所拥有的土地才刚刚和占农民总数八分之一的上层农民所拥有的土地相等。

通过对河南以及其他一些省份农业经济的分析，对农民的分化有了一定的了解。鉴于中国的内战连绵不绝和军阀不断对农民进行掠夺，这种分化过程更为加剧。受苦最深的都是最穷的农民。

生活的贫困迫使他们离开农村，当了军阀的雇佣军、土匪（红胡子）或者沦为乞丐。

在农民的总数中，佃户和半佃户占百分之四十四。

农民之间出现的这种土地分配情况和佃户的租地条件——收成的一半（有时甚至是一大半）付给地主——致使农村的阶级斗争更加激化。此外，地主还向佃户和小农放高利贷，以及出租农具和借贷种子等等。

中国农村成立了很多庞大的自卫组织：民团和农民秘密组织"红枪会""大刀会"等等。

各个省都成立了秘密农民组织。这些组织与一些更古老的组织都有历史渊源。老的秘密组织都训练其成员使用梭镖、刀剑和斧子等武器，这是它们的一个特点。为了训练各组织的成员，例如"义和团"的成员，互相以拳击胸和两肋。

"红枪会"分为很多教派，如"中教派""红教派"。"红枪会"的战士们都将自己的武器——梭镖——配上红布穗。他们的头上都裹着红布或黄布。入会的会费就是一支带铁头的长梭镖。

"红教"的成员经常背诵秘密祷文，晚上面向西北祷告。他们点一盏油灯，然后静坐，请神，直至灯油燃尽。他们经常吞吃写有秘密符号的红纸，认为这样可以在一段时间内刀枪不入。

"红枪会"是一个农村组织。入会的每个人都要在"教师"的指导下，经过很长一段时间的训练，教师向每个新入会的会员教授使用武器和防弹秘法等等。在入会时，都要举行宗教仪式和宣读誓词；惩盗贼，济穷人，不觊觎别人财富等等。誓词最后写道："我——一个弟子，走上了阳关大道。我发誓要兢兢业业，不做坏事。若干坏事，情愿枪弹穿胸"等等。除了一个教师外，还从贫苦农民中选举一个大家都听其调遣的"领袖"。

十至二十个"红枪会"组成一个连村会，连村会再组成规模更大一些的组织，纪律是很严明的。互相之间用暗号及通过代表进行联系。在"红枪会"的训练中，一般教授侦察、联络和防卫；特别注意的是体力操练和使用梭标。"红枪会"的基本会员都是贫农，但也有中农。洛阳地区的"红枪会"发展最快。在打驻马店时，该组织的成员反对国民军第二军的部队。他们在一天夜里袭击了一个预备团的司令部并将其消灭殆尽。一九二六年二月，第七步兵师的士兵同向洛阳车站进逼的"红枪会"发生了冲突。"红枪会"的进攻者很有组织，都按命令和信号行动。他们都是用步枪和红缨枪装备起来的。第二年，在国民革命军发动河南战役、攻打奉系军队时，"红枪会"已经站到了我们一边。

建立民团组织似乎是为了对付土匪，保护农民。但民团的组织者都是些农民中的富有阶层。民团与"红枪会"不同的是，它公开进行活动并受当局的保护，它是按警备部队的编制建立起来的。农民根据自己的情况向民团输送团丁。一个大约有一百亩土地的农民要出一个骑兵，而有五十亩地的出一名普通兵。民团团丁平时都穿军装，配带枪支，但都是些破旧不堪的枪。一个村的民团组成一个大队，一个乡组成一个由乡长指挥的乡团。民团一般都在特定的地方，雇专门的教官来培训。我曾同民团团丁谈过话。他们给人留下了很不好的印象。这都是一些无路可走而偶然入团的人。在河南省的西部地区（山区），成立了很多"红枪会"，然而没有成立民团。这两个组织是相互敌视的。

最上层农民，村和乡行政当局以及地主，都靠民团来维持其在农村的政治和经济上的统治。总之，农村里的矛盾非常尖锐复杂。在一些地区，大部分农民都成了小佃户，他们要交付各种地租；劳役地租、实物地租、货币地租。农民一直受着富有的地主的压迫。这些地主同时又是商人和高利贷者。地方官吏也大肆进行掠夺。军阀们不断向百姓征收各种捐税，而且常常预征好多年。由于连绵不断的战争，中国农业的基础——人工灌溉系统——荒废无用了。这样，自然灾害不断侵袭。国家总是周期性地发生饥荒。

当然，中国农民的凄凉状况提高了他们的革命积极性。

一九二五年底，河南出现了一个新的农民运动组织——农会，这是中国共产党帮助建立起来的组织。

大部分农会都是由佃农组成的。农会的主要任务是：保护农民的经济和政治利益；开展争取降低地租的斗争；取消附加捐税；建立累进所得税；组织农民在当地自治。

每个农会都选举了一个由五名委员（三名委员，二名候补委员）组成的执委会。每个农会都掌握一支称为自卫队的武装队伍（在河南，自卫队主要由"红枪会"组成）。

自卫队的基本单位是：五人为一"伍"，十人为一"什"，二十人为一"组"，三组为一"队"，二队以上为一"团"。一些农会还建立了进行政治和军事训练的学校。河南在一九二六年建立了近一百个农会，吸收了十万名农民。

各省农会数量的增加是同国民革命军向北挺进有直接关系的，湖南省在这方面首屈一指。湖南的耕种土地分为山地和河谷地两种。河谷地大部分都控制在大地主手里（有时一个地主有几千亩）。例如，唐生智将军（后来任武汉政府军队的总司令）就有几千亩土地，每年从农民那儿收五千担稻谷的租子。

除了唐生智这样的大地主外，湖南省还有很多拥有三百——五百亩地的中等地主。他们几乎控制了全部的耕地。农民的土地一般的都是五——十亩，但也有一些拥有五十——一百亩地的中农。

山区的情况跟平原地区基本相同，但那里的租子要低一些。山区的自耕农破产很快，他们常常沦为苦力。湖南省自古以来就以出苦力而闻名。在我们从广州前往南昌，以及北伐期间，湖南的苦力负责搬运重物、大炮零件和炮弹，帮了大忙。

国民革命军占领了湖南省以后，农民革命运动的浪潮更加汹涌澎湃。一些县的农民将政权夺到了自己手里，分了地主的土地。

返回北京

我同 П.П.卡拉蒂金到国民军第一军和第二军走了一趟以后，深深感到我们顾问们的工作环境比我们预料的要复杂和困难得多。

在我们返回北京时，华北的军事政治形势恶化到了极点，因此，我们便着手制定国民军准备打仗的战略行动计划。

不久，武官召集了一个会议，Л.М.加拉罕、张家口顾问组长 В.К.普特纳和其他顾问都出席了。会上讨论了国民军第一军在北方积极展开行动的问题。

此时此刻，北京的生活照常进行。有一天晚上，我在一个绿树成荫的公园里散步时，走进一个小亭子想休息一下。在这个亭子里坐着一个面部瘦削，个子很高的戴眼镜的中年中国人。他突然用地道的俄语跟我聊了起来，谈话中还运用了很多在俄国长期居住过的人们的习惯说法。原来他叫王虎金，在俄国的符拉迪沃斯托克住了很多年。他娶了一个俄国女人，是一个工程师的女儿，后来经他介绍同我认识了。他在符拉迪沃斯托克开了一个大商店，"做了点投机买卖"，并靠这种"买卖手腕"积攒了七百万卢布。随着苏维埃政权来到远东，王虎金的整个商店也消失得无影无踪了。"我对这一损失并不感到可惜，这个商店是我投机办起的，不过我倒想打听一下是否还能给点补偿。"

他是一个消息非常灵通的人。他对一些常去使馆的人，甚至对使馆的一些工作人员都很了解。顺便说一下，他在谈话中还悄悄地告诉我说，给中国警察局通风报信的一些中国人常去我们使馆，他们甚至还出席加拉罕的招待会。"这是一些坏人，他们会给你们使坏的。"这时王虎金的夫人来了，她一身中西式打扮，俄语几乎不会说了，一同来的还有一个中国部长的老婆，我们的谈话便也因此被打断了。我建议他明天再在这里见面，以便详细谈谈我感兴趣的一些事情。

但是他第二天并没有来，我再也没见到他。张作霖的匪徒和中国警察一九二七年袭击苏联驻北京大使馆时，一些兼任特务的工作人员在逮捕共产党员李大钊和苏联公民时起了卑鄙龌龊的作用。

我同所有新来北京的人一样，特别欣赏北京过去遗留下来的华丽的古迹。不论是苏联人，还是其他外国作家和记者，都写了不少关于中国首都名胜古迹的动人的回忆录。因此，为了不使读者腻烦，我就不再谈参观"圣陵"和一些博物馆时所留下的模糊印象了。我只补充一点，那就是中国京剧给我留下了很深刻的印象。

我们的苏联侨民和外国使馆的居民不住在一起。而根据前武官 A.И.格克尔的建议，我们这些军方代表也都不和本国的侨民来往。很自然，我们每天晚上闲暇无事时，就去电影院。

我在北京期间，在空闲时常在内城的城墙上散步。这座城墙紧挨着保护自己使馆的美国步兵营营房，这样，便可以借机观察一下驻扎在中国的外国士兵的生活情况。我从未见到过他们搞军事训练。他们只偶尔带着乐队沿着北京的街道散步。在这时，美国兵简直不是在操练步法，而是像在逛百老汇大街一样，踢哩沓啦，横不成排，竖不成行。

他们散完步后，便在用刷子擦灰尘的擦皮鞋人前面排起了长队，尽管他们每个人自己动手来干这事可能会更快一些。

一九二五——一九二七年革命的开始和国民军

　　一般都认为一九二五年五月三十日是一九二五——一九二七年革命的开始。在这一天，上海的学生和工人举行了示威游行，抗议日本警察在青岛枪杀中国工人①。但是，就连这次联合示威也遭到了英美警察的枪击。于是，上海爆发了总罢工，参加罢工的不仅有工人，而且也有职员、学生、一部分商贩和手艺人。罢工持续了二个多月。投身这场斗争的有近五十万人。中国其他一些城市也掀起了反帝运动：六月十九日，香港爆发了罢工，结果很多工人离开了香港，回到大陆上来。革命运动所取得的一些胜利加强了国民党左派分子的地位。

　　广州国民革命政府、中国共产党以及国民党左翼为加强工人的革命运动，做了大量的工作。一九二五年五月一日，在广州召开了工会第二次代表大会。农会也到处建立了起来，到一九二五年五月，仅广东一省就有会员二十一万人。

　　革命运动的规模（特别是在大城市里）甚至迫使顽固守旧分子吴佩孚元帅一九二五年底在同我们武官沃罗宁谈话时也不得不特别指出："现在若无社会团体，特别是工会，是无法建立牢固的政权的，

---

　　① 五卅运动发生在上海，是由日本资本家开枪打死工人、共产党员顾正红而引起的，而不是在青岛。——编者注

我重新考虑了这个问题，以后我将不再阻止发展这些团体。"但是，吴佩孚的这一"民主主义的"主张并没有改变他对苏联的态度。

人民运动的蓬勃发展促使国民军又向军阀们展开了新的进攻。

一九二五年十一月初，直系军阀集团的孙传芳将军利用中国广大人民群众对张作霖和张宗昌（山东督军）军阀部队的愤怒情绪，在江苏和安徽向张宗昌部队展开了进攻，将他赶出了这两个省，并占领了上海。直隶集团所采取的这一行动是早在八月份召开的九省汉口会议上就已确定并同国民军互相配合了的。国民军部队也向奉系集团发起了进攻：国民军第一军从张家口向北京和天津展开进攻；国民军第二军从开封向济南（山东省的主要城市）展开进攻。

革命的影响甚至也漫延到了诸如奉系军阀集团这样的反动派堡垒中来了。日本在满洲胡作非为比在其他一些省更甚，这激起了奉系军队官兵的反帝情绪。当时曾组织了一个反张作霖的青年奉系秘密集团。该集团以张学良（张作霖之子）元帅的副手郭松龄将军为首。郭松龄指挥着山海关——天津地区的部队。跟随郭松龄的有奉系的一半军队：近七个步兵师、二个炮兵旅、一个工兵团、总共近五万人。郭松龄在向张作霖宣战、正式发动起义的前二个星期就已同冯玉祥联系好了。

十一月十二日，冯玉祥与郭松龄结成了秘密联盟，计划要在中国建立一个中央人民政府（国民党政府）；改组满洲的管理机构；为发展民族工业创造有利条件；改善工农处境。参加签订这一协议的有直隶省督军李景林将军，热河省督军阚朝玺将军。前安徽督军姜登选将军反对这样做，认为忠于张作霖是自己的义务。

日本官方人士口头上向郭松龄保证要严守中立。张作霖很快就知道了这一阴谋并命令张学良处决郭松龄。十一月二十三日，郭松龄被迫公开同张作霖决裂，并于十一月二十七日向张作霖宣战。郭松龄将自己的部队改称为国民军第四军。李景林将军也宣布独立。郭松龄奉行的是两面政策。他一方面反对张作霖的独裁统治，拥护减轻满洲人民的苦难，许诺要使满洲独立；另一方面又向东京保证自己同中国的革命运动毫无关系，与冯玉祥没有联系，并敌视共产主义。

郭松龄的起义引起了奉系集团的分裂，导致了华北革命运动的高涨。在北京，学生、无产者和知识分子举行了示威游行。他们在集会上要求段祺瑞的亲日政府引退，呼吁冯玉祥在中国组织人民政府。以李大钊为首的中共北方组织，在人民掀起的革命运动中，起着领导作用。段祺瑞政府的部长们最后都不得不辞职。政府实际上已不复存在了。群众还捣毁了反动报纸《晨报》的编辑部。

看来，在沉寂的北京发生的革命运动不仅使奉系集团和它的日本靠山感到惊恐不安，而且也使郭松龄的一部分同路人和冯（玉祥）本人忧心忡忡。冯采取了一些保护段祺瑞和限制革命运动的措施。这种优柔寡断的立场给军阀李景林和阚朝玺增添了勇气。他们过去出于眼前的考虑脱离了张作霖，现在在日本的压力之下，对郭松龄采取了敌对的态度。李景林占领天津后，重新转到了张作霖和日本一边。这促使冯玉祥的国民军展开了积极的行动。

鉴于要在华北开展军事行动，督军岳维峻和他周围的人采取了一些步骤，让我们参加训练他的部队。一九二五年十一月初，顾问组长斯卡洛夫去到西安国民军第三军那里，于是，我便临时代替他的工作。十一月二十八日，我约见了岳维峻，向他提出了一些提高国民军第二军战斗力的建议。当时决定用手头的工具建造两辆铁甲列车。督军命令抽调二辆机车头改装铁甲列车，并抽出六门大炮和一部分铁路机车的操作人员。根据岳维峻的命令，第二军给我们的工程师拉德凯维奇和尼基金发了开封弹药厂和巩县弹药厂工作通行证，并邀请我们的顾问去河南军校。

校长徐将军是个很胖的能干的中年人。他很乐意接受我们提出的加强学员军事训练的建议，并向顾问们提供在学校里讲课和指挥演习的机会。鲁别曾给全校学员上了一次概论性的大课。鲁特涅夫和布林讲炮兵知识课，瓦辛讲工程技术课，顿基赫和凯依讲战略和机枪射击技术课，我讲隐蔽阵地炮兵射击法课，鲁别讲骑兵要领课。为了使我们讲的东西能明白易懂，我们便用胶合板和纸板做了直观教具，又在教室里做了一个用于确定射击任务和战术任务的沙盘。

我们跟着参加野外训练，然后进行学习讲评，学校校长徐将军曾参加过鲁别主持的讲评。

由于翻译人员缺乏，加之他们对军事专业知识懂得很少，在河南军校讲学很困难。此外，翻译人员和学员们有时讲各种方言，因而相互之间不能正确理解对方讲话的意思。例如，我的赵翻译是个山东人，而听课的学员是陕西人。这样，不得不再找一个懂山东和陕西方言的军官到课堂当翻译。后来，我在讲课之前，便将这个军官请来，事先让他熟悉一下教材。

学校里的中国下级军官薪金很低，他们同部队里的军官不同，没有"附加"工资。部队军官可以将那些因某种原因离队（开小差和死亡等等），但仍然在册的士兵的薪水占为己有。他们干的这种勾当实际上跟果戈理"死魂灵"一书中巴维尔·伊儿诺维奇·乞乞科夫干的勾当一样。在中国军阀部队的会计制度和财政监督下，军官们的这笔收入被认为是正当的。

十月底，我有一次和鲁别应邀去参观一个步兵班学员的连队野外战术和队列训练。我们注意到，学员们执行所有的命令都迅速而又准确，报告情况也很快。演习期间，连队在开垦的田野里以纵队形式跑完了近一公里。训练完后，学员们个个呼吸正常，脉搏均匀。这证明他们的体质很好，队列规章和指挥口令掌握得很熟练。但是，学校学员们进行军事训练所依据的这些规章还是一九一一年革命前制定的。很明显，这些规章都是从日俄战争期间的日本规章翻译过来的，因此，它们没有反映出第一次世界大战的经验。

　　我已说过，工程师拉德凯维奇被派到距我们住处不远的开封弹药厂去工作。这座工厂每天能造十五万发步枪子弹，其中废品达百分之四十。要搞清楚是哪些机器不好用和出废品是很困难的，因为让工厂停工来检查所有的机器是不可能的。前线正在酣战，战斗连续不断，部队很需要步枪子弹。而且若一停产，工人可能失掉工资收入。拉德凯维奇提出了一个办法：从每台机器生产的子弹中挑出二十——三十发，放到事先做好的货架上。通过将成品一一做比较，就很容易地发现是哪些机器在出废品。这样，工厂没有大停工，而有毛病的机器却被修理好了。我们这个工程师的威信因此而无与伦比地提高了。督军要求将我们的工程师派到另一家工厂——现县工厂。按他的话说，这家工厂一直在停工。

山东之行和在河南军校的工作

  冯玉祥的国民军第一军于一九二五年十一月二十六日占领了北京，并开始向当时直隶省督军李景林将军部队所占据的天津发动进攻。李景林在重新转到张作霖一边后，对郭松龄与冯玉祥的联系和联合行动起了破坏作用。日本直接干涉了张作霖同郭松龄的斗争。日本的谍报机关不断搜集有关郭松龄部队的部署和驻扎的情报，然后，提供给张作霖的司令部，并企图用收买高级指挥官的手段从内部瓦解郭军。日军司令部把自己的部队集中到辽东地区南满铁路沿线，以便对郭松龄直接采取行动。由于日本帝国主义者对满洲内政进行这种厚颜无耻的干涉，因而郭松龄部队尽管在物质上和精神上无疑都强于张作霖的其余部队，但失败的命运早已注定了。

  十二月二十日，郭松龄的主力向隐蔽在辽河对岸的张作霖部队发动了进攻。他们踏冰过河，占领了沈阳附近的一座铁桥。这时，张作霖的信徒吴俊陞将军的骑兵队同日本骑兵一道，利用日本特务机关搞到的情报，插到了郭松龄的后方，消灭了他的司令部，俘虏了郭松龄本人。郭松龄被就地斩首。他的部队四下溃散了。一部分转到张作霖一边，其余的在魏益三将军的指挥下退到山海关，加入了国民军第一军。

  国民军第二军开始和国民军第一军对奉系军队采取了一致的军事行动。国民军第二军的主力于十一月初从开封地区沿黄河右岸向山东省的主要城市济南发动进攻。国民军第二军的这支部队由第九师师长李纪才将军指挥。李纪才被认为是军事上最有造就的一个将军，他被指定任山东省的督军。显然，国民军第二军的行动从某种意义来说，是同孙传芳的直系部队沿津浦线向张宗昌部队展开的进攻协同一致的。但是当时不管是督军，还是督军司令部，都没有让我们参与制定作战计划和协调国民军第二军同孙传芳部队的共同行动。我们从报纸上获悉李纪才的部队十一月二十八日——二十九日在济南附近遭到了惨败，特别是马吉第的第十三混成旅情况更惨，连死带伤加上被俘，共损失了三千人。这大概是李纪才急于想夺得山东督军的职位，因此在没有准备好，以及在还没有同孙传芳军队建立牢固的联系的情况下，就开始了行动。

斯卡洛夫从陕西回来以后，岳维峻立即请求派一些顾问去前线，到李纪才将军那儿去，但没给他们介绍具体的战斗情况。当时只知道李纪才的大本营设在兖州地区，即在济南以南（战区以南）一百二十公里处。

十二月十四日，我们小组由Г.Б.斯卡洛夫率领，乘车沿铁路穿过了枢纽站徐州，到了山东前线。我们共四个人：斯卡洛夫、我、翻译马祖林和李。为我们上前线调拨给我们的一节货车简直破烂不堪。车壁上缺少壁板，透过缝隙几乎可以看到车外白皑皑的原野，这是因为天气开始剧冷并下了雪。十二月十四日夜里到十五日凌晨，气温急剧下降到零下十八——二十度。坐车是很冷的，加之我们都没有带厚衣服。

我们十五日晚到达兖州之后，便四下寻访李纪才的司令部。司令部设在一间潮湿、阴暗而又不太暖和的房间里，成群结队的官兵在这里进进出出。房间里点着几盏煤油灯和蜡烛。这些灯和蜡烛都不太亮，在黑夜中忽明忽暗。司令部看来根本没设警卫，至少表面上没发现。没有人检查我们的证件，我们的到来也没引起任何人的注意。同李纪才见过面后，我便想了解一下形势。问了几个司令部军官以后，我搞清了国民军第二军部队在兖州地区的部署情况，并在我的笔记本上画了一个部队部署草图。根据草图来看，李纪才部队所处的位置很有利，因为它们差不多从两翼将敌人包围了。这样，就有可能在兖州附近再来一次汉尼拔的坎内大战。①

李纪才走到我跟前，对我画的草图很感兴趣，并在上面作了更正。在我的草图上画的国民军第二军部队驻防的地方，李纪才都标上了吴佩孚或孙传芳部队的小旗。原来，不是我们，而是敌人，是吴佩孚的部队和我们的"盟军"孙传芳的部队将国民军第二军的剩余部队从两翼包围了。这个变化第二天便真相大白了。翻译告诉说，城里贴出了孙传芳部队第一师师长靳云鹗将军的布告。布告中说，靳云鹗奉吴佩孚、孙传芳两将军之命前来指挥兖州地区的部队，以便将敌人（张宗昌部队）赶出山东省。结果，国民军第二军一部分部队转到了吴佩孚一边。接着李纪才将军和孙传芳军第三师师长郭季才将军也发布了一个布告，说凡是"开小差和掠夺当地百姓"的士兵，一律枪毙。

在这种形势下，我们没敢冒险浏览这座由各种集团的部队占据的城市。我们就在一个小酒馆附近的露天地里安顿了下来，好在天气已暖和了一些，尽管仍是阴天。我们控制了自己想进一步了解各种情况的心情，也没有进兖州闲逛，这样做是正确的。

晚上，随着夜幕的降临，李纪才将军让我们悄悄地跟他走。我们、将军，以及他的亲信和侍卫（保镖）乘一辆小轿车和卡车离开了这个"英勇的"、但可惜已不是国民军第二军的阵地。当时必须赶紧行动，因为据我们得到的秘密情报，新的总司令靳云鹗提出了将苏联顾问交给他的要求。他似乎打算将我们吊在兖州城门的横梁上。兖

---

① 坎内是意大利的一个城市，迦太基统帅汉尼拔于公元前二一六年在坎内城郊包围并消灭了在数量上占一倍优势的罗马军队。

州如同中国大多数城市一样，有四个城门。确实应该感谢李纪才，因为他没有效法中国其他将军的做法，没有让我们听天由命。我们同这位总司令一道，扔下了"自己的"军队，走了二百三十五公里。我们于十二月十七日深夜结束了我们的前线之行，返回了开封。

从山东回来后，我立即去见河南军校校长，以便了解一下我们工作的前景和教学的物质保障等情况。我在见到校长时，他的情绪很不好。他说："现在，苏维埃俄国给予中国援助的巨大意义人所共知。这个援助极为必要。国民军第二军的战斗力太差了。部队不会进行侦察，不懂得相互联系，射击水平低劣。多亏郭松龄采取了行动，才将部队从困境中拯救了出来。国民军第二军只能对付土匪。我曾向督军报告过，必须加强部队的训练，加强军校的工作，用新的军事技术装备部队，并配备骑兵。督军现在才同意我的意见。他还告诉我说，派去苏联受训的学员成绩很好。这位校长认为本校这一届学员的成绩差一些。但是，下月就要招收第二届学员了，他要求帮助他筹备这项工作。他说，所有的质量最好的大炮都被吴佩孚分子指挥的第四、第五师霸占去了。

这些情况使我对辜负了我们希望的国民军第二军有了更具体的了解。经过山东一仗，我们对该军战斗力所做的评价同军校校长徐将军的评价完全一致。国民军第二军无力同正规军作战。鉴于目前同该军指挥人员的相互关系，我们对该军爱莫能助。我已讲过，他们不向我们介绍前线的形势和该军所属各部队的战斗力情况。

在这种情况下，我们便集中全力在河南军校开展工作，以使下届学员都成为国民军训练有素的指挥员。为了同军校的最高负责人员搞好关系，Г.В.斯卡洛夫决定邀请军校校长和他的一些最亲密助手到我们的住处来欢庆新年。晚会是在友好的气氛中进行的，它对建立更密切的联系起了促进作用。

几天之后，校长在军校为顾问们举行了一次答谢宴会。这是一个中国式的午宴，有四十道菜。宴会上用的不是我们习惯的叉子、餐刀和汤勺，而是筷子。我们当时已会使用筷子了。就上的菜的数量、菜的做法以及餐具而言，这是我们吃的第一个纯中国午宴。无论如何，我个人过去从未出席过这样的宴会。

午宴开始时，先上了很多各种各样的小吃。宴会的主人——校长——示意请我们尝尝这些东西，并自己先尝了起来。对于置身中国的客人来说，做这种防备并非多余。在中国的宴会上，常常发生主人向自己的敌手进行报复的情况。据报道，吴佩孚在一次这样的宴会上，把一九二四年在直隶省遭到失败以后表现得很固执并想退出直系的湖北省督军萧耀南毒死了。吴佩孚装出沉痛的样子，在萧耀南尸体前整整跪了一夜，但第二天早上，他便成了湖北省大权在握的主人，重振了直系首脑的声威。

我们又开始准备接收新学员了，同时也着手做成立部队军官进修班的工作，进修班属军校领导。根据在部队和军校中工作的经验，我们制定了一个更详细、更周密的教学计划。

尽管我们在军校和部队中工作的时间不长，督军和校长对我们顾问的专业技术和大公无私的精神给予了应有的评价。为了表彰在军校中所做的工作和我们参加过的一些战役，很多顾问被授予了中国勋章。

一九二六年初华北的军事政治形势

乍一看来，冯玉祥指挥的国民军的军事战略地位还是比较有利的。国民军控制了华北的大部分地盘——直隶、热河、察哈尔、绥远、甘肃、陕西、河南等省，总面积为一百三十七万多平方公里，人口为五千二百万。它们还占领了诸如北京、天津等重要的政治、军事、战略据点。这多少减轻了冯玉祥的财政困难。但是冯玉祥没有充分利用在郭松龄发动反对国民军的主要敌人张作霖的起义期间所出现的有利局面。他没有及时援助郭松龄，结果，张作霖在日本武装力量的直接帮助下，将起义镇压了下去。

此外，郭松龄起义之后张作霖所面临的困难局面和张作霖同直系之间矛盾的激化，促使英国、日本以及其他帝国主义列强开始出面来调和他们之间的矛盾，其目的是想将中国所有的军阀力量联合起来，共同对付国民军和广州政府的部队。他们把山西督军阎锡山也拉进了自己的这个联盟。形势对国民军来说相当严重，特别是在阎锡山采取了敌对立场之后。国民军第一军必须四面应战：要应付张作霖、李景林、张宗昌、阎锡山。他们的这一联盟共拥有下述兵力：

1）奉系　在满洲的辽河一线：甲）在山海关和昌黎地区，驻有近十二个步兵旅、六个骑兵旅、总兵力为五万人，一百五十挺机枪，一百二十——一百三十门大炮，乙）在锦州、新民屯和沈阳地区，驻有第四、五、七、九、十、十一、十二步兵师（郭松龄和张学良的旧部），总兵力为四万人，一百挺机枪，近一百门炮；丙）掩护北满后方和保护中东铁路的总预备队——八个步兵旅、二个骑兵旅，共两万步兵，四千名骑兵，五十——六十挺机枪，三十门大炮。在山东省：甲）负责进攻天津的李景林部队，共三万人左右；乙）进攻保定的张宗昌鲁南和鲁西南部队，近四万人。

奉系的总兵力共有十八万人左右，四百二十挺机枪，二百六十门大炮，五辆铁甲列车，六辆坦克，四十架飞机。

2）阎锡山的山西部队 山西省总督阎锡山以学究督军而著称。他可能是唯一的在一九一一年革命开始后竟然能够置身于各省内战之外并且未参加任何军阀政治集团的军阀。这在很大程度上是由山西省的地理条件决定的。山西四周环山，山陡坡斜。此外，山西北面和东面的群山，都筑有长城的支脉。山西的西部和南部以黄河为界，黄河本身就是一个难以逾越的天然屏障。

阎锡山的武装力量并不雄厚，只有二个步兵师、七个独立旅，总数近五万人。第一和第二步兵师驻扎在直隶省边界。山西省的军队无组织无纪律，训练很差，毫无战斗经验。阎锡山以反对吴佩孚而著名。实际上，阎锡山所奉行的是一个在军阀集团中搞折中的政策。在郭松龄起义期间，他投靠了冯玉祥。

山西军队所占据的军事战略位置对国民军威胁很大。它将国民军第一军同第二、第三军分隔两处。随着阎锡山的转变，奉系和直系军队就可以将国民军各个歼灭了。

国民军对奉系和直系军阀进行了抵抗。

国民军第一军和魏益三部队（郭松龄的残部，参加了冯玉祥军队，称为国民军第四军）共有七个步兵师、四个独立步兵旅、六个独立骑兵旅，总兵力为九万五千人，部署情况如下：

甲）在滦州地区的滦河一线投入了近两个步兵师、三个骑兵旅，以对付张作霖；乙）第十一和第九步兵师暨两辆铁甲列车从滦河向天津进发，增援孙岳的国民军第三军，以对付李景林；丙）在热河地区驻有一个步兵旅、三个骑兵旅和一些蒙古部队，总兵力为八千——一万人；丁）在北京、张家口和绥远地区，驻有二个步兵师、三个步兵旅（共二万五千人左右）、一辆铁甲列车；戊）在甘肃和宁夏地区，驻有一个步兵师；己）魏益三的部队由于不大可靠，被派驻保定地区。

国民军第三军和第二军的部分部队有将近两个步兵师、几个独立旅，总兵力为一万五千——二万人，负责保卫马厂地区（天津以南）。国民军第三军的其余部队留驻陕西地区。

国民军第二军在山东战役中受到了重创。我们没有搞清楚到一九二六年二月仍归督军调遣的第二军部队的确切人数和组织情况。对自己的损失，督军的指挥部门一直向我们保密。不过还是可以知道一些情况的。

东部前线　为了对付张宗昌和孙传芳军队，由第三步兵师师长田维勤和李纪才、方振武①两将军指挥的国民军第二军东线部队驻守在归德地区和同山东省交界的西北地区。这支部队有三、四个步兵师，几个独立旅，总兵力为四万人左右。

南部前线　为了对付吴佩孚，在郑州地区和京汉铁路以南地区集中了国民军第二军的南线部队近五个步兵师，三个独立旅，共约四万五千人。

国民军的兵力部署非常被动。部队在广阔的战场上分布得这样分散，以致无法将敌人各个歼灭。同时，国民军第一军有一半兵力驻守在大后方，同前线部队没有军事行动上的联系。

将国民军的兵力总数同奉系、直系军阀的联军及阎锡山的兵力总数、他们的物资资源以及部队的军事战略部署等一一加以对比，就会

---

① 方振武原是山东将军，后率一部分部队转到了国民军一边，称为国民军第五军。

感到国民军的处境极为困难。

下述统计资料也说明了这一点（见表格）。

一九二六年二月初军阀联军和国民军的兵力

军　别	部队总人数（千人）	师（个）	独立旅（个）	机　枪	大　炮
奉、直和阎锡山军	330	42	47	946	890
国　民　军	220	18	25	625	400

从该表格中可以看出，敌人联军的兵员人数和武器数量，都超过国民军一倍以上。

国民军控制的地域从面积上来说，是很大的。但像内蒙、甘肃省这样一些地区，人烟稀少，物质资源贫乏。众所周知，奉、直联军占领的是中国东部的一些省份，却人口稠密，资源丰富，交通发达。

此外，还不应忘记，奉系，直系一直得到日本、英国、美国和法国等帝国主义列强不仅在技术装备上，而且也有军力方面的支持。

甚至粗略地看一看地图，都会发现，国民军的军事战略地位很不利。国民军第二军的驻扎地区，其四周各省已被奉系，直系联军和阎锡山的部队所占领，因而，同国民军第一军的联系已被隔绝。

国民军第一军所控制的包括北京、天津在内的最富饶的直隶省同其他地区的联系也被敌人切断了。第一军唯一的铁路交通线在大同地区一直受阎锡山军队的威胁。

但是，如果对双方兵力的实况做更深入的分析，并考虑到加入奉、直系联盟的那些军阀之间仍存在着矛盾的话，就会觉得国民军的处境也并不是毫无指望的。

要知道，目前气势汹汹参战的奉系集团在郭松龄起义期间——大部分起义的奉军后来被编为国民军第四军，差一点像纸糊的房子一样，顷刻瓦解。而山东军阀张宗昌的精锐部队脱离了他，并在方振武将军的指挥下组成了国民军第五军。只是由于冯玉祥动作迟缓，才使奉系集团免遭厄运。

直系集团的处境也好不了多少。孙传芳实际上已彻底摆脱了吴佩孚。

现在，一切都取决于国民军的领导人是否有足够的勇气，摆脱在这场战争初期出现的被动处境。国民军能否克服离心力；能否为了达到共同的目标坚定而又同心协力地一致行动；国民军是否善于同广大的劳动群众找到共同的语言——所有这些都具有决定性的意义。顺利地扩充部队，保障部队必需的物资供给，也都取决于此。它也可能成为敌人的精锐部队更容易转到国民军方面来的主要因素。

军阀部队在军事技术上略胜国民军一筹，但这无关大局，因为所有的中国军队都不能很好地掌握技术，就连军事技术本身——机枪、步枪、大炮，都不能运用自如，而且弹药供应不足。如果能在军事和技术上正确地利用国民军所拥有的军事技术，无所畏惧，依靠广大人民群众，那么，是可以粉碎军阀的这一可怕联盟的。但是，国民军无法得到广大人民群众的同情，最多只能指望他们保持中立。

在天津战场

　　一九二六年一月十五日，顾问组长斯卡洛夫派我前往国民军第二军第七步兵师师长邓宝珊处，担任他的顾问。邓宝珊的部队此时转移到了天津地区。我当时认为将该师从河南省北调五百公里，调到国民军第一军控制的地区，是不合适的。要知道，国民军第二军在河南也受到两面夹击的威胁：在东面，山东督军张宗昌和孙传芳的军队正渐渐逼近；在南面，吴佩孚的部队也在逼过来。况且山西督军阎锡山对国民军，其中也包括对驻守在河南省的国民军，采取敌对的立场。

　　后来才搞清，邓宝珊的第一步兵师以及孙岳的国民军第三军的调动是为国民军总的战略局势所迫——在郭松龄起义之后，必须加强国民军第一军在天津地区的力量。天津是国民军临时使用的唯一海港。它可以保障从海路获得武器和弹药。要想在相互争吵的情况下把给国民军第二军（其中也包括给邓宝珊师）的武器转运给别的军队是没有任何理由的。在中国的将军中，争吵是家常便饭。

　　此外，国民军第二军和第三军向北调动的条件是：孙岳和冯玉祥曾商定以后任命孙岳为直隶督军，邓宝珊为孙的副手。这可能是促使这二支军队的将军们同国民军第一军一致行动的主要原因。

　　去天津的途中，我在北京稍作了停留。在这里，我见到了在国民军第一军中工作的几位顾问，了解了天津战役的一些详情。国民军对李景林采取的行动之所以没有奏效，是因为这些军队各行其是，毫无计划和缺乏坚强的领导。由于国民军第一军的指挥官张之江优柔寡断，他的部队便分成了若干小分队，单独作战，互不联系，没有侦察机关，也不设警卫部队。李景林的部队打得很积极主动，不断组织反攻，俘虏了整连整连的国民军，同时缴获了一批大炮和机枪。国民军第一军和第三军在打马厂时也是各行其是，互不协商。他们直到一九二五年十二月十三日，在遭受了巨大伤亡之后，才占领了该城。天津之战表明，奉系军队比国民军部队，特别是比国民军的第二、第三军，训练水平强得多。

在这期间，新武官、国内战争时期红军著名的指挥员亚历山大·伊里奇·叶戈罗夫来到了北京。

任命国内战争杰出的指挥员叶戈罗夫为驻中国武官，说明苏联政府相当重视帮助中国人民建立国民军和恢复中国的主权。

А.И.叶戈罗夫于一八八三年十月出生在布祖卢克一个劳动人民家里。他在喀山军校接受军事教育，于一九〇五年毕业。第一次世界大战期间，他曾任连长、营长，参加了这场战争。伟大的十月革命爆发时，他担任团长。他立即转到了人民一边。十月革命胜利后，А.И.叶戈罗夫被选为全俄苏维埃第二次代表大会代表和全俄中央执行委员会委员。

在国内战争期间，А.И.叶戈罗夫的指挥工作是相当多方面的。一九一九年春，他担任转战察里津地区的第十军军长。他的部队通过巧妙迂回，粉碎了敌人妄想突破该军中心地区的所有企图。第十军由于将骑兵部队的主力集中在主攻方向，因而使敌人遭受了惨重失败。А.И.叶戈罗夫亲自指挥骑兵在主攻方向冲锋，而且尽管身负重伤，仍不下火线。为了表彰这次战役，А.И.叶戈罗夫被授予一枚红旗勋章。

下述的每一个事实都可以证明 А.И.叶戈罗夫作为一个军事首长享有崇高的威望。一九一九年秋，军事形势对苏维埃俄国非常不利。邓尼金的白匪军队占领了沃罗涅日、库尔斯克，并威胁着图拉。苏维埃政府采取了一系列紧急措施以加强南方战线，并将指挥南方战线部队的重任交给了 A.И.叶戈罗夫。新的战线司令员卓有成效地加强了部队的战斗力。在他所选择的奥廖尔和沃罗涅日主攻方向，集中了大批部队，并转入了反攻。在 A.И.叶戈罗夫部队的沉重和毁灭性打击下，邓尼金白匪军全军覆没了。

一九二〇年初，A.И.叶戈罗夫被任命为西南战线司令。当时实际上在两个战略方向有战事：西部从普里皮亚季河到黑海地区，有波兰白匪；南部在克里米亚地区，有邓尼金白匪的残余部队。我当时就在西南战线工作，任西南战线炮兵副总监。战线的炮兵总监是著名的炮兵专家 B.Д.格连达尔。做监察工作，使我能够有机会了解到 A.И.叶戈罗夫指挥军队的方法。他的领导方法的实质就是相信自己的部下，放手让他们发挥自己的主观能动性，同时有一个坚强的、奋斗目标明确的指挥班子。在他的领导下，C.M.布琼尼、И.П.乌鲍列维奇、И.З.雅基尔、Н.П.佩金等一批天才的苏联军事首长成长起来了。

国内战争结束以后，A.И.叶戈罗夫在红军中担任过一系列重要职务：几个军区的司令员，工农红军参谋长，尔后任工农红军总参谋长。

我后来在一九三六年曾见过 A.И.叶戈罗夫一面，那时他已是苏联元帅，工农红军总参谋长了。他来到列宁格勒，尔后又以国家接收实验防卫工程委员会主席的身份被派到了卡烈利地带。当时我任军长兼卡烈利要塞司令，并领导这些工程的建设。这些工程包括建立反坦克和反步兵土木防卫工事。

A.И.叶戈罗夫同委员会的成员们一起，详细调查了竣工的各项工程，并从能通过坦克和进行射击这两个角度对这些工事的战斗性能进行了检验。我们建立的一个地下要塞引起了委员会的特别注意。这个要塞是用掘矿井的办法在阿加拉托沃地区修的一个地下土木防卫工事，它有十二个隐蔽的机枪射击点和一支五百人的警卫部队。这个要塞从空中很难发现。А.И.叶戈罗夫积极参加了用新的军事技术重新武装红军的工作，参予制订了新的作战方案以及用先进的指挥方法对红军进行训练等工作。

关于苏联元帅А.И.叶戈罗夫更详细的生平材料在涅纳罗科夫的《忠于职守》一书中已作了介绍。

А.И.叶戈罗夫作为一个富有经验的军事指挥员，来到中国以后，很快就熟悉了军事形势，了解到了国民军不断受挫的原因。А.И.叶戈罗夫在给顾问们做指示时指出，能否获胜，取决于对部队的领导和有战胜敌人的坚强的、不可动摇的决心。他建议向敌人展开迅速而又猛烈的进攻。但是，亚历山大·伊里奇还没完全了解清楚中国将军们相互关系的特点。

А.И.叶戈罗夫十二月十五日会见冯玉祥时才知道，原来国民军没有事先制定好完善的作战计划。不管怎么说，指挥机关的部署是不能令人满意的，因为百分之五十以上的冯玉祥军队的人马留在了大后方（有二个步兵师在张家口，一个步兵师在绥远和甘肃）。冯承认，他低估了自己敌手李景林的力量，因此，他现在不得不对部队加以调整。当问到下一步的行动计划时，冯玉祥回答说，他还没有具体地考虑这个问题，但派去增援张之江的部队应担负主攻任务。我们对冯玉祥为什么让张之江这样无能的将军指挥国民军第一军的主力部队非常难以理解。

战役开始后，实际上根本不让顾问在部队中开展工作。在顾问们留下未走的部队中，人们根本不向他们通报发生的事情，不让他们了解自己的计划。在回答亚历山大·伊里奇提出的关于同国民军第二、第三军配合行动的问题时，冯指出，这些部队完全是独立的，他自己无力调整它们之间的相互联系。叶戈罗夫在结束谈话时，提出了以骑兵支持郭松龄的英明建议。冯玉祥否定了这个建议，并武断地宣称郭松龄自己完全能应付。我们的武官同冯玉祥的谈话证明那个流行的军事格言是有道理的：在战场上被打败的那些军队，在战事爆发很久以前就预感到自己要失败。А.И.叶戈罗夫考虑到中国人领导军队的特点，在他的另一个指示中要求我们如有看法，应以建议的方式提出，他提醒我们对中国人的计划，不要不分青红皂白地加以否决，而应提出修正意见，使之更为合理，目的更明确，并且更符合形势。至于冯玉祥和他的国民军，则应利用他们的革命热情，帮助中国人民实现革命，获得解放。

在简单地总结国民军一九二五——一九二七年革命初期的活动时，可以说，这支军队对于实现将中国统一为一个主权国家的这一革命目标是很赞同的。

但是，由于冯玉祥的过错，国民军没能实现这一目标。对郭松龄起义惊恐不安的帝国主义列强将中国所有的军阀都撮合到了一起，甚至利用诸如张作霖、吴佩孚这样一些冯玉祥所称之为同自己"不共戴天"的敌人。

我在北京向武官 А.И.叶戈罗夫做了一次汇报。在谈话中得知，叶戈罗夫经常接待第十六混成旅旅长张思成（音译）① 将军。张思成背着自己的上司——国民军第二军军长、督军岳维峻，要求给他个人派一名军事顾问。А.И.叶戈罗夫决定和我商量一下并搞清楚他提出这一要求的原因。我向武官报告了张思成这一打算的实质：他渴望当"大人物"，想将第十六混成旅改编成一个师，企图通过军事顾问来搞到武器。因此，要从国民党左派邓宝珊那儿，即从驻扎在国民军第一军和第二军交界地区的一个师里抽调出一名军事顾问是毫无意义的。亚历山大·伊里奇同意我的看法，并让我仍任原职。

我和赵翻译一月三十日到达天津之后，在设备高级的欧式饭店"帝国饭店"里安顿了下来。

---

① 疑是张菖。——编者注

我们在饭店安顿下来之后，便出去寻找邓宝珊将军，要找到他是一件相当麻烦的事。邓宝珊以一个最忠贞不渝的国民党员、坚定诚实的反帝战士而闻名。他看上去已过四十岁，中等个儿，面容瘦削，说话声音很低，总是穿便服。遗憾的是邓宝珊吸鸦片，他的黄纸一般的脸色暴露出了他有这一嗜好。我向他做了自我介绍，并简单谈了谈我的简历。

接着我特别指出，在军事方面，没有在任何场合都实用的规则和方法，一切都取决于展开军事行动时的形势。只有在掌握了部队的部署、军队的技术装备和敌情等情况下，我才能提一些有益的建议。邓宝珊对我讲的都同意，同时保证他将尽量让我熟悉战场的情况。从他所作的简短而慎重的回答来看，我知道他在抽完大烟后，神志还未清醒过来。我们商定两天以后再见。

我在天津碰见了我们的顾问 B.M.普利马科夫和 B.H.利沃夫。普利马科夫正在为国民军第二军接收和运输武器。这项工作的困难之处在于有一部分武器不得不用帆船转运过来，因为装载武器的轮船由于吃水深，无法穿过浅滩开进海河口。

我通过同他们的谈话得知，冯打算去苏联学习一段时间，然后回国继续从事救国活动。他选择的出国旅行的"方便"时间，正是在郭松龄的起义由于冯的过错而遭失败，郭军大部分投降张作霖的时候，因而此行是令人感到惊奇的。李景林已开始向天津展开进攻，而吴佩孚则威胁着河南的国民军第二军。冯玉祥出走苏联，说明国民军软弱无能，无力救国。冯玉祥曾说过："武器不足，弹药没有，飞机没有。现有的一些武器又都不能用。部队的训练很差。国民军之间相互关系不和睦。国民军第二和第三军部队纪律松弛，它们不听我这个总司令的命令，掠夺百姓。河南将军樊钟秀不去对付山东，反而擅自进攻山西。没有纪律的军队是无法救国救民的。应当争取民心，训练军队，得到军用物资和装备，到那时方可进行决战，但现在不行。"

　　甚至从我在天津获悉的普利马科夫同冯玉祥谈话的一些片断就可以证明，冯玉祥在他的活动中自相矛盾，缺乏一贯性。

　　冯玉祥"白"得了奉军的一半精锐部队——郭松龄的七个步兵师（这些部队装备精良，训练有素，并有大炮和其他军事技术装备）。遗憾的是他没有听从А.И.叶戈罗夫提出的应加强这些部队的骑兵力量的正确建议，而是把国民军第二和第三军部队拉上去进攻天津，致使全军遭到了损失。根据他本人的请求，给他派去了一个力量相当强的苏军顾问组，然而他又不让他们开展工作。现在，在战事的最紧要关头，他灰心丧气地宣布打算离开国民军的最高领导岗位，出去旅行和学习。这一决定对于国民军来说，定会招来横祸，对这一点，他是不会不清楚的。

　　根据利沃夫的建议，我决定利用这一段不得不间歇的时间，在当地的裁缝那儿订做一件新上衣。

　　天津是一座大城市。外国租界将这座城市点缀得像一座完美整洁的欧式城市，商店、饭馆和酒吧间比比皆是。在这座城里有两家裁缝店，卡扎奇科夫和米兰多都在这里当裁缝（这两个人是俄国人，很早就侨居天津），他们都有巴黎缝纫学院的毕业文凭。他们的文凭是用法文写的，装在一个玻璃镜框里，挂在店里的橱窗上。

　　我还记得他们量体裁衣的那套程序。他们给顾客穿上一个量架——这是一个用皮尺拼的坎肩。他们尽量给顾客裁做得既合身，又照顾到不同顾客的身材特点。他们把量体的结果记载下来，并用料子剪出样子。我问一个裁缝："什么时候来试装?"他甚至生起气来了，"一看您就不是天津人。我们做衣服从不试装。两天以后您来取成衣好了。"的确，两天以后，我真拿到了做得相当合身的衣服。我穿上这件上衣，觉得这件衣服做得非常理想。按裁缝店老板的话说，利沃夫的"背很难办"，但他做的衣服同样很合身。我后来在维也纳时，曾在奥地利的一些上等裁缝店里做过便服，但不论在哪儿，都不像天津的卡扎奇科夫做的那样，既快，又不用试装。

为了商谈一起工作的事宜并想打听一些重要消息，我在规定的时间便去见邓宝珊将军。但邓宝珊也和中国大多数将军一样，骑上他的那匹爱马之后，不谈军事，却开始谈起自己的革命精神来，讲他如何关心人民利益。最后，他以来了个秘密使者为由，要求我明天再谈。但自此之后，我们再也没有谈过话。

按照同邓宝珊商定好的协定，赵翻译每次（二月二、三、四日）去他的办公室，问将军是否在家时，他的秘书都回答说，主人在睡觉或出门了。后来，赵通过间接的渠道打听到邓宝珊在家，但不会见任何人。我心里想，让顾问们这样死气白赖地央告这些实际上与其敌人毫无两样的军阀们有什么意义呢？既然他们出于各种考虑不愿意或不能够让我们熟悉形势和向我们通报他们部队的情况，这也就意味着我们被剥夺了向他们提供有益建议的可能性了。

我为了搞清这一问题，便去找国民军第一军的顾问。但他们的处境也同样不佳。冯玉祥，尤其是张都统，都不愿意让顾问们参战。我想起了Г.В.斯卡洛夫一九二五年十二月十日同前河南军校校长、国民党左派柏文蔚的一次谈话。柏文蔚当时说，从河南将军们的主要思想情绪来看，他认为苏联顾问在国民军第二军里工作的实际前景非常渺茫。

在天津时，我经常同在国民军第三军里工作的顾问弗拉基米尔·尼古拉耶维奇·利沃夫见面并在一起就我们与中国将军的相互关系和在部队工作的条件等问题进行交谈。国民军第三军被认为是"国民党"的军队，因为该军的大部分指挥员以及军长孙岳将军本人都是国民党员。该军下辖一个步兵师、五个混成旅、二个预备旅、一个警备旅，一个特务旅和一个骑兵旅，总共二万五千人左右。

弗·尼·利沃夫是一位很有才干、善于思索的红军军事指挥员。他比我早一年毕业于工农红军军事学院。他所介绍的在这支国民党军队工作的情况很有意思。一月底，弗拉基米尔·尼古拉耶维奇被派到该军任顾问，之后，他便去找孙岳将军。将军对他说，他对顾问能否有用武之地表示怀疑："无法让你们在司令部搞军事工作，因为你们不懂中文；在我这里一个军校也没有，现在开办又不是时候；我也不能让你们到部队中去，因为人们可能猜疑我这个直隶省督军同情红党。你们是不是最好去北京？"他有一段时间始终未见利沃夫，谈什么事情都是通过他的政治顾问、国民党中央执行委员会委员王法勤。王法勤是一个精力充沛、聪明灵活的人，对我们态度友好。他在督军面前是一个很有影响的人。

一九二六年二月初，国民军由于想得到苏联的武器，对我们的态度明显好转了。二月二十三日，苏联驻天津的领事为督军孙岳举行了一个宴会。然而督军拒绝应邀出席。他在与弗·尼·利沃夫私下谈话时说，这是因为不想让敌人找到攻击我们亲近的借口。"我们在思想上是朋友"——孙岳说，"但现在不是表露这一点的时候。等我们打败了敌人，我们在北京举行一个盛大宴会，庆贺我们的友谊。"

弗拉基米尔·尼古拉耶维奇（利沃夫）说孙岳这个人不错，但身体多病，性格脆弱，爱抽鸦片。孙岳在一次同利沃夫谈话时，提到了他在一次为吴佩孚和曹锟举行的宴会上的讲话。他当时说，"靠掠夺别人为生的国家和国家领导人早晚是要垮台的。"但谁也没注意他的这些话。

从利沃夫同孙岳的另一次秘密谈话中可以明显看出，国民军第三军同其他国民军的关系是变幻无常的。督军悄悄地说："南方要有战事，已无法用和平方式来避免它了。有一个持中立态度的将军（？）企图同张宗昌达成协议。"尽管孙岳也肯定说这个将军不是他的奸细，他是按个人意志行事的，但后来事态的发展——国民军第三军放弃了占领的阵地——证明，这次谈判他是参加了的。

这期间，军事政治形势发生了不利于国民军的急剧变化。由于英、日从中斡旋，奉系和直系首领之间就共同反对国民军一事达成了协议。一九二六年二月，二个军阀集团开始跃跃欲试起来。奉系军队在郭松龄起义引起的动荡之后，对内部进行了整顿，并同李景林军队一道，开始向天津进攻。

日本的驱逐舰用火力支持渤海湾沿海地区的这些行动。邓宝珊早在李景林进攻开始前就根据岳维峻的命令到河南去了。

在我到开封的时候，河南省正面临着受两面夹击的威胁：东面，有张宗昌和孙传芳的部队；南面，吴佩孚的军队正沿京汉铁路直逼郑州。

气氛如此紧张，以至于督军岳维峻亲自来找 Г.В.斯卡洛夫，要求向国民军第二军东线和南线部队派顾问。但他这时仍很自信，对军事战略目标守口如瓶：他没有讲他所认为的主要战场是哪一个，他有多少预备队；这些预备队现驻何处；南线部队由谁指挥；该部队人力物力如何；同国民军第一军关系怎样等等。不掌握这些材料，我们难以当场弄清情况，并向部队的有关指挥员提出建议。我们的作用再次下降到只限于解决一些狭隘的战术问题上了。Г.В.斯卡洛夫后来派了阿基莫夫到东线部队去任顾问，任命 Н.М.奥沙宁做他的翻译。该部队驻守在开封以东的兰封①地区，由第三师师长田维勤将军指挥。

斯卡洛夫决定自己到南线部队，并让我跟他一起去。我们的翻译是 З.М.马祖林和赵。这样，我不得不扔下装配铁甲列车的工作。南线部队都集中在驻马店地区。谁指挥这支部队，部队的人员情况怎样，这些我们必须到现场去了解。

一九二六年二月初，由我们党和国家的重要领导人、工农红军总政治部主任 А.С.布勃诺夫率领的国家特别委员会来到了北京。委员会的成员有：联共（布）中央委员、远东边区党委书记 Н.А.古比亚克，重要的工会干部 И.И.列普谢，委员会秘书隆格瓦。武官 А.И.叶

---

① 现名兰考。——译者注

戈罗夫和他的助手 Т.特利冯诺夫也是委员会成员。当然，苏联驻中国的全权代表 Л.М.加拉罕一直是参加该委员会会议的。委员会的权力很大。这证明苏联政府是关心中国人民的。不管是该委员会在北京停留期间，还是此后根据文件，我对它的工作情况都不了解。该委员会只有一个成员特利冯诺夫在开封检查了我们的工作情况。他同督军岳维峻谈了一次话后，我们终于被允许在河南军校工作和参加河南省的一些战斗了。А.И.切列潘诺夫更了解 А.С.布勃诺夫委员会的活动情况及一些材料。他在一九七六年出版的《一个驻华军事顾问的札记》一书中详细介绍了该委员会于一九二六年初在中国的工作情况。亚历山大·伊凡诺维奇在该书第三百五十二页里援引了 А.С.布勃诺夫委员会介绍国民军第一军顾问的工作情况的片断和总结。"他在指出了普利马科夫和勃罗特（兹尤卡）在建立骑兵方面所做出的成绩之后，最后说：'不管怎么说，顾问组的工作是不能令人满意的。'"

这个顾问组的顾问现在没有一个健在了，因此，我有义务解释一下援引的委员会的这一论点。

这个总结不能认为是全面的。冷眼一看就可发现其中的矛盾。总结的开头指出了顾问们在建立骑兵方面所做的工作是有益的，但后面又认为该顾问组的工作不令人满意。

显然，委员会对顾问组的日常工作和工作的具体成果没能了解清楚。一九二五年八月初，我与 П.П.卡拉蒂金（受 М.В.伏龙芝之命）检查张家口顾问组在冯玉祥军队里进行军事训练的情况时就是如此。我在这本"记事"的第五十四——五十八页简单介绍了我们这次调查的结果。从这份总结可以看出，我们顾问们当时工作是积极主动和忘我的。他们利用修建的一个小型射击场和用手边材料仿制的器具，使学员们正确地掌握了炮击本领。况且阿尔根托夫、别特凯维奇以及其他一些顾问不带翻译，能用中文进行讲课。顾问卡利诺夫斯基和切金本来不是工程师教官，但他们利用张家口的机车库，建造了五辆铁甲列车，并教授中国士兵使用这些铁甲列车。在天津附近的战斗中，他们成功地在实战中发挥了自己的本领。工作是相当劳累的，生活和工作条件也非常艰苦。我觉得委员会在总结张家口顾问组工作的时候，也应注意到该组一九二五年所取得的成绩。

在总结张家口顾问组的工作时，没有考虑到华北的特殊条件，没有找那些当时正在天津附近的国民军第一军中执行战斗任务的顾问们谈话。我当时同弗·尼·利沃夫、巴尔科以及其他人都在马厂一带。

А.И.切列潘诺夫在其书的第三百五十页中指出，А.С.布勃诺夫一九二六年二月二十二日在使馆提出了一个"我们下一步在北方展开活动的深刻、明确而又全面的计划"。但遗憾的是我们的顾问们并未得到这一计划。因此，无法按其行事。况且所有的领导人，包括 Л. М.加拉罕全权代表都已回苏联了。

亚历山大·伊凡诺维奇·切列潘诺夫接着向我们介绍了 А.С.布勃诺夫委员会的一些活动情况、委员会的一些总结和决议。从他讲的可以看出，委员会的成员们既没时间，又没机会在整个复杂的形势中详细了解华北的军事政治形势。众所周知，这是国民军瓦解之前的最艰难的时期。冯玉祥在对待在部队中发动了起义的郭松龄问题上是失策了。他认为吴佩孚和张作霖是"死敌"，因而当出现了复杂的军事形势时，只能前去苏联"学习"。但是，这些"死敌"在帝国主义列强的撮合下，成了盟友，一起来反对他的军队，这样便从根本上改变了华北的军事政治形势。至于谈到国民军第一军遭到的悲惨结局，军事顾问们当时对改变事态的发展是无能为力的。他们在自己的岗位上一直坚持到最后，然后同剩下的部队撤到了包头。顾问伊万诺夫－利诺夫两脚都受了伤，巴尔科由于血中毒而去世了。

应当指出，国民军第一军军长冯玉祥对那些在苏中两国人民最困难的时期大力帮助中国建立军队的我国顾问们的工作曾多次给予很高的评价。

国民军第二军的南部战场和
驻马店之战

　　军队的瓦解常常先在其后方暴露出来，郑州是铁路枢纽和国民军第二军的配给站，这里的一片混乱就清楚地证明了这一点。在开封的督军司令部里，人们向我们保证说，在郑州已为我们预备了一列火车，继续南进，去驻马店。我们二月二十一日到了郑州以后，连答应好的那列火车的影子都没看到。根据我们的要求，车站的警备司令给我们派了一名向导。这个人胖胖的，中上等个儿，很年轻，穿着便服。我还记得他的那张同其年龄极不相称的娃娃脸：饱满的脸蛋，小噘嘴，表明他的智力还处于孩童时期的天真的眼神。他为了让我们此行更遭罪，干了他所能干的一切事情。

　　我们直到二月二十二日傍晚才乘车离开郑州。我们坐的那节车厢没有一块好的玻璃，挤满了各个部队的士兵。二十三日早晨，我们到了灵井城①。我们在这里被迫等了十二个小时，因为土匪或"红枪会""把路毁了"。实际上，最多不过拆了一段铁轨。在正常的情况下，修复这段铁路有一个半小时就足够了。但是，一些"威武的"士兵和军官却利用这个机会，从列车上摘下了几节车厢，带着车头，开到徐州去了（向北），这样，他们自己就不去打仗了。

---

　　①　应是临颖城，下同。——编者注

灵井是当地的"霸王"樊钟秀的"首都"。车站上到处都是他的士兵，这些兵都戴着绿色带白的臂章。樊钟秀的师已加入了国民军第二军，称为第六师。该师在第二军里处于特殊地位，只是名义上归督军岳维峻所管。第六师的编制很特别，显然是按照老巡防队的那一套规章建起来的。它有四个编制各异、人数不等的纵队。例如，第一纵队下辖六个营，第二纵队下辖六个营和几个连，第三纵队的编制我没搞清，第四纵队下辖二个团。此外，该师还有几个独立营。师的炮兵共有近三十门大炮，约八十门不同型号的迫击炮。

樊钟秀的部队实际上是完整的一个军。部队都驻防在灵井山区。这支部队显然是通过在本地区的税收来维持的。这是因为他们不依附于人，在很大程度上是独立的。我们在下午六点离开了灵井，次日凌晨到达了郾城①。这个城市坐落在河床枯竭的沙河河畔；铁路桥边停着很多驳船。郾城城里有一个很大的禽类产品加工厂。近午夜一点时，我们到达了驻马店。邓宝珊立即接见了我们。我们在他那里认识了第十一步兵师师长李虎臣将军。李虎臣将军体格魁梧，精力充沛，四十岁左右，嘴上留着两撇小胡子。他说话简短，但不连贯，同时还不断有力地挥舞着他那别着黑臂章、戴着皮手套的右手。凡此种种可以看出，他与大多数中国将军不同，他是一个能迅速决策而又能坚决贯彻执行的人。

邓宝珊像一根被虫蚀空的朽木。他向我表示歉意，说因为督军催得急促，因而他没有打招呼就离开了天津。我通过翻译马祖林对他说："将军个人是要对督军和自己的人民交给他的任务负责的。对我们的建议，他有权采纳或不采纳。我们不会将自己的意见强加给将军。遗憾的是您的秘书忘记将我住的旅馆的地址转告您了，因而这无疑使您无法通知我。"我利用这个机会还向邓宝珊指出，他对苏联顾

---

① 今漯河市，下同。——编者注

问的态度有些不近人情。

这个晚上，我们没能了解南部战场的形势和听邓宝珊谈作战计划。我们只清楚一点：国民军第二军的兵力在这里已部署好了，共近四个师，其中包括樊钟秀的部队（近二个师）。驻马店战场属平原地带，南边和西边有丘陵。京汉铁路由北至南横贯这个平原。驻马店这个小地方有二处居民点，相互间隔一里多。那个小一点的居民点叫老驻马店。在我们看来，老驻马店是一个小而集中的方圆半公里的方形村庄，六七米高，四五米宽的泥土围墙共有八九百米长。在各射击孔之间的空场上，随便摆放着七十五毫米的大炮。驻马店的一面朝着铁路。

新驻马店的面积要比老驻马店大几倍。这里有一个铁路车站，村庄就坐落在铁路的两旁。新驻马店和老驻马店之间有齿形的交通壕相通，但交通壕不很深，有些地方不到一人深。在战斗中，交通壕发挥了相当大的作用，因为老驻马店和两个居民点之间的空地都受到了猛烈的机枪火力的封锁。

国民军第二军的南线部队在驻马店地区的部署情况如下：邓宝珊的第七步兵师和第二十预备团驻守在老驻马店和距老驻马店二三公里远的一些居民点里。樊钟秀部队的一部分驻守在约和老驻马店平行以及在其下方的路附近的居民点里。李虎臣的师被安置在一些开往新驻马店方向的火车车厢里。敌人的情况是这样的：在国民军第二军南线部队的对面驻有吴佩孚的一个配有几个旅（大约是四个旅）的加强师。指挥这支部队的是第一步兵师师长、对吴佩孚最忠诚的寇英杰将军。该师在老驻马店上方的铁路两侧修筑了防御工事，以紧挨着铁路的医院作为中心据点。

为了熟悉形势和了解一下指挥机关的决定，我们于二月二十四日晚去见邓宝珊。当时我们还遇见了樊钟秀将军。他高高的个儿，有些清瘦，很机灵，有三十五——四十岁左右。他的相貌和举止很像好莱坞电影中的印度王子。他非常热情又很客气地接待了我们，把我们当作客人，而不是督军的顾问。他丝毫没有向我们介绍战场上的形势或谈谈自己的想法的意思。客厅里共有三个将军在场：邓宝珊、樊钟秀和第十一步兵师师长、临时代理陕西省督军职务的李虎臣。我们搞不清他们中间谁职位最高，谁是国民军第二军南线部队的司令。显然，督军岳维峻回避了这一问题，或者他的决定没有被这三个人认真对待。

以老国民党员、孙中山的朋友和继承人自诩的樊钟秀摆出一副不屈从于任何人的架子，他对李虎臣将军的态度甚至不很友好。每当李虎臣将军想谈点自己的想法时，樊钟秀总是粗暴地打断他的话，并用肩膀将他从邓宝珊旁边挤到次要的位置上去。最后李虎臣终于按捺不住了，向地上吐了一口唾沫，一挥手就走了，并把门使劲儿地摔了一下。这个事件导致了一个很惨的结局，打输了这势均力敌的一仗。李虎臣率领他的一师人去了郑州。在这三个将军中，李虎臣可能是军事素养最强的一个。他比另外二名军事指挥官都更勇敢、坚决和果断。这样，樊钟秀同邓宝珊更容易找到"共同的语言"了。他们二人都有吸鸦片的嗜好。

在同邓宝珊和樊钟秀谈话时获悉，樊钟秀部队二月二十五日和二十六日应当集中，然后开始行动，在南线进攻。全线进攻定在二月二十七日。国民军第二军南线部队这次进攻行动的主要目的是，以两翼夹攻的办法，在驻马店附近将寇英杰部队包围并歼灭。从右翼实行包围的是邓宝珊的第十四旅和第二十预备团，从左翼包抄的是樊钟秀的一部。邓宝珊的第十三旅据守中间，利用驻马店的工事，与樊钟秀的一部共同负责掩护国民军第二军南线部队的战场，以免被敌人突破。

我个人认为，寇英杰部队的消极防御正为国民军第二军南线部队的指挥员们以发动迅猛快速的进攻而大获全胜创造了机会。但我没有能就这一问题单独同一些将军交换意见。

　　我的赵翻译是一个勇敢而又诚实的人。一到打仗时他就对我说："阿列克舍·瓦什里耶维奇，我的什么都不怕。"[1] 但他对军事术语和俄文都不精通，无法靠他来同中国将军们谈论军事。

　　由于这些原因，我便不再强求同邓宝珊谈判了。我同赵一起去了老驻马店，察看第七步兵师的士气。我很想更详细地了解一下前线的形势，直接向参战的部队提些自己的建议。

　　老驻马店的土墙是很好的观察点，视野宽阔，不仅可以看到第十三步兵旅的队列，也可以看到纵深三四公里内的敌人的部署情况。

　　我在二月二十五和二十六日，通过目测，画下了新老驻马店的草图，并根据在墙上观察到的情况，画了几张远近平面的全景图。根据我保存的一些材料，我在这里绘了一个老驻马店和新驻马店的全图。从这张图可以看出，第七步兵师的炮兵部署在老驻马店的正面和新驻马店的侧面。第十三旅的步兵在老驻马店正面二百——二百五十米处的壕沟里构筑了防御工事。敌人在第十三旅阵地前面，将堑壕筑在一所法国医院附近，距老驻马店背面围墙有四百五十米——五百米远，距正面有八百——九百米远，从一面把驻马店包围了起来。敌人几乎不停地用步枪和机枪向老驻马店胡乱地射击。

　　没有必要，而且也不可能将驻马店之战的全部进程都叙述出来。按我们的理解，不管是樊钟秀部队，还是邓宝珊部队，都没有司令部。无人起草作战报告和侦察报告。这些军队就连地图和同各战场指挥员联系的电话也没有。因此，我只谈谈能说明国民军第二军部队战斗力的一些情况，同时也稍微讲一点为什么会发生惨重变化的原因。

　　首先使人感到的是部队麻痹大意，没有人负责警卫和瞭望。我这个外国人和赵都穿着便衣，尽管我们在炮兵阵地旁边穿来穿去，不断用望远镜观察部队的部署情况，绘制战场目测图，提出调整大炮的方

────────────

　　① 赵翻译因对俄语不精通，故说的是带有语病的俄语，实际上应为："阿列克塞·瓦西里耶维奇，我什么都不怕。"——译者注

位等等，但没有人注意我们。可能是人们把我当成了传教士或法国医院的什么医士了。有一次，我和赵走到了聚集在射击孔旁边的一伙士兵跟前。有一个士兵——完全是个孩子——想跟我开个玩笑。他一面狡猾地使着眼色，一面让我用他的枪打几枪，想先叫我露露丑。

我拿起了枪，用眼确定好距目标八百米的距离，在相应的距离放了一个木靶，然后开始瞄准。在我做这些动作时，士兵们脸上的笑容凝住了，个个睁大了眼睛，有几个人甚至惊奇地张着大嘴，在我射击完后，他们的惊奇达到了顶点。他们根据扬起的灰尘，肯定这颗子弹落到了目标附近。这是因为大多数中国士兵都不使用瞄准靶，什么距离射击都是用固定的瞄准镜。这个士兵在证实我比他更懂枪法以后，把枪拿去，不让我再放了。生活使士兵们学会了爱惜子弹。一个士兵若有一支枪和一些子弹，任何时候都可以找到栖身之地，在任何一个将军那儿都可领到一份口粮。一个士兵要是没枪和子弹的话，那只有一条路——当土匪。

谁也不去侦察，甚至瞭望都没人负责。自己想干什么就干什么。军官们很少到土墙上去望一望。二月二十六日下午，我看见了邓宝珊。他穿着便服，有些胆怯地在墙后的路上走过去。他探身朝射击孔望了望，尔后就回去了，啥都没问，也没同士兵谈话。

奇怪的是中国人对步枪和机枪火力相当麻木不仁。在离老驻马店墙角一百——一百五十米远的敌我堑壕间的草地上，用帆布和树枝支起了一个小窝棚。一个中国老头就在那里晒太阳和放一只羊，对子弹的呼啸声全不在意。我建议营长将这个老头连同他的羊一起弄到一个安全的地方去，以防流弹伤着。营长是不愿意执行我的建议呢，还是忘记了，我不清楚。第二天便在堑壕之间的绿草地上看见白花花躺着一只被打死的而且已经膨胀的羊，这似乎是对营长疏忽大意的活生生的责备。窝棚里的老头也不在了。

在驻马店战斗中，我见到了很多中国士兵自卫本能差劲的事例。

有一次，我同赵一起从新驻马店顺着交通壕去老驻马店。这时，敌人用四挺机枪猛烈扫射这两个居民点之间的空地。我们的头上，不断响着子弹的呼啸声。我们不得不将头稍稍低垂，因为交通壕有的地方只有半人深。突然我们听见有二个中国士兵在说话。这二个人在胸墙上边走着，互相激烈地争论并使劲打着手势。他们根本不顾机枪在扫射，似乎觉得这是不会伤人的昆虫在飕飕作响。

就在同一天，我还目睹了一个类似的情况。几个士兵顺着开阔地从前沿堑壕到驻马店去。看得很清楚，他们的脚下不断扬起子弹掀起的灰尘，但他们既不想加快脚步，也不想躲进附近的深沟里。

这是为什么呢？可能是中国士兵服役条件太苦了，而且前途无望，士兵的生活暗无天日，如同一个诗人说得那样，"死是他的美梦"。也可能是他们不晓得机枪火力的危险性，或者可能是由于他们信奉宿命论的缘故。

驻马店战斗于二月二十七日凌晨四点按事先预定的计划开始了，但是这个计划没有考虑到形势变化的可能性。战斗一直是自然进行，实际上无人指挥。邓宝珊没在驻马店的土墙上设自己的瞭望哨，他自己也不去观阵。炮兵不与步兵协同，从墙里盲目地向外开炮。每个炮长都根据自己的意志开炮，想往哪打就往哪打，不试射，只凭直觉。炮弹若落在目标附近，炮手班和围在大炮旁边的观众便热烈欢呼，如同在足球场上踢进一球一样。驻马店西面的一门炮在射击时，一发炮弹反跳出来，伤了一名炮手。我们看到其他的炮手都对这个痛苦呻吟的受伤的同志表示同情。其中有一个人打开自己很脏的裹腿布，将其隔着制服缠到伤口上。所有的炮手都离开了这门炮，去陪这个受伤的人。我既没看见一个护理员，也没见到有医护站。不管是指挥员还是士兵，都没有包扎物品。

到上午十点，战场的形势是这样的。在铁路以东的左段，可以看到樊钟秀部队的进攻散兵线。敌人从村子和医院以北的小树林里向他们射击。有关国民军南线部队这一地段事态进一步发展的情况我们便不清楚了，因为樊钟秀从没请我们到他那儿去过。

在邓宝珊的西段，敌人包围了老驻马店的右面，并从小树林和距老驻马店九百米远的村子里向老驻马店和新驻马店之间的空地射击。一伙敌人好像已插入到邓宝珊师的第十三和十四步兵旅的中间。邓宝珊师在此之前曾抛下大炮和机枪，轻装从侧翼迂回到了敌后。我去找邓宝珊，建议从放在土墙上的大炮中抽出二门，从侧面向插进来的一股敌人射击。我在一张纸上画了一个炮弹下落的椭圆形状，清楚地向他指出，面向敌人的侧翼阵地的二门炮，就其火力来说，相当于整个炮兵营。最后终于说服了他，他下达了为此目的抽调二门炮的命令。

我跟炮兵连长商妥了前往发射阵地的方案，给他指明了应将大炮往哪运，然后离开了老驻马店，去侦察运大炮的隐蔽近路和放置大炮的合适阵地。我在敌人的火力底下等了两个多小时，但一个炮兵也没到预定的地方来。

傍晚，形势变得不利于国民军第二军了。十四旅在右翼迂回没有成功。单独安在一个小居民点里的旅部，由于没有警卫，遭到了土匪或"红枪会"的袭击并被消灭，旅长也被打死了。全旅由于失去了指挥，便四下逃散：一部分投降了敌人，一部分汇合到驻守在新驻马店的那个师里。在铁路另一侧的地段上，樊钟秀部进攻开始时颇为顺利，后来停止了。第一纵队拒绝进攻，而该纵队的一个营竟投到了敌人方面。中路尽管也取得了一些胜利，但部队在最后还是退回到了原阵地。

晚上，驻马店到处流传说什么国民军第二军的大部分部队在归德地区遭到了惨败，敌人在追击被打败的部队时，于二月二十六日占领了开封。这样的话，靳云鹗指挥的敌人东线部队已到了郑州附近六十公里处，而二月二十七日我们第二军的南线部队还在距这个京汉铁路枢纽二百二十公里的地方。这支人民军部队面临着被包围的危险。因此，假使邓宝珊与樊钟秀能在驻马店打败吴佩孚分子，那么不管怎样，他们还是得向北退却。

夜里，当部队上了火车以后，我们的后方突然开始了密集的对射，持续了半个小时。子弹在车前车后飕飕作响。只是在两个月后，我在北京偶然遇见了邓宝珊司令部里我认识的一个军官，才知道这是一场同樊钟秀属下的一支部队的争夺战。这支部队投降了吴佩孚，企图切断我们往北的去路。这意味着我们已被敌人包围了。但根据中国打内战的一项英明规定——"金桥"规定——对已认输并主动退出争议领土的敌方，给予自动撤出的机会。如果说汉尼拔率自己的四万迦太基军队在坎内包围并从肉体上消灭了七万罗马人的话，那么中国人则没有任何理由消灭敌人，既然争议问题已在将军中得到了解决。

最先离开的是樊钟秀部队，然后是邓宝珊部队；我们和邓宝珊几乎是最后离开的。

火车开得相当慢，因为在这一列火车中，挂着几节有毛病的车厢，有时不得不停下来，将"病"车厢推到路基下。樊钟秀率自己的军队在灵井下了车。我们在二月二十七日夜里到达了郑州，在那儿碰到了原任第三步兵师师长田维勤顾问的 B.M.阿基莫夫。B.M.阿基莫夫和他的翻译 И.M.奥沙金向我们描述了国民军第二军东线部队战斗的一般情况。这支部队的核心是第三步兵师，任务是守住兰封地区，以便从东面沿陇海铁路掩护开封。兰封的西北地区由李纪才师防守，任务是沿黄河保卫开封。

二月十六日，孙传芳的将军靳云鹗指挥的部队在白俄将军涅察耶夫铁甲列车的支援下，向田维勤部队发起了冲锋并将其消灭了。田维勤将军让自己的部队和顾问们谁有能力谁就逃，然后自己乘小轿车逃到了开封。

第三步兵师和国民军第二军其他部队的士兵们都穿着单衣，身无重负，因而一夜走了近一百公里，平安地从那里逃了出来。我们顾问的情况则糟得很。阿基莫夫是一个体质很弱的人，走得精疲力尽，最后不得不用独轮车将他拉到开封。我们的顾问们在开封也无法久留。敌人在迅速追歼国民军，因此顾问们带着家眷赶紧前往郑州。开封的东郊已经接上火了。在退往郑州的沿途，由于"红枪会"和土匪不断地切断去路，我们不得不借助于大炮和机枪，才挤进了这个铁路枢纽站。

集结在郑州地区的国民军第二军的剩余部队在那里把所有的铁路车辆都挤满了；没挤进车厢的人就爬到了车顶棚上。

不管是通往开封的东线，还是通往驻马店的南线，均未采取任何防御措施。假使督军总部的某人或者岳维峻本人下达防御命令的话，那谁也不会去执行。部队已经不听自己上司的调遣了。一九二六年三月一日这一天，可以说是国民军第二军的末日。在挤满了几乎所有的火车车厢的部队中，出现了某种神经质的紧张情绪，风声鹤唳，总之一句话，举目所见的是一派"小骚乱"。哪怕只要有一点原由，这个小骚乱都可以变成大乱。

为了免受闲等之苦，并整理一下个人卫生，我和赵决定去浴池洗洗澡，郑州的浴池是很闻名的。的确，这里的浴池值得人羡慕。浴池都带有浴盆间。我们定了一个有两个浴盆和更衣室的澡间。里边有二个卧榻，每个卧榻前面都有一个放茶水和清凉饮料的桌子。此外，旁边还有几个二米宽，三、四米长的小水池，池水较深，可以在里边游泳。洗完之后，我们便躺到卧榻上，就着榛子喝着茶，一个理发师——他还是一个治脚鸡眼的医师——给我们整理修饰了一番。在我们洗浴和休息期间，我们的内衣都被拿去洗烫了，外衣和皮靴也被弄得干干净净。在浴池里待的时间是不受限制的。在郑州洗的这个澡对我们起了良好的影响，振作了我们的战斗精神。周围所有人的那种神经过敏在我们身上已荡然无存了，相反，我们尽力振作他们的士气，启发他们积极工作。

七年前，在国内战争期间，我也有过同样的经历。我当时任第四十鲍古恰尔师的炮兵司令，随该师追击马赫诺匪帮已有一个多月了。马赫诺匪帮在前面跑，B.努斯旅在后面追，在该旅之后是涅斯捷罗维奇的第四十二步兵师的一个联队，最后是由师长桑古尔斯基率领的鲍古恰尔师的联队。人们踏着乌克兰的积雪，不分昼夜地追击，气温达零下二十度。我们一天两次停下来喂马，每次两小时，我们碰到什么就吃点什么，找个地方坐下就打个盹儿。这种沉重的体力负担已成了家常便饭。掉队和行动迟缓都是不允许的，其代价是要吃隐蔽在当地居民中的马赫诺分子的枪子儿。

在古利亚伊波列，桑古尔斯基决定休息一天，让马和人喘喘气。我被安顿在一所学校的一个二十二岁青年农村教师的卧室里。他和他的年轻妻子让我睡在他们的温暖房子的床上。我拒绝了，况且我已二个多月没换内衣了。但他们热诚请求我接受他们的盛情，并保证说他们在邻居那儿会安顿好的，这样我才同意了。第二天早晨我醒来之后，都不敢相信自己的眼睛了：我躺在一张干净的床上，又是在一个简单而又舒适的房间里。我享受了美感的快乐，并有一种形势巨变和精力旺盛的感觉。

我现在细谈这些小故事，是因为它们可以帮助我们更真实和更生动地了解当时的现实情况。我举我的战斗经历中的这些事例，是想证明诸如指挥员关心自己战士定时用餐，医疗卫生措施、体力负担的限度等等"小事"，对提高部队的战斗力具有多么大的意义。如果国民军第二军的将领们能经常注意这一点，也不至于弹药长期不足，尽管这可能是由于士兵使用较费的缘故。但主要的是要更进一步提高士兵的士气和纪律性，驻马店战役就说明了这一点。

从郑州到陕县

我们在郑州落到了瓦斯涅佐夫在其名画《十字路口的勇士》中所描绘的地步。往哪儿去呢？当时有三种可行的方案。第一，继续向北，与国民军第一军会师。但这一着需要冒险，因为不清楚缺乏军饷的国民军第一军的将领们对我们的态度如何；第二，尽量固守拥有诸如郑州铁路枢纽、黄河大桥和巩县兵工厂等一些重要战略点的河南北部地区；第三，退到洛阳直至陕县。这样的话，国民军第二军就会瓦解了，因为没有地盘，军队无处生存。

权衡这三个方案，应以对中国革命的发展有什么意义为准则。在这期间，华南的革命运动有了很大的发展，在那里建立了广州革命政府，组建了国民革命军。必须赢得时间，使政府和军队得到巩固。固守住国民军第一军的阵地和控制住河南北部的一些战略要地，会使直系和奉系军阀无法调头对付革命的华南。

基于这些考虑，我和斯卡洛夫前去见督军，但他已带着司令部去车站了。他慢慢地走着，不时地停下来，似乎要显示一下他离开郑州不是失败后的逃亡，"而是出于政治和战略的最高考虑"。

我们在夜晚约十一点离开了郑州。车厢里坐了八个人。一个开封来的小孩混进了我们的车厢。哨兵把他当成樊钟秀的士兵并开始打他。我们便出面为这个小孩说情。马祖林劝说哨兵不要管他，这样，他便成了我们后来旅行的伴侣。从郑州到洛阳，火车开得非常慢，用了近一天半的时间。由于转运部队组织得相当糟糕，我们一路上走走停停。火车一列接着一列。我们在一个站上几乎停了一整天，因为出了故障，车头无法上水。这样，我们的铁甲车便成了普通客货车。

我们于三月三日早晨抵近洛阳。当时果断决定：在新昌山口（音译）地区部署二个旅，以便掩护国民军第二军的其余部队进驻洛阳地区，整顿第二军的秩序。但是，这一目的没能实现，因为第八师师长关闭了洛阳城门并通知督军，他不放国民军第二军的任何部队进城。车站与城里相距有二三公里。在城的北墙边，聚集了几千人，他们都并排立在铁道线上。显然，这都是"红枪会"的士兵。在铁路以北，可以看到好多人群，每一群都有二百名左右的农民，他们多数都拿着梭标，但也有些人拿着枪。在一处高地上，插着两面红旗，表示这是"红枪会"的防区。

我们走到在车站附近谈笑风生的一伙士兵和军官跟前，他们中有一个人穿着便衣。此时，也待在这里的第七步兵师第十三旅旅长走到我们跟前来。我是在参加驻马店之战时认识他的。他用头点向一个高个子并打扮得很奇特的中国人对我们说："你们看看这个丑八怪，凭这身打扮，就是自己人我们也得把他抓起来。"原来，这个人是"红枪会"部队派到车站来进行侦察的一个侦察员。他穿着带金属扣子的短上衣，腰系麻绳，头戴一顶黑高帽。一般地来讲，农民从不这样打扮。除了化装和进行秘密活动外，他还用炭灰给自己抹画了一撮"威廉二世"的胡子。他的眼神呆滞而又慌张。所有这些都证明"红枪会"的领导人还"用过时的眼光"来看待现实。他们反对国民军第二军，但既无兵力，又无军事技术，还缺少起码的策略灵活性。

一大早就开始同"红枪会"交火了。但将军们不去整顿一下挤满士兵的车厢，而是在盘算如何自谋出路，偷偷逃跑。显然由于这一原因，督军和所有的中国将军都愿意穿便服。天阴沉沉的，不时落下几滴雨。在去陕县的路上，铁路路基都被"红枪会"破坏了，铁轨被扒走了。在所有的将军中，最机智最果断的李虎臣将军带着一个旅直奔被毁坏的那段铁路。他们在那儿同进攻者接上了火，将他们赶跑了，铁路线被恢复起来。督军时而命令部队整队，步行继续前进，时而命令上车，沿铁路追击。

法国有个俗语，叫"下了命令又变卦，最后一片乱糟糟"。部队无人指挥，无人关心其吃住，必然会影响军心。我曾看见一些士兵——几乎是一些孩子——围着督军，苦苦哀求："督军，给点吃的吧。"

"红枪会"的战士们一见国民军部队萎靡不振，便越来越有恃无恐。铁路北有一伙人（一百至一百五十人）竟凑到了车厢的跟前（四百至五百米）。"红枪会"战士从东面甚至直接逼近了车厢，向各节车厢开枪。又像在郑州一样，一片慌乱。中国指挥人员的无动于衷使我怒火难忍。斯卡洛夫和翻译人员当时都没在跟前。

我向站在车厢旁边的士兵和军官们打着手势，命令他们跟着我冲锋。我们向不远的一伙武装人员飞速奔去。"红枪会"一看见士兵猫腰奔来，便撒腿就跑，一面跑一面撩起自己的长袍。倒霉的是天下起了雨。身穿棉衣和布鞋的士兵便转头返回自己的车厢。曾出现过这样一个反常的场面：两个敌人分别朝两个方向跑。我当时穿着一双露脚跟的马靴。马靴一沾潮湿的黄土，便越沾越多，最后我欲进不能，欲退不可。"红枪会"看见对他们的追击停止了，便停了下来，开始向我这边射击。此时隐蔽在车厢底下的士兵向"红枪会"开了火。于是我便处于两边火力的中间了。

在第一次世界大战期间，我也经历过类似的场面。一九一四年八月，俄国军队退到了东普鲁士。第八炮兵旅的炮兵连长巴尔金科夫把我叫了去，命令我带一百个哥萨克组成一支后卫分队。这一百名顿河哥萨克中，有三十——四十名骑兵灰心丧气地站在路两旁。我想鼓一下他们的士气，便肯定地说，一捆树枝，再有力气的人，也无法将其折断。如果把它们分开来，就是一个小孩也可以把它们折断。但是，这一从初级学生课本中引用来的比喻没起任何作用。只听见队伍的后排有人在说："我们是来看行李的。"我明白了，同这些有辎重兵思想情绪的战士是谈不出什么名堂来的。

早上，起了湿漾漾的大雾。一挺机枪从一个小树林里哒哒地响起来。一些愁眉苦脸的哥萨克活跃了起来，听到有人在喊："现在咱们进攻吧"！这个喊声提醒了我。早晨大雾弥漫，四周全是灌木从，正适合于进攻。我下了命令："上马!"我知道，根据骑兵的条令，在向敌人发起冲锋时，骑兵首长应"冲在队伍前二十四步"。我喊了声："抽刀，前进，前进，跟我冲锋。"我在我的疲惫不堪的伊杰尔吉里马身上扎了几马刺，便奔驰在机枪哒哒作响的浓雾中。跑了二百步，没听见身后有马蹄声，我回头一看，我的那上百名勇敢的哥萨克，连影子都不见了。这样，第十五军右路纵队的后卫部队就剩下了我一个人。

我在中国的处境更糟。我已无法向前挪步，而"红枪会"看见追击他们的人都向车厢退去以后，胆子便大了起来，开始往回打。我已经可以看清楚带红缨的梭标和拿梭标的人了。我想我的履历表这下将以悲惨的一页而告终了，但我的勇敢的赵翻译驱散了我的这些念头："阿列克舍·瓦什里耶维奇，走，咱们快走。"只有赵一个人在这阴雨天里，不顾泥泞和两边的火力，前来帮助我。我靠在他肩上，慢慢地挪开了双脚，最后终于回到了车厢旁。我们的车厢与邓宝珊的车厢紧挨着。斯卡洛夫已与他商定好了，如果不得不撤走的话，我们将"一块儿"行动。斯卡洛夫当真这样做了，尽管原先在我们东边的一些车厢里的部队已渐渐往西开去，警卫部队已赶上我们，他还是待在车厢里。子弹不时在跟前飕飕而过。

我前去打听究竟是怎么回事，因为根据我个人的经验，对邓宝珊的诺言和保证是不能相信的。果然，我们碰见的那个第十三旅旅长证实说，邓宝珊到督军岳维峻车厢里去了，岳的车厢在我们车厢西面一公里处。这位旅长让我也到那儿去。我们转而来到了督军的车厢。这是一个普通的货车车厢，但很完整。督军邓宝珊在这儿，其他几名将军和中国顾问都坐在地上，下面铺着棉被。大部分人不是在抽鸦片就是已酣然入梦了。我们不久就发现岳维峻打算扔下部队逃往陕县。使人感到惊奇的是部队怎么竟没有四下逃散而遵守起纪律来了。

我们于三月三日晚动身前往陕县。路是上坡路，火车开得相当慢，两根电线杆的距离竟走了二分十五秒。我们在渑池车站停了几个小时，因为火车头升不起火来。二百五十公里的路程，几乎走了两昼夜。很快，洛阳方面来信说，无人管的邓宝珊部队一片慌乱，大批大批地逃散了。天气湿冷湿冷的。

我们于三月五日到了陕县，安顿在第一混成旅旅部里。陕县坐落在陡峭的河岸上。黄土高原呈梯形伸向河谷。很多居民在这高原上为自己找到了避难之处。他们不仅在山上凿出了居住的窑洞，而且还有家具和炉灶。桌子、凳子、火炕、壁龛和饭碗——这就是每家的全部家当。也还凿出了门窗，都用帘子遮上了：窗子是用油纸糊着的，门用芦苇席子挡着。连碗也是黏土作的。这里几乎没有农产品。这些住房从远处看，像一个个燕巢。人们生在这里，死在这里。他们只希望一点——任何外来人都不要惊动他们，妨碍他们的生活和劳动。

我们在陕县目睹了国民军第二军可悲的结局。最后，我可以用我过去的见解来证实这一点，即国民军第二军在我们的印象中，从来就不是一个统一的整体。只是短暂地有那么一阵子虚张声势地将各支部队联合了起来，统称为国民军第二军。那些将领们不仅与河南省的人民毫无来往，而且还与人民的利益相抵触，与人民为敌。军官对待广大士兵的态度也是如此。这是因为在国民军第二军中担任领导职务的主要是陕西省人，其次是过去曾是吴佩孚的部下的河南省人。这样的队伍在国民军第二军中占多数，因此，在山东战役期间，李纪才将军所指挥的二十一个旅中，有十三个旅投到了吴佩孚一边，这是不足为怪的。剩下的都是忠于督军的陕西人。

不管是岳维峻，还是他周围的人，都不想按孙中山的学说在河南省实行某种革命的改革，他们并不赞许革命的改革。往好里说，他们对中国人民漠不关心，把人民看成是征税的对象。因此，苏联顾问在国民军第二军中的工作是没有什么前途的。

就顾问团的人员组成来说，开封顾问组是阵容最强的一个组。拉平、鲁别、齐明、布林、瓦辛、阿基莫夫、二个前沙皇将军顿基赫和鲁特涅夫都具有很丰富的国内战争和第一次世界大战的经验以及渊博的军事知识。大部分顾问都在河南军校里工作过。他们不管是在军校的领导人中，还是在军校的学员中，都享有很高的威望。当鲁别离开河南时，校长徐将军和教师以及骑兵班的学员都前来送他。一个学员代表送行人发了言："我们感谢您为我们阐明了我们的章程的意义。"根据校长的呈请，在校任过教的大部分顾问都被授予了勋章，其中也包括本书作者。

能与督军岳维峻和他的司令部直接接触的只有组长斯卡洛夫。在实际工作中，他十分重视政治和外交方面的问题，特别是与"红枪会"的关系。"冉红枪"是这个组织的调停人，也可能是个头目。我常看见斯卡洛夫会见他。这个人个子不高，老是慌里慌张，眼睛不住地四下乱看。他留着稀疏难看的褐色唇胡，下巴上也留着稀稀落落的长胡，这些并未给他的仪表增添多少光彩。格奥尔基·鲍里索维奇·斯卡洛夫有一次提起说："我未必能制止住二万名'红枪会'攻打国民军第二军"。我认为他是根据自己在洛阳和在陕县的经验，坚信没有任何力量能制止"红枪会"进攻国民军第二军。

一九二六年初，河南顾问组开展活动的范围太宽了，以至该组的顾问和翻译们无力胜任部队和军校中的所有工作。必须做出抉择：或是在军校工作，或是上前线。斯卡洛夫认为上前线比较好，尽管军校的工作条件更优越一些。

取道山西回北京

　　国民军第二军自行溃散以后，我们除了取道山西回北京外，别无其他出路。顾问组长让我同赵翻译一起，直接回北京。我们必须步行近一千公里，途经太原到大同，接着转乘火车，如果这期间铁路线不被破坏的话。这次旅行很麻烦，因为山西驻扎着敌军。我们商定，我和赵乘小船横渡黄河，上岸后，发出我们安全到达的相应信号。三月六日，我和赵提着手提箱，乘一艘残破的小渔船上路了。平陆村附近的那段黄河，两岸高耸，因此，这里几乎像山川一样，水流湍急。河水呈黄色，浑浊不清，就像稀泥汤一样。在船上，我差点和赵吵起来。他想把手枪和地图投到河里，但我不同意，尽管我也知道外国人携带枪支是要进监狱的，甚至比这更严重。船靠岸后，一个武装警备队让船上所有的乘客举起手来，仔细搜寻腰包和东西。我挤到了前面。赵翻译说我是一个法国工程师，遭到国民军第二军的抢劫，现在要去太原。那些警备队员对我非常客气，没有检查行李，甚至还告诉我们一个可以寄宿的旅馆。我们在一个小酒馆里安顿下来以后，立即登上了能望见对岸和斯卡洛夫及顾问组其他成员寄住的房子的黄河河岸，向他们发出了我们平安抵达的信号。然后开始研究下一步行动。我们必须登上途经运城通往太原的公路，但先得沿山路攀越瑞潭（音译）山梁。

　　山西省地处海拔一千至三千五百米的广阔高原上，面积为十六万一千八百四十二平方公里，人口近一千一百万。山西四周环山。总称为太行山的著名山脉一直延伸至直隶省边界。在这些山的山巅上，长城横穿而过。北部边界的山梁上，还有一道长城。在该省的西部，沿汾河左岸有一条西坡陡直的霍山山脉，海拔二千四百米。沿这条河的右岸还有一条吕梁山。黄河成了山西西部和南部的天然屏障。山西省与外界隔绝，一九一一年革命后从未在其领土上发生过中国军阀的混战，这促进了该省的繁荣。人们对我们说，在这个省里一个乞丐也没有。的确，我们从南到北纵穿全省期间，只碰到了七个乞丐（四个山东人，二个河南人，另一个不知来自何处）。山西还以矿产丰富而闻名。山西的煤矿矿层是世界上最厚、面积最大的矿层之一。此外，这里还有铁矿、银矿、盐矿和石油。我们在小酒馆里住了一夜，第二天——三月九日——早上七点三十分便上了横贯山西全省通往大同的公路①。为了过钟哈兰山梁（音译），我们预先租了两匹骡子。在翻山越岭时，它们是无法替代的交通工具。骡子力气大，吃苦耐劳，走路平稳。乘客只需做到一点——不要妨碍骡子干它要干的活。赶牲口的人把我的手提箱放在鞍子上，我们便动身了。我们在一小时内走了六七里（即三公里——三公里半），过了一个小坡，来到了绍村。绍村的前面是马城村，通往马城村的路修在黄土山谷里。为了不使牲口过分疲劳，在过陡坡时，我们都下来步行。沿着山路越往上走，西北风吹得越厉害。

　　一路上最难走的地方是山口。这里的路既窄又滑，修在陡峭的山崖上，下面就是七、八百米深的山谷。有的地方还有积雪。我觉得在这山崖上步行更保险一些，但实际上并非如此。我的已露底的靴子捉弄了我。我跌了一跤，差点没体验一下从八百米的高处摔下去的滋味。我一下抠住了崖檐凸地，好歹爬上路来。根据赶牲口人的建议，

---

①　以后我引用的所有地名都是我当时在旅行日记中音译过来的。

我骑上了枣红骡子。我不得不像女人一样，坐在鞍子上，一走三晃，但没别的办法。这头骡子很有经验，走路很小心：它总是一只脚在地上站稳后才向前迈步。

同时，风有时相当大，以至于不仅能将黄土和沙子，而且也能将小石头卷起。沙子不时痛刮在脸上，眯进眼里和耳朵里。我们在路上经常碰到一些人戴着风镜，这种眼镜在刮风时可在一定程度上保护眼睛不被沙土眯着。

翻过山口以后，我们从十二点开始走下坡。坡很陡，以至于我的脑袋几乎触到了骡子的臀部，骡子匍匐地走到了一个积满雪的凹地边上，然后沿着多石的凹地走到了一座土墙前。这道墙（堤坝）长五十公里，绕盐池（咸水湖）一圈，是用来预防当地遭洪水之害的。咸水湖由一个身穿普通军装的专门的警备队把守。食盐是督军阎锡山的重要收入来源。这个湖分很多个蓄水池，都用土墙围着。我们沿着修在一道土墙上的公路绕过了咸水湖，于下午六点到达了运城，并在那里的一家旅馆里安顿下来。

从运城向北，有一条公路，这条公路在地图上没有标出。运城城里还有个汽车站。但是，汽车都被征用去完成军事任务了，这样，只得坐黄包车继续向北走。我们事先租用了两辆黄包车，雇用了二个身材魁梧的小伙子。这两个人答应把我们一气拉到太原，报酬为十五元。我们同他们的老板商定好了，他们的伙食将自理。但是，他们一路上吃饭尽要我付钱。我们替他们付了饭钱，但没让他们的老板知道。好让老板不减少给他们的工资。

我们面前的这条公路非常平坦，近九米宽，两旁有路沟。路的两侧，电线杆林立。由于没有一张详细的地图，因此哪怕能大致勾画和测量一下这条公路也是非常重要的。的确，这需要我集中精力，因为路不好走，而且还要住宿，找小酒馆吃饭等等。我们一天只能走一百——一百四十里路。以这样的速度赶路，我便得以注意了这条公路的总概况、附近的地区、桥梁和河流。

在同当地居民的谈话中，我了解了他们都干什么活，交什么税，种什么庄稼等有关居民点的情况。在这期间，我们遇到了很多困难，因为赵是山东人，而方言的差别很大，因而赵不得不靠在沙子上写字来说明想说的话。我们在第一天走了一百零五里，也就是走了五十多公里。我们走的平均速度是每小时十一里。

我们路过的最大的居民点是安邑城。这个城周围筑有高墙，将近一千户人家，其中百分之七十的居民是种植棉花的农民。每一亩地可收入三十——四十元钱。这里地处比较平坦的黄土高原。在中郭城村子附近，公路被涑水河切成两断。涑水河水流湍急，水面只有三、四米宽，河水浑黄。从沙沟店村（三百户人家）开始，地势渐渐高低不平，多沟多壑。农民为每亩地一年要交一百四十——一百六十个铜子儿，作为学校和医院的费用。有意思的是所有的孩子都必须上学，否则就要罚款。

我们在闻喜住了一夜，这是一个相当大的居民点（近一千户人家，二百多家商店和手工业企业）。在山西省旅行要比在其他省旅行安全得多。甚至在沙沟店都设一个有八名警察的警察分局。中国的红胡子（北方对土匪的称呼）或河南的土匪都是一些独特的大规模组织。赵自己同土匪打过交道，体验过他们向当地居民搜刮钱财的方法。赵曾在哈尔滨的一家商行里当过伙计。有一次，老板派他到佳木斯去办事。当轮船驶过松花江边的苗村时，天已黑了。

突然响起了枪声，一队帆船将轮船团团围了起来，几十个衣衫褴褛的人胡喊乱叫地爬上了甲板。他们用枪逼着大副停船，然后在牡丹江江口靠岸。所有的旅客都在这里被赶上岸，拷问接着就开始了。该轮到赵了。应当指出，赵从来都是一身城里人的欧式打扮：礼帽、西装上衣、领带、漂亮的大衣。赵保证说，他只是一个伙计，他从不多带钱，现在也没多少钱。但全然无用。他把自己的一些证件都给他们看了。但红胡子不怕麻烦，深究细节。他们用他们一贯的老方法进行拷问。拷问如同《波尔塔瓦》剧中奥尔利科和科丘别依的对话一样。"你把钱藏到哪儿了？……钱在哪？你说……你说不说？来，上刑。"

两兜空空的赵被用绳子拴住两手的大拇指，绑在一个高树干上，并被吊了起来，两只脚尖刚刚能够着地。"快说，钱在哪儿？"一个一脸凶相的斜眼土匪抓起了一根粗棍子，照着赵的肚子就打。倒霉的赵喊叫着，呻吟着，直至失去知觉。然后他被放了下来。他躺在树下，疼痛地抽搐着，将身子缩成一团。红胡子拷问完后，将被掠夺的旅客和船员都赶到一条沟里，然后自己动手做起晚饭来——大米粥煮肉。当米粥煮好以后，这些"勇敢的"战士们便围在大锅和碗旁边，一边笑着，说着俏皮话，一边开始吃晚饭。一个面善的红胡子对赵说："你干嘛干瞅着？拿碗坐下吃。"但据赵说，他"非常生气"，没有吃。

我们很担心在松花江上拷问赵的历史会在山西重演。第二天——三月十一日，我们继续赶路。为了抓紧时间吃点什么和在黄昏前赶出六十——七十公里路，我们早早就起来了。我一直步行。黄包车拉着我的那个不大的箱子。我们苏联人，很讨厌坐黄包车。此外，我还要绘制测绘图，要是坐黄包车，做这项工作就不方便了。赵不那么守规矩，路上大部分时间都坐黄包车，不住地打盹。从闻喜往北的公路都修在汾河河套上，逐渐上坡。我们路过了金城（音译）。这是一个小地方，只有八百一十户人家和二十家商业、手工业企业。地势越来越崎岖不平，公路经常被沟壑隔断。

我们在侯马镇这个小地方停下吃了顿午饭，汾河在这里急转向西，汇入了黄河。汾河是山西省最大的高山河，河里泥沙很多。它由北向南，穿过全省和主要城市太原，流至活马场（音译）。这是一条很宽的河，但每年到这个时节，河水水量很小，而且还分出了很多独立的支流。这一天，我们在一个大居民点曲沃（这里有近一千家商业企业）附近过了一夜。我在这里比较详细地调查了当地居民的生活。

在这个城里大约有六户地主，每户拥有三百多亩土地。有五十——六十户人家租借地主的土地，租期三年半，租金为一亩地三元五角。每亩地每年可收入十五——十六元钱，肥料和牲口都得租借。不管收成怎样，租金始终不变，因此，一遇歉收，佃户便倒了霉。他们所有的家产都被夺走，以偿债务。佃户大多数是河南和山东来的外省人。农民每年要交近二百个铜子儿的学校费用和警察薪俸税以及商业税。每个县都要向督军阎锡山交付三万至四万元的军税，这些税都由农民分担，每亩地应付一百个铜子儿。

公路修在汾河河套上，这里西面有诺山（音译）和吕梁山为屏障，东面有霍山为天险。地势高低不平，两边山坡都被树林遮盖。特别是在蒙城地区，公路穿过许多黄土峡谷。蒙城有近四万户人家。据一个贩毛皮的商人说，当时在这个地区，皮货的价格涨了一倍。土地的价格也大大上涨了。中等地每亩的价格是四十——五十元，好地每亩一百元。要想维持生活，每个人至少要有五亩地。

在临汾以南，我们碰见了一队晋军，拉着六门大炮和炮弹。部队纪律不佳，军容不整，行军中，既无队形，又无秩序。三月十二日夜，我们在坐落于路旁的大城镇平福（音译）附近住了一宿。这个城里有近八百家商业和手工业企业。商人们都抱怨说，这个城里来了好多欧洲人，他们哄抬物价，购买棉花和其他商品。督军阎锡山对这些人很厚待，不向他们收税。三月十三日早七时十五分，我们继续赶路。公路坡度很大，在洪洞附近，高处已达海拔五百米。公路又沿汾河河谷延伸，河谷被群山环绕，山的左坡是一望无际的田野。

洪洞有四百多家商业手工业企业。我们到的这天，洪洞城正逢节日和马市，很多人赶来参加。到处都放起了焰火，并奏起单调的乐曲。这一天阳光明媚，温暖如春。我觉得山西人在督军阎锡山的

"英明"领导下和在法国商人、企业主的帮助下，生活是安定的。然而各种事物都有相反的一面。

我发现赵正和旅馆的老板低声说着什么。这个老板是一个高个子的很机灵的年轻人。看得出来，这个人很狡猾。赵抿了抿自己的头发，又抖了抖大衣，然后他们两人一起出去了。应当指出，赵是一个光棍汉，但他对女人从来都很正派。大约过了一个小时，赵回来了，他的样子有些尴尬。我什么也没问他，知道赵自己会如实地把一切都讲出来的。过了一会儿，他坐到我身边，开始讲他的奇遇。

"我跟着张贵德（旅店老板）到了一座大门紧闭的房子前。张贵德敲了敲门，就有一个男人走到了他跟前，他们窃窃私语地谈了起来。之后，这个男人打开房门，我们走进一个不大的然而干净整洁的屋子。屋子里，一个年轻的女人正坐在窗前做针线活。张贵德走出去了，留下了我们二人。我们随便聊了聊。这个女人接着走到床前，开始整理床。这时一个小孩在隔壁哭了起来。女人跑出去，把孩子哄得不哭了以后，又回到屋里坐在床上。我问她这是谁的孩子。

"'这是我儿子。'

"'那你的丈夫在哪儿?'

"'给你们开门的那个就是'。"

赵立刻失去了在那儿逗留的雅兴。

"我给了她二块大洋，感谢她同我趣谈，然后就走了。"

请看，这就是"慈善"督军阎锡山的幸福王国的内幕——丈夫出卖老婆。

午饭以后，我们沿着宽阔河谷起伏不平的黄土坡继续赶路。公路两旁，群山高耸，计有五——十里长。三月十三日晚，我们在什林村过了一夜。

三月十四日，我们又继续赶路。从南关到长凝尽是山路，路的上面是悬崖峭壁。这里的汾河水流湍急，河上有很多水磨和拦河坝。我们路过几个小村庄，这里的富裕农民都将土地出租给多数从陕西迁来的农民。公路从霍州起，便沿着汾河支流通向山里。各个地方都广泛利用人工灌溉系统，这样，即使是黄土地，也可获得丰收。

三月十四日，我们在陈家关村住了一夜。这个村坐落在海拔一千二百米之上，因此相当凉爽。我们平时寄住的小酒馆，都不太干净，因而睡觉时都不脱衣服。吃饭时，我们一般都吃煎蛋或是煮鸡蛋。赵常吃面条和其他的中国菜。我觉得鸡蛋比其他中国菜、特别是端上的凉菜，更容易搞得卫生一些。

但有一次，长凝没有鸡蛋卖。赵建议吃刚煮好的汤，说汤很香，而且做得干净。当时没有别的办法，总得吃点什么才行，因为明天还要穿过山口，作艰难的跋涉。我们买的汤端上来了，看上去像是蘑菇汤。我贪婪地吃了一大碗，还想再吃一点。这种蘑菇看上去很奇怪，长着节疤，我想这大概是因为中国的一切东西都跟我国的不一样。我接着又吃了一碗。饭饱茶足之后，赵坐到了我跟前，笑嘻嘻地问我：

"阿列克舍·瓦什里耶维奇，你知道你吃的是什么吗"？

"怎么不知道，是蘑菇汤嘛！"

"没那回事！是海参。"

我可怎么办呢？吐出来吧，已经来不及了，而就其味道来讲，我还挺喜欢这个菜的。

我们在陈家关住了一夜，第二天一大早就上路了，因为我们还有一段最难走的路——从一个山口穿过大斜坡到另一个山口。在林志村的村后是韩侯岭山口的最高点，接着便是通向黄土峡谷的大陡坡。河谷变宽了，群山只能远远地望见。这里的居民点看起来要比晋南的富裕得多。村子都用坚固的麦秸泥墙围了起来。我们马不停蹄地走了十二个小时，最后在长凝城这个大村子里住了下来。这里有七百——八百户人家，近一百家商业和手工业企业。最富有的是中农，他们有一百亩地，地很不好。人们都使用人工灌溉系统。

从长凝城到太原铁路，只剩一天半到二天的路程了。我们都想尽快赶到太原，以便在国民军第一军与阎锡山军之间战事未起之际，能搞辆汽车去大同。公路从长凝城开始，沿着汾河岸伸向东北，直至大居民点平饶，接着伸向正北，直至铁路周围是一片树林覆盖着的高原，海拔近一千米。我的这次山中之行没有白跑——我那双漏底靴子的后跟掉了下来。在我们路过的村子里，根本买不到皮鞋。当我们到了最近的一个铁路车站时，我们的样子可能引起了所有的人，甚至最马虎的警察的怀疑。我们没有被晒黑，而是被山地的北风和阳光晒红了。黄土灰尘正如人们说的那样，浸透了我们的筋骨。我们的衣服全是皱纹，上面厚厚地布了一层尘土。此外，掉下的皮靴底，每走一步都吱吱作响。

我们在附近的一个小酒馆里稍为整理了一下自己，付了黄包车夫的钱，感谢他们诚挚的帮忙，然后向车站走去。我原想在火车开车前五分钟赶到车站，这样可以躲过铁路警察的眼睛。但是黄包车夫为了对我们白供他们吃饭和给了不少小费表示感谢，便慷慨地将我们送到了车站，这时离开车时间不是五分钟，而是还有十五分钟。很自然，一个宪兵军官立刻就发现了我们。他在我们身边来回走过了几次，很注意地看着我们。火车终于及时开来了，我们在一等车厢里占了一个两个人的包厢。然而这个宪兵也上了火车，坐在我们包厢对面的椅子上。包厢的门是由不透明的玻璃做的。可怜的赵已完全灰心丧气了。我的手提箱里全是些惹是生非的东西。手枪、一幅标有行军路线的地图、一幅标有晋军行动的五百公里测绘图和一副望远镜。我走到门前，看了这个宪兵一眼，吹了声口哨，挥手让他走开，他便顺从地走了。

盯我们梢的这个宪兵向自己的上司做了报告，接着一帮警察便在车站上等候我们了。赵当时半死不活的。但一副挂着灰尘的眼镜遮住了他的眼神，一层薄尘土遮盖了他的小白脸。在这种情况下，最可靠的办法就是胡搅蛮缠。于是，我一直朝这些警察走去，让赵翻译我的问话。"'法国饭店'在哪里?"他们客气地告诉了我地址。看得出来，他们很是高兴，因为我打算在这个饭店里住下来。这个饭店的房间都很舒适，配有浴盆及其他一些设备。饭店的管理人员或是宪兵随时都可能前来询问我们的去向和检查我们的证件等。当时，如果要将自己的记事本和在驻马店战斗中拍摄的远镜头照片烧掉还是来得及的。但要我毁掉花费了巨大努力和紧张劳动获得的劳动成果，我还没有这个勇气，尽管赵以恳求的目光望着我的手提箱。

行政官员终于来了，要看看房客的名片。就这样，在来客登记表下便出现了皮尔·罗兰的名字。这些事情办完后，我们便开始整理内务。我们为了洗净身上的能渗透几层衣服的肥沃的中国黄土，不得不换了三次浴盆里的水。我所牵挂的另一件事是要搞到一双皮靴。这件事很难办，因为这里的人们都不穿欧式皮靴，尽管太原也是法国影响所及的地方，这里也有很多法国侨民。后来，我十分偶然地买到了唯一的一双皮靴，一穿几乎刚好合适。

当我返回饭店时，店伙计告诉我说，法国侨民代表想认识认识我并问什么时候可来见我。我懂法语，可以就一些不大复杂的题目相当流利地对话，发音也还可以，但毕竟还未达到使任何一个法国人都能听懂我说的话的那种流畅程度。这样，我不得不装病，只是在没人的时候才敢起来吃饭。我教给赵在回答我的问题时应说的"是""不""对""正是"等几句简单的法语用语。当店伙计给我们送来菜饭时，好心的赵便"说起法文来"，尽管牛头不对马嘴，但很自如。我们想搞辆车去大同，但没有成功。同时，那些法国人的好奇心越来越大，甚至有些人开始无礼地从门缝中窥视我们。我不得不躺在床上装病，以便想方设法回避与法国侨民的会见。法国人对我个人这样感兴趣，原因很简单：我取了一个很负盛誉的法国人名字做了自己的化名。我们一直在为如何能尽快溜出去而伤脑筋。我们雇了辆黄包车并在三月十九日凌晨悄悄地向大同进发。

一路上跟来太原时一样。我一直画着公路测绘图，搜集各村居民的情况。赵时而跟着车走，时而在车上打盹。公路越来越陡，我们在第四天终于见到了相当大的居民点坊城村以北十公里处的横穿狮虎山梁的山口。在这个山口可以看到一个完整的防御工程，实际上，这是一个不大的古堡——炮台。该防御工事看起来像是用来封锁从大同通往太原的通道的，它与长城支脉构成了一个统一的整体。这个长城支脉是从南口峡谷修起的，一直绵延于山西北部边界和更远的群山之中。城墙和炮台都完好无损。站在炮台的墙上，可以向北和西北望出二十公里远。北风刮来的戈壁沙漠的尘沙大大降低了一些地方城墙的高度。但在当时，长城仍未失去其意义。

两天以后，我们到达了徒步旅行的终点站——大同。大同是一座大城市，周围有很高的石头城墙。我和赵想穿过城门进城，以便找地方过夜。但七个士兵端着刺刀迎面挡住了我们的去路。我是不愿意在露天宿营的。我走到他们跟前，通过赵要求将他们的长官叫来。士兵们惊慌了，你看看我，我看看你，不知如何是好。一个军官闻声从岗楼里走了出来。他很客气地向我们解释说，他是可以放我们进城的，但我们天亮前是不能从这里出城的。如果我们想继续乘火车赶路的话，那么最好是到离城不远的车站去，在那儿等候，过一小时就有驶往北京的火车。我们只好对这位热心的军官表示感谢，并匆匆赶往车站。在那里，我们正好赶上了最后一趟火车。

国民军第一军的覆没

在这期间，对国民军第一军来说，局势是很严重的。敌人于一九二六年二月底从北京和天津两个方向同时转入了进攻。

李景林率领的由二个步兵师和一个骑兵旅组成的山东部队，在涅察耶夫铁甲车队的支持下，于三月一日占领了马厂并继续向保定进攻。国民军第三军未做抵抗就退到了铁路西北地区。于是，国民军第一军的第一、四、九和第十一师被调来对付李景林的这支部队，在马厂以北展开了激战。李景林的进攻被暂时阻止住了，三辆铁甲车被打毁，一辆被缴获。在河间府地区（在天津西南一百二十公里处），国民军第一军的二个骑兵旅企图将敌人阻止住并占领保定府。

三月十二日，日本军舰参加了反对冯玉祥军队的战斗并炮击了大沽港。英美外交使团向中央政府施加了压力，要求在大沽、天津和北京地区停止反帝活动。三月十八日，北京爆发了学生、工人、手工业者反对外国人干涉中国内政的抗议游行。政府军驱散了游行队伍，打死了四十多人。

国民军第一军在三月至四月间与张作霖和吴佩孚军队激战之后，被迫放弃了天津和北京。我在这时已来到北京，亲眼看到了国民军第一军的退却。全体士兵在晚上秩序井然地离开了北京。他们都很遵守纪律。对于国民军第一军来说，失去了北京和天津，是一次惨败。

国民军第一军退到了张家口，占领了防御阵地。主力部队——五个步兵军，一个骑兵军——都集中在南口、丰镇、平地泉地区，驻守在南口和张家口的三个步兵军担负着主要防御任务。西线部队，包括二个步兵军，负责防守平地泉和丰镇。为了保住左翼，向多伦地区调去了一个步兵旅和一个骑兵师。冯玉祥的军队共有十二万——十三万人，战线长达二百五十公里，防线纵深达七十——九十公里。

国民军第一军阵地的东北面有大青山及其支脉为屏障，东南面有其他一些山脉为险阻。在国民军第一军的战场上，基本上有两个进攻路线：主攻路线是沿京张铁路，另一进攻路线是沿太原——大同公路。此外，还有第三条辅助性进攻路线——从热河（承德）至多伦；多伦有直达张家口的公路。

四月末，奉系部队（二万五千人）向南口的国民军第一军阵地发起了进攻。由于山东省济南地区农民发动了起义（"红枪会"），使奉军，特别是张宗昌部队的处境很不妙，迫使张宗昌将自己的部队从南口调回了本省。但是，国民军第一军没能利用在北京一线出现的有利形势在南口反攻，而是只限于防守。国民军第一军的消极被动以及奉军在南口冲锋失利，提醒了奉军的指挥机关和他们的日本主子采取迂回战术，从国民军第一军防线的侧翼展开进攻。

在热河（承德）地区，奉军集中了大批部队向多伦进攻。同时，敌人还在日本的撮合下，强迫督军阎锡山放弃自己的传统中立政策，转而对国民军第一军采取敌视态度。在大同地区，他们集结了几个独立旅的大批部队，总数近三万人，准备从国民军第一军的侧翼和后方展开进攻。

国民军第一军的指挥机关采取了正确的决策——预防大同晋军的进攻并于五月十九日主动投入两个军，展开了攻势。结果，大同地区的一部分晋军被包围和被歼灭。但是，国民军第一军向太原继续挺进时，由于在争夺位于雁州①和代县地区的狮虎山山口时双方对峙不下而被阻止了。我早在三月份途经这里时，就画了一幅军事测量图。我知道，这个地方是很难从北边攻下来的。在这个山口上，有一个炮台，这个炮台和绵延于狮虎山山梁上的长城组成了相称的格局。通往这个炮台的所有道路完全没有设防，这个地方向北可以观察到二十——二十五公里远的情况。

晋军战斗力不强，加之国民军威胁要进攻华中，因而迫使帝国主义列强采取了一系列措施，进一步协调张作霖军队与吴佩孚军队的一致行动。吴佩孚将自己的一部分军队调到了南丘关地区（任丘以西）。国民军第一军由于缺少给养而停止了进攻。

国民军第一军退出北京以后，新"老板"——张作霖匪帮挤满了中国首都。这个称号恰如其分地表明了新的外来人的活动性质。城里开始了胡作非为，打家劫舍，暴力冲突。张作霖的白匪雇佣军特别无法无天。我曾目睹过当时一个具有代表性的场面。一个穿着中国军服的白俄军官从哈德门大街的一家商店出来时踉踉跄跄。他一边厚颜无耻地骂着下流话，一边往一辆黄包车上爬。黄包车夫转身想问问这位旅客上哪儿去。但这位长着古铜色枯瘦面孔的占领者，嘴里骂着一大串下流话，喊着"快走"，用脚猛踢黄包车夫。

使馆区的一些旅馆里住满了北京的长住户，这些人由于各种原因，都害怕"奉天制度"。我住在使馆区的一家旅馆里，因而预料不会碰见奉天的外来人。但是，在吃午饭时，麦尔古罗夫"本人"带着一个女人坐到了我旁边的一张桌子上。他有一副灰红色的威风面孔，膀大腰圆，披一件深咖啡色的上衣。这个白俄侨民的领袖发现我的讽刺笑容以后，摆起了架子，脸变成了血红色，用拳头猛一击桌子，声嘶力竭地喊了声"厚颜无耻！"

---

① 即雁门关。——译者注

　　使馆区的居民考虑到白俄匪帮随时都可能组织挑衅，便采取了一系列旨在保护自己的预防措施。我们安装了信号设备，顺着我们使馆的围墙安装了电话线，并建立了使馆男人昼夜武装值班制。

　　在这期间发生的一些事件中，我印象最深的是会见我们中亚杰出的考察家彼·库·科兹洛夫。他给我们做了一个介绍他刚刚结束的考察内蒙和西藏的报告。彼得·库兹米奇当时已六十三岁了，但若不是他灰白整齐的胡子和鬓角上的白发，谁也不会认为他有这么大的年纪。他高高的个儿，身材匀称，具有军人的风度。由于戈壁沙漠的风吹日晒，变成古铜色的脸显示出刚毅不拔的精神。科兹洛夫以生动形象的语言详细地向我们介绍了他所收集到的一些事例和丰富的材料。他还向我们介绍了考察队在挖掘纪元前一世纪的东部匈奴罕台诺伊努林墓时的新发现。众所周知，科兹洛夫由于发现了哈拉浩特十三世纪的城市废墟而举世闻名。经过对这个"死"城的考古发掘，得到了很多珍贵的代表当时物质和精神文化的物证以及二千卷唐古特文书籍。匈奴古墓遗址和哈拉浩特废墟是二十世纪考古学的杰出发现。

　　彼得·库兹米奇还向我们回忆了他的老师、著名的旅行家尼古拉·米哈伊洛维奇·普热瓦尔斯基。他特别谈到了普热瓦尔斯基第四次考察期间（一八八三——一八八五年）发生的一件事："有一次，尼古拉·米哈伊洛维奇把我叫了去，对我说：'科兹洛夫，你就去这个地区'——他指了一下地图上的一个地方，向天边方向挥了一下手（这里在浓雾中几乎看不清山峰）——'你要搞到一头活的野牡绵羊。'他简单地介绍了牡绵羊的特征，在地图上指明了考察路线和牡绵羊的分布地点。我为尼古拉·米哈伊洛维奇对我的信任感到自豪，同时又感到任务艰巨而复杂。我知道，如果搞不到牡绵羊，就最好不要回来见我的严厉的上司。我在空无人烟的沙漠边区找了三天。最后终于找到了倒霉的牡绵羊的脚印，把它抓住并活着献给了尼古拉·米哈伊洛维奇。这就是著名的普热瓦尔斯基的牡野山羊。"

普热瓦尔斯基、他的学生和他事业的继承者 M.B.佩弗佐夫、Г.
H.波塔宁、B.И.罗鲍罗夫斯基、Г.E.戈鲁姆-戈利日马依洛、П.K.科
兹洛夫、B.A.奥勃鲁切夫，都在中亚进行了一系列出色的考察，有不
少杰出的发现。如一一列举这些发现的话，需要很多时间和篇幅。

一九二六年七月九日，国民革命军离开了广东，开始进行北伐。
七月十二日，国民革命军反对军阀的战争取得了一系列胜利，占领了
湖南省的主要城市长沙。这样，为国民军第一军同国民革命军联合，
创造了现实的可能性。

张作霖、吴佩孚、阎锡山反动联盟急切想消灭国民军第一军。但
由于互相为敌的军阀们都不愿意第一个冒险，并想争取时间和保存分
赃的实力，因此，这些军阀集团的主子们不得不重新承担协调这些军
阀部队行动的义务。为此目的，一九二六年八月二日，在日本的直接
参与下，在太原成立了北方军队联合司令部，吴佩孚、张作霖和阎锡
山都派代表参加了这个司令部。该司令部制定的计划的宗旨是要向国
民军第一军的防线侧翼同时展开进攻：在左翼——从热河向多伦进
攻，随后向张家口挺进并迂回到南口部队的背后；在右翼——从太原
向大同进攻；在南口——张家口地区包围和歼灭国民军第一军的主
力。为了实施这一计划，集结在热河的奉军大部队向多伦展开了进
攻。吴佩孚为了从南面向南口进攻，将自己的一部分部队集中在太原
东北地区。而阎锡山为了破坏张家口——包头铁路交通线，计划从代
县地区向大同进攻。

国民军第一军左翼部队由于对出其不意的包围疏忽大意，使奉系
向多伦的进攻获得了成功。国民军的退却可谓之狼狈逃跑。

国民军退往包头的交通线，因阎锡山向大同进攻而面临着遭受破
坏的危险。这迫使指挥张都统（冯玉祥四月底已前往苏联）不再指
望上帝，而开始全线退却。如果说部队在退到张家口时还多少有点组
织性的话，那么在继续后退时，特别是从丰镇退到平地泉时，士兵就

大批逃散了。

南口部队损失了全部物资装备。总司令本人扔下部队不管，在手枪队的护卫下逃到了绥远，失去了指挥的军队变成了单帮小股。在十公里长的公路上移动着"逃难"的人流。溃退的部队从农民那儿夺走了毛驴、骡子和马。他们乘火车逃跑时，不遵守任何铁路运行章程，火车一列接一列地开，遇到红灯信号时也不停车，结果，不止一次出现翻车事故。军官们都干自己的私事和照顾自己的家眷，而几年未得到军饷和食品的士兵便抢劫当地的百姓。西北军就这样全军覆没了。

顾问齐明在其日记中写道："途中同六七百人的红胡子部队对打了三十分钟，红胡子后来退却了，让出了道。弓富魁将军的部队也与这支红胡子部队遭遇上了。他们开始时先是一场对射，但在同红胡子部队头头交换过名片后，便让弓富魁部队通过了。"国民军第一军的大部分士兵都转到了敌人——督军阎锡山一边。甚至像方振武将军的第五军那样的国民军中坚部队也损失了百分之五十的兵员。由七十九人组成的手枪队后来只剩下了二十人。还有些士兵当了土匪。

对于我们顾问来说，这是一条何等艰难的道路啊，九月三日包头事件就是一个例证。当时一队士兵向我们的顾问发动了袭击。顾问伊凡诺夫-雷诺夫将军被打伤了双脚，翻译科萨列夫受了重伤，后来死了。一个卫兵也被打死了。所有这些丝毫未使张将军感到不安。在包头时，我们都是自己照料卫队。

第一军在慌乱退却时，分成了几支部队：鞍山部队一万至一万五千人（国民军第二、三、五军的残部）；甘肃部队——共二万人，其中包括甘肃的八、九千居民；包头部队——三万至四万人，后投降了阎锡山。主要的军火储备都集中在这里。到了九月，国民军第一军的骑兵部队彻底散伙了，被打败的第一军残部都集中到了甘肃。各个师还都保存下了自己的干部。甘肃的督军和当地的回族人不大愿意接收国民军第一军的士兵。居民们把粮食都藏了起来。

国民军第一军失败的原因

当国民军第一军从内蒙退到甘肃时，我已回苏联休假去了，因此，对冯玉祥军队意外覆没的原因不太清楚。众所周知，该军的领导人冯玉祥元帅本人这期间正在苏联。不管是军事上，还是行政上，都由张之江将军代理。我已说过，这个将军行政管理上无才，军事指挥上无能。他本人是个基督教徒，因而在牧师的帮助下，顽强地、虔诚地在国民军第一军的士兵中灌输基督教思想，一遇战事，他更多地是指望上帝的帮助，而不是依靠自己的力量。但正如普鲁士国王腓特烈二世所说的那样，上帝从来都是站在强者一边的。在当时，张作霖和吴佩孚反动军阀集团的力量很强，胜过冯的基督教军两倍，甚至三倍。但事实上，国民军第一军并未经过激战就逃之夭夭，尔后又全军覆没了。除了第一军一小部分在多伦地区遭到失败外，其他战场根本未发生战事。在南口，国民军未做任何抵抗就放弃了自己的阵地，奉军在国民军撤走后几天才占领了这些阵地。

国民军第一军过去曾是吴佩孚的直系部队，因而它是按军阀那一套建立起来的。第一军的将军中一直未能避免军阀军队中司空见惯的纠纷和内讧。冯以自己的威望，某种程度上一直在缓和和制止这些纷争。他的副手张性格不刚，少智无谋，在下属中毫无威望。在张之江指挥全军期间，将军之间的纠纷相当激烈，特别是他与副手鹿钟麟之间的敌对情绪更加加剧。

西北各省的经济状况和军队的物资供给，即使是冯玉祥在的时候，也是很困难的，而在退出北京和天津以后，就更加艰难了。士兵已两年未领到薪饷，武器都很破旧，炮弹和子弹也不够。与群众又缺乏有机的联系。

在部队撤退期间，我们顾问有机会更进一步了解了西北各省当地群众的情况。他们的印象如下：群众是按北京政府的旧法律安排生活和接受管理的。他们只是在交税，上缴粮食、军服和为军队无偿劳动时，才知道有国民军。尽管国民军的领导机关不阻挠国民党在这些省进行宣传，但这里的国民党组织少得可怜，只是在城市里才有。其原因是西北各省工业基础薄弱，无产阶级数量太少。

国民军的领导机关没有采取任何改善自己所占领的边区的经济状况和争取农民以及手工业者的措施。群众将国民军的士兵与一般的军阀士兵看成是一路货色，都是强盗、暴力者、自己的敌人。我们在同群众交谈时得知，在很多村子里，人们根本就没听说过孙中山、国民党、俄国的十月革命和苏联。不仅是群众，甚至连国民军的士兵都不清楚这些。许多军官把我们的顾问当成传教士或者美国人。国民军第一军在第一次考验时就顷刻瓦解，这个考验就是：群众都将粮食藏了起来，并抗击撤离的国民军部队。这些都是不足为奇的。国民军第一军惨遭失败的根本原因，就在于它是在军阀部队的基础上建立起来的。

这支彻底瓦解、所有军事装备几乎丧失殆尽的军队，在冯玉祥九月从苏联回国后，恢复了自己的主力和战斗力，后来，与国民革命军一道，积极参加了消灭奉系和直系军阀部队的战斗。之所以会出现这种情况，其原因在于：中国军阀间的混战出现了非常矛盾的形势；渴望从军阀的统治下获得自由和摆脱帝国主义列强而实行独立的中国人民具有生命力；苏联向中国人民提供了精神上和物质上的无私援助。

华北军事形势发生变化的先决条件是：尽管直奉集团跟国民军第

一军相比，占绝对优势，但它未敢彻底消灭第一军，而是容其在南口的阵地上从一九二六年四月驻守到七月。这仍然还是因为张作霖与吴佩孚之间存在着分歧，实际上也是英国和日本之间在有关中国的一些主要问题上有分歧。

当时，这些分歧的实质还不清楚。从一些间接的资料和汇集到的从报刊上摘抄的各种事例，可以得出一些结论。鉴于英国在奉行欧洲政策和近东政策时出现了困难（签订摩苏尔条约以前），日本军界便想重新借机在"安静的中国"建立其霸权。日本的借口似乎是英国没能履行同日本签订的在华南（广州）协调行动的协议。

吴佩孚与张作霖一九二六年一月签订的协议规定，他们要通过建立一个能在大国的支持下征伐"不顺从省份"的强有力的中央政府，来镇压中国的民族革命运动和根除苏联在中国的影响（即所谓的张伯伦计划）。

但是，由于存在着占领了南口险要阵地的国民军，在广东存在着广州革命政府，加之占据着经济上十分重要的五个省份的孙传芳持"中立"立场，因而想成立这样一个政府，是不现实的。

尽管选出的总理、吴佩孚分子汲金纯是张作霖的代理人，而且他想使两个军阀集团的代表都满意，但这两个集团之间为争夺每个部长职位而引起的不断争吵，最后使这个政府完全成了一种形式，毫无实权。

奉系和直系签订的第二个协议说明，在当时的政治军事形势下，建立一个有威望的中央政府并不是迫切的。这个军阀联盟的迫切任务是要消灭华北和华南的国民军，然后才是建立国家的政治体制。恰恰是这个协议确定了奉系和直系的行动范围。奉系集中全力对付国民军第一军，直系给予部分援助，但其主要任务是对付广州政府的军队。

但是，日本军界对奉、直集团根据英日协议预定的这种势力范围表示不满。根据一些材料判断，第二个奉、直协议根据伦敦和东京的指示，调整了这个问题。张作霖（日本）得到了在满洲、山东、内蒙行动的充分自由，而英国获得了在华南对广州采取行动的较大自由。

与此同时，日本军界侵略苏联的意向已经明显了。他们认为现在正是破坏苏联在中国和太平洋沿岸的威望的大好时机。日本军界企图在满洲铁路政策问题上（包括中东路）将张作霖的侵略性煽动起来；争取日本外务省同意解决具有政治战略意义的江岛问题（江岛是朝鲜、北满和沿海地区南部之间的一个边境地区，朝鲜人在那居住）；要求增加在满洲的日军和要求赋予在需要时动员南满的日本居民的权力。

在这盘根错节的政治阴谋中，与美国关系密切的五省领袖孙传芳粉墨登场了。日本、英国在有关对华政策的一些重要问题上都竭力想得到华盛顿政府的支持。日本武官在南京拜访了孙传芳，极力拉拢他参加内战。

孙传芳同上海的一些国民党右派领袖互有来往，这些人把他作为民族领袖，作为"中国土地的收集者"抬了出来。中国通讯社"国闻社"七月十日报道说，河南和湖北的督军表示愿和孙的联邦（五省）合并，承认他为长江流域各省所有武装力量的总司令。这个事实表明，吴佩孚已没有足够的力量来抗拒广州政府的国民革命军的北伐了。

随着国民军第一军在中国西北地区的覆没，它与奉直联盟的长期斗争也告结束。现在，必须考虑到张作霖（日本）下一步要在内蒙对蒙古人民共和国采取的侵略行动了。为了实现这些计划，那些侨居黑龙江的蒙古王爷、喇嘛都被动员了起来。据一个侨民称，计划分三路向乌兰巴托进军：一路从张家口，另两路从海拉尔沿克鲁伦河进攻。为了实施这一征伐，日本极想获得英国的支持，也想获得美国的支持。除了张作霖外，首领谢苗诺夫也被动员来参加策划进攻蒙古人民共和国，谢苗诺夫提出了一些泛蒙口号，捞到了五十万日元。

中国革命运动的迅猛发展，迫使帝国主义列强在对华政策中奉行更加自由化的方针：英国准备承认中国有限的关税自治权，准备在市政问题上和在外国租界问题上作出一系列的让步；日本为了同中国民族资产阶级的右翼建立联系，不惜牺牲张作霖，同意奉军让出一些官职和行政权力。

这一切都证明，我们在华逗留期间，中国西北部的内外政治形势是何等的复杂和矛盾重重。工作难于开展的原因还在于我们这些仓促成立的顾问组既没机会又没时间来预先进行培训。

我们一直想了解一下国民军的情况，但遭到了中国将领的抵制，他们以各种借口拒绝我们的愿望。我们顾问们在草草地了解了国民军的军事训练情况后，按现代要求制定了一些从根本上改组军队的计划。但是，由于时间不够、具有一技之长的教官数量太少、没有直观教具，更主要的是缺少军事翻译人员，致使这些计划步步落空。

我们对中国的历史，对中国人的风俗习惯和文化了解不够，也使我们犯了很多错误。我们还没有来得及在实践中对中国的将军们进行了解，就对他们无限忠于孙中山的学说和忠于革命的保证信以为真。他们从不重视我们提出的关于如何行动的建议，不邀请我们参加有关的会议；我们从来都是最晚才知道督军和我们辅助的将军们所做出的一些最重要的决议的。毫不奇怪，我们的军事方面的工作情况常常刊登在最高领导机关的形势通报上和大事记里。

但是，国民军的领导人在与直奉军阀斗争期间，不得不把我们的顾问带在身边，允许国民党的代表，有时也允许中国共产党党员在其所管辖省份的群众中开展工作，有时也谈上一两句革命词藻。所有这些对这些省的群众以及一部分军队走向革命起了促进作用。革命思想的力量如此具有感召力、对帝国主义分子的仇恨如此之大，以至于国民革命军后来在从长江流域向北进攻时，就连不久前背叛过国民军的前国民军第二军的部队也转到了革命一边。因此应当承认，苏联人在中国所做的工作并未白费。它对中国革命广泛深入地开展，对中国人民摆脱帝国主义帮凶——军阀的统治，争取自己的解放，起了促进作用。

第二部分　在华南

从莫斯科到广州

在基斯洛沃茨克略事休息以后，我和妻子季娜·雅科夫列芙娜·勃拉戈达托娃（达罗芙斯卡娅）于一九二六年九月乘快车离开莫斯科前往符拉迪沃斯托克。下一步我们就要途经上海去广州了。

火车走了十天半才到达符拉迪沃斯托克。与我们同坐一个包厢的是一对年轻夫妇，带着一个七个月的小孩。这个小孩很瘦弱，整夜不停地哭。由于尿布的气味，包厢里的空气很不新鲜。在哈巴罗夫斯克（伯力），我们幸运地换了一个车厢。我们站在窗旁，眺望着我们祖国辽阔的原野，尽情地欣赏一路上地形的变化和原始森林迷人的景色。火车驶过西西伯利亚的无边草原，最后终于来到了"光荣之海——神圣的贝加尔湖"。这一切给我们留下了不可磨灭的印象，将旅途的疲劳一扫而光。去年春天，我曾路过这些地方，那时西伯利亚的大自然在漫长的寒冬之后，披上了一层碧绿的外衣。现在，在这深秋季节，这儿到处五光十色，美丽极了。

火车准点抵达符拉迪沃斯托克。这在当时是了不起的。铁路秩序直到去年还不能令人满意。一万公里长的铁路干线当时情况很糟糕，赤塔到符拉迪沃斯托克这一段路更是令人不愉快。不久前结束的同干涉者的战争使这个人烟稀少的地区变得极为贫困。车站成了一片废墟。铁路工人都栖身在车厢里，而这些车厢同时又被当作车站。被破坏的桥梁用一堆堆的枕木支着。沿途各站一无所有，无啥可买，所以一切东西都需随身带着。在这些年里，尽管我们的经济状况不佳，还未达到战前经济发展的水平，但我们一直向中国人民提供不仅道义上的，而且还有物质上的支持，支持他们争取民族独立的斗争。很多苏联教官、工程师、技术人员、翻译都前往中国。根据广州政府的请求，苏联向中国提供了大批的物资。

我们于九月二十七日清晨到达符拉迪沃斯托克。很凑巧，搞到了当天开往广州的轮船票。我们想参观一下符拉迪沃斯托克的名胜，但所剩的时间已不多了。我对这个美丽如画，但在内战和日本以及其他帝国主义大国干涉期间遭到了严重破坏的城市只留下了一般的印象。我没来得及参观俄罗斯岛，我父亲——日俄战争期间牺牲的第三十二东西伯利亚团大尉的坟墓就在那里。在去广州的途中，我们只停了两站，一站是日本城市门司，停的时间不长；第二站是上海，停的时间稍长一些。但是，由于我们没来得及在日本驻符拉迪沃斯托克的领事馆办签证，因而日本当局不让我们下船上岸。在上海，我们总共待了五天，尽情地参观了这个中国的重要港口。这座城市是帝国主义国家在中国国土上奴役中国人民的一个鲜明的见证。

上海是中国当时最大的工业和商业中心。城市人口超过了三百万。

上海坐落在长江口附近，在长江的支流黄浦江边，周围是泥沙沉积的凹地。上海过去坐落在东海岸边，而现在，它距东海已有三十公里远了。

上海气候温和、多风、潮湿。七月份的平均温度是零上二十七度，一月份是零上三度至零下二度。一年中，主要是在夏天，降雨量达一千一百三十毫米。上海的地理位置非常有利：黄浦江航道水深达八米，这样，大的海轮可以驶进上海港，因而这座城市被称为中国通向太平洋沿岸各国的主要门户。

上海港是世界上最大的港口之一。在上海港的码头上，十多条轮船可以同时装货。上海又是一个重要的铁路枢纽，是全国的工业中心，这里有人数众多、积极活跃的无产阶级。

上海的大部分城区坐落在黄浦江的左岸。城中心正好位于苏州河流入黄浦江的入口处。该城的主要大街——南京路，横贯东西。沿江大道当时叫"邦德"①，道旁盖了很多上海实业界的宏伟大厦。由市中心向北，在苏州河的左岸，有上海的工业区——闸北。

就外表来看，上海与中国的其他城市截然不同，这里有高耸的楼房、林荫大道、公园和花园。当时大街上已经有无轨电车在行驶了，缠着头的个子高大的锡克教教徒调度员，用交通信号灯调度城市车辆的行驶。但是，各种设施最完善的要数公共租界和法国租界。宏伟的高楼——大楼的玻璃耀眼夺目，擦得发亮的黄铜构件闪闪发光——标明外国垄断资本家正对这里主人的落后技术和内部混乱行使着权力。而在中国区里，街道狭窄，楼房低矮，还有些简陋的土坯房和竹房子。

根据一八四二年英国强加给中国的南京条约，上海成了一个开放的港口，在这里建了很多外国租界。从那时起，上海变成了资本主义国家侵略中国的一个主要据点。

随着这个全国大工业中心的发展，它反对帝国主义侵略的革命积极性也在不断提高。一九一九年六月，这里的几万名工人举行了罢工。一九二〇年，上海成立了一个马克思主义小组，一九二一年七月，中国共产党第一次代表大会在此秘密召开。在上海几乎每年都举行罢工、青年学生和手工业者的示威以及反对外来压迫者的抗议游行。

在上海，我们住在鲍姆加尔金的称为保尔金公寓（音译）里，这套带家俱出租的房子的主人是个早在革命前就迁到上海来的俄国

---

① 邦德系英语 The Bund 的音译，指"外滩"。——编者注

人，懂得俄语。他成了我们了解这个充满着矛盾的大城市的居民生活和风俗，以及该城名胜古迹的向导。

在领事馆里，人们向我们介绍了国民革命军举行的反对直系军阀吴佩孚和孙传芳的北伐战争。我们获悉，现在正在攻打武昌。我们当时觉得不去广州，而从上海直接前往汉口、武昌，以便同国民革命军会合，更为合适一些。当然，这样走是要冒一些风险的，因为要途经敌占区。但我并不害怕这些，我在中国北方已经积累了在军阀占领区旅行的经验。主要的困难是前往汉口需要经费（我们在莫斯科只领了到广州的费用），以及需要翻译。我在上海曾想通过同事赫麦列夫搞点钱，但领事馆没有这笔经费，没办法，我们只得去广州。

在上海逗留到第五天，那艘轮船装完了运往广州的货物，因此我们便启程上路了。我们必须先经太平洋。一路上还算平安无事。这个大洋名不虚传，是很太平，风浪不大，尽管对波罗的海和黑海来说，这里的风浪已经算得上是风暴了。很难描述广阔无垠的海洋的壮观和威力给人留下的印象，此起彼伏的波涛像是要把我们的轮船像核桃壳一样一击而碎。可能是出于这一原因，人们在大洋上不论遇见谁，脸上都会现出激动兴奋的表情：每个人都像对挚友或熟人一样，互相倾述着自己良好的祝愿，祝愿一路平安。

在去广州的路上，我们顺便到汕头去了一趟。这里已是热带了。这儿的房子轻便简陋，没有御寒的设备。汕头不仅以热带的美丽景色和独特的房屋建筑闻名，而且还以手工产品著称。我们船上的妇女们都对汕头巧匠们的绣花手艺十分感兴趣，而男人们在不安地计算着怎样开支，盘算着如何能平安抵达广州。

在广州

我们于十月二十一日下午三点抵达广州。船渐渐驶向黄埔。广州顾问组副组长叶甫列莫夫（阿勃诺利德）率同志们乘小汽艇赶来迎接我们。我们把自己的东西稍作了整理，便等待办手续——海关检查。原来，广州的海关人员都是白俄侨民。我们的外交信使麦泽尔当时出了麻烦。一个海关官员非要检查外交袋才能放他上岸，因为我们的领事馆事先没有告知海关当局有外交信使同来。在这里，在华南，对待帝国主义国家的代理人已经不像以前那样了。来迎接我们的同志推开了这个海关人员，提着东西冲了出去。这个海关人员知道不会得到中国当局和警察的支持，为了作作样子，嘟囔了一句好像我们破坏了秩序的话就走开了。

到广州以后，最初我们住在"亚洲"旅馆。这是一座六层楼的高大建筑，是一个全面经营的旅馆，设有餐厅、商店、影院、露天舞台，甚至还有一个马戏团。自国民革命军开始北伐后，国民政府实际上已无实权了。国民党右派分子日见抬头，买办资产阶级也活跃了起来。所有这些立即影响到内部秩序，首先是公共场所秩序的维护。在我们住进这个广州高级旅馆后，我对此有切身的体会。这个旅馆是按欧洲样式建造的，有六百多个房间，但旅馆里秩序混乱，又很不整洁：电梯一直不开，床垫坚硬，床单很脏。旅馆的餐厅里，菜饭既贵又无味道。

我们在广州期间，适逢工会代表大会召开。这类大事件在中国南方都是作为全民的盛大节日来庆贺的：鞭炮齐鸣，呼声震天。外来人也许会认为这是在攻城或是在巷战。这样的聚会结束后，我头昏脑涨，两天都没能清醒过来。据说搞这样的活动，每次都要耗费三十——四十公斤火药。根据全城从清晨到深夜鞭炮声一直未停这一点来看，这个数字不是凭空捏造的。这些火药要是让国民革命军用在北伐上，比方说用在攻克城堡上多好哇！用一两包炸药足可以在城墙上炸开一个缺口或炸毁城门，这样就不必踩着木制梯子爬城和用上百名战士伤亡的代价来铺填城壕了。

我们下轮船后乘坐的那艘去广州的小汽艇叫"巴甫洛夫号"，是为了纪念广州苏军顾问组第一任组长、杰出的红军指挥员巴甫洛夫而命名的。

我在哈尔科夫军区工作时，就认识了巴维尔·安德烈耶维奇·巴甫洛夫。在第一次世界大战和国内战争期间，我们曾一起参加过很多次战斗。

巴甫洛夫于一八九二年出生在沙皇军队一个中将的家庭里。他曾在武备中学受过教育，但不久他就放弃了可使他青云直上的军人生活。巴维尔·安德烈耶维奇考入了彼得堡工业学院。他在那里参加了社会民主党地下小组。由于组织第一次政治性罢工，巴甫洛夫于一九一〇年被捕。一九一四年，他应征入伍，并被派到准尉学校学习。尔后，巴甫洛夫成了沃林近卫团的军官。在第一次世界大战期间，他几次负伤，曾荣获四枚军功奖章。

革命爆发后，巴维尔·安德烈耶维奇立即转到了革命一边，于一九一九年加入了俄国共产党（布）。国内战争期间，他率领由第十三军的突击部队组成的一部分队伍在克罗梅和奥廖尔附近打败了邓尼金部队；他在任士官生混成师师长时，参加了在克里米亚消灭弗朗格尔的战斗，同时也参加了在古利亚伊波列消灭马赫诺军队的战斗。在这次战斗中，我担任鲍古恰尔第四十师的炮兵司令官。

古利亚伊波列战斗最有意义的一点是，它是世界史上最后一次骑兵大兵团战斗。马赫诺军队有八千至九千人，近四百挺车载机枪。我方参加这次战斗的除了我们鲍古恰尔第四十师外，还有一个辖有三个师的第三骑兵军和巴甫洛夫混成旅。① 后来，巴甫洛夫被派到坦波夫省去消灭安东诺夫匪帮和到布哈拉去打巴斯马赫分子。

由于屡建战功他被授予二枚红旗勋章，一枚二级布哈拉金星金质勋章和一把银质战刀。巴维尔·安德烈耶维奇·巴甫洛夫是一位天才的军事首长，一位勇敢的战士，有文化有教养的人（他懂五种语言），是党和列宁事业的一位忠诚战士。

一九二四年六月，巴维尔·安德烈耶维奇·巴甫洛夫离开了莫斯科，前去就任孙中山军事总顾问的职务。选他担当这一职务是非常合适的。他作为一名受过高等教育的军事指挥员、一名世界大战和俄国国内战争的参加者，很快就熟悉了形势，制定了一个将"盟军"——实际上是将一些地方军阀部队——改组为粤军的计划（准备进一步将这些军队改组为中国国民革命军）。作为改组军队的第一步，他建议成立以孙中山为首的国防委员会，成员有胡汉民、廖仲恺、一些"友军"的军长、黄埔军校校长蒋介石、广州公安局局长吴铁城。巴甫洛夫任国防委员会总顾问。这个委员会的职能开始时没有确定，而且也无法确定，这是由于"盟军"都是军阀式的军队，每一方都有自己的打算。一切都取决于国民党领导人制定的政治方针。

军事总顾问巴甫洛夫担负着非常艰巨的任务：改组"盟军"；保卫广东。计划让国防委员会承担最高战略领导权。一九二四年七月二十四日，巴甫洛夫向国防委员会提出了改组盟军和保卫广东的六点基本方案。由于这些方案对于理解后来将粤军改组为国民革命军的意义

---

① 从我的观察所清楚地看到，两队骑兵在上百挺机枪的掩护下，挥舞马刀，展开了白刃战。这次战斗是在被一层薄雪覆盖的吉利亚伊波列的广阔平原上进行的。

很重要，我在这里简单援引几条。巴甫洛夫给国防委员会的这份关于改组"盟军"的报告，写得很简略，为的是不使广东的将军们惧怕改组。这些措施的实质内容大体如下：

1）在"盟军"中建立政治机关，派一些负责的党代表到各师各军去。在黄埔军校开办培养军政干部的短期训练班。由一名参加了国防委员会的国民党中央执行委员会委员负责抓在军队中开展政治工作。

2）统一规划军事学校和部队中的军事训练。从"盟军"中抽一部分人，在黄埔军校建立两个团的"联军"，并特别注意对其进行训练（后来这两个团组成了"党务军"）。

这些措施同建立广州防区、装甲部队等其他一些措施，对于团结粤军，保卫广东省起了促进作用。但是，巴甫洛夫无法更进一步将"盟军"改组为一支统一完整的军队，因为这些军队的指挥官认为"独立"是生死攸关的问题。

在将粤军基本联合起来之后，孙中山决定北伐。当时南方的军事政治形势非常复杂，矛盾重重。巴甫洛夫认为要进行这样的征伐，力量还不足。但为了更详细地了解形势，他便开始认真调查研究。为此目的他前往广东东部地区，在石龙淹死于东江。①

---

① 前拉脱维亚游击队员、老布尔什维克亚历山大·彼得罗维奇·戈林别尔格曾告诉过我一件与此有关的事。一九二一年五月，他参加了消灭坦波夫省安东诺夫分子的战斗。П.А.巴甫洛夫当时是他所在的战区的首长。据戈林别尔格说，巴甫洛夫是一个杰出的指挥员，是一个以自己的禁欲主义使所有的人都感到惊奇的人。他谈了一件发生在巴甫洛夫身上的他当时不能理解的事。有一次，在从坦波夫向基尔桑诺夫地区行军时，他们一起骑马而行。在他们涉越一条流过公路的不超过二三米宽的小河以前，一路都很正常。突然戈林别尔格觉得他的这个同路人抓住了他的手。他回头一看，巴甫洛夫的脸像纸一样白，惊恐地睁大着眼睛望着前边。这时，马轻松地将他驮过了小河，而巴甫洛夫还紧紧地抓着戈林别尔格的手。医学专家向我解释说，巴甫洛夫可能患了一种恐怖症，即"怕流水"或"怕河流"症，类似的还有一些人害怕空旷的高地和水等等。目前，学者们对这些病症产生的原因还未搞清。

　　孙中山对自己军事总顾问的牺牲大为震惊，他说："苍天创造了很多造福于人类的天才。巴甫洛夫将军是一位无畏和高尚的人，是参加过多次战斗的一名英雄。他作为一名士兵和学者前来帮助中国。他制定了很多显露出他的才干的计划。在所有的人都期待着他能将自己的杰出工作进行到底之际，他以身殉职，这是一大悲剧。"①

　　在广州，М.Г.叶甫列莫夫让我与即将前往北方的广州政府一起，前往武汉，听候布留赫尔调用。政府所选择的行进路线是最短的路线，但行期总是一天一天地往后推迟，这样，我在广州便与再次来这里的顾问Л.Г.斯涅戈夫和М.Ф.库满宁被无限期地拖延下来了。为了不荒废时间，我便着手研究军事形势。

---

　　① 孙中山的这段话未找到中文出处。——译者注

华南的形势

　　广东省位于华南，地处亚热带。它的面积有二十二万平方公里，人口二千七百五十万。广东省的海岸线弯弯曲曲，有很多海湾、岛屿和半岛。地貌大部分是山地。南岭山脉占全省总面积的七分之一，它在西部地区的最高点达二千米。沿海地区地势低洼，西江、北江和东江三角洲（广东最南部地区）有大量的冲积土，土质肥沃。这一地区人口最稠密，全省四分之三的人口都居住在这里。这里的气候是夏天天长而炎热，冬天天暖而干燥。六月份的平均温度为零上二十五——二十七度，一月份为零上十四度——十八度。全年降雨量为一千二百——二千毫米。广东生长着一些热带树木：杨梅树、樟树、胶树、椰子树，以及其他木质非常坚硬的有价值的树木。这里种植各种各样的农作物，一年收获三次，有时一年收获四次。这里出产的水果有香蕉、菠萝、橙子、广柑。

　　广东矿产丰富，但当时已被查明的并不多。这里产有钨、锑、锰、石煤、铁、铋、钼、汞及其他矿产。

　　广州（近一百万人口）是省的行政中心，它坐落在西江三角洲的珠江河畔。广州是广东省最大的贸易工业城市和港口。它是全省基本上还处于工场手工业阶段的金属加工业、电机工业、化学工业和纺织工业（丝绸工业）的中心。这里的漆器、瓷器、象牙工艺品很发达，在国际市场上享有盛誉。

广东省具有革命传统。中国革命运动的伟大活动家孙中山就是在这里开始革命活动的。广东也是导致推翻中国人民切齿痛恨的满清王朝的一九一一年革命的中心之一。

一九一六年，南方各省建立了独立于北京反动政府的各省联盟。一九一七年，在广东成立了华南政府，但直到一九二三年，即从孙中山第三次领导这个政府时起，它才开始奉行进步的政策。由一九二一年成立的中国共产党领导的无产阶级反帝斗争在俄国十月革命的影响下，也是在这里兴起并发展起来的。一九二二年，广东省建立了农民协会。这样，这个省成了工农群众运动的一个重要中心。

一九二五年春，我在武官处工作时，对广东省的情况不大了解。同年夏初，瓦西里·康斯坦丁诺维奇·布留赫尔来北京休息，我去找他帮我了解华南发生的各种事件。瓦西里·康斯坦丁诺维奇草草地看了我提的问题的单子后，笑着对我说："没什么，都是些小问题。"然后他果断地说："好，我将完成这一任务。"他写了近二个月。他写的那份东西用打字机打印了十三份，并分发到其他几个顾问组。

过了不久，H.B.古比雪夫回苏联，在北京稍作停留时，根据顾问们的请求，也做了一个关于华南目前局势的报告。这两个报告对于我们了解华南十分复杂而又充满矛盾的形势，尽快地熟悉情况，是很有帮助的。

华南的军事政治形势与我们在北方看到的形势截然不同。在北方，国民军基本上是集中的，在一定程度上都听命于自己的指挥官（督军），特别是听命于冯玉祥、岳维峻、孙岳。而在华南，一九二五年初，旧政府首脑孙中山直接指挥的只有一支由一百五十——二百人组成的警卫部队。其余部队都分散驻扎在全省各地，是"盟军"，即独立部队，只服从一些自我独立的将军调遣，这些将军本人则在某种程度上听从孙中山总统的指挥。

就政治色彩和重要性而论，这些将军分为四类。第一类是普通军阀，他们被从自己占据的省份中赶了出来。来到广东后，想休养生息，以图有朝一日打回老家。他们都称自己为孙中山的盟友和革命的追随者，而实际上，他们阴谋推翻广州政府，好占领广东。杨希闵和刘震寰将军就属于这一类。

第二类是与孙中山世界观相同的一些老战友。但这些将军也都力图在军事上保持独立，希望返回本省，在那儿夺个一官半职，然后在国民党的旗帜下建立"各省联盟"。湖南将军谭延闿、程潜、河南将军樊钟秀都属于这一类。

第三类是许崇智领导下的一批将军。许的军队由当地人所组成，在当地的群众中负有盛望。许崇智将军本人是一个聪明机警的军阀，他力图利用广东群众革命运动的浪潮。许崇智也宣称自己是国民党的追随者，并经常讲些革命词藻。实际上，他与买办资产阶级和国民党右派分子一直保持着密切的联系，从他们那儿获取物质援助。这一类将军提出了"广州归广州人"的口号，意在将其他省的军队赶出广东省。

第四类是一些小部队的将领，其中有的人所掌握的部队还不到一百人。最大的要数鄂军、江西军和福建军。

所有这些"盟友"瓜分了广东的地盘，搜刮当地的百姓，勒索捐税，以豢养这些军队的将领。这些"军队"还用这种办法在物质上独立于政府。将领们表面上都服从政府，但由于在经济上实行自治，实际上是完全独立的。如果哪位将军对政府提出的措施不感兴趣的话，那么政府实际上连一个措施也贯彻不下去。政府在采取某些行动之前，不得不同将领们商量，说服他们。

结果，将军们不把政府的决议和政策放在眼里，而是我行我素。被视为服从政府的十五万军队只存在于纸面上。其实，有一些将军甚至还是国民党中央执行委员会委员。比如，为了使这些将军们都能参加讨伐陈炯明的军队，政府和苏联军事顾问们做了很多工作。政府由于没有实权，因而常常被迫批准他们征收掠夺性的捐税，这样，政府在群众心目中的名誉受到了损害。

政府急需一支军队。孙中山说，"我们刻不容缓的首要任务是按苏联方式建立一支革命军队和在国家的南部建立一个进行北伐的十分可靠的根据地。"

在广州建立黄埔军官学校是为建立这支军队迈出的第一步。黄埔军校的宗旨是要成为革命军队的核心，培养政治上有造诣的指挥人员，同时也为按新方法组建军队培养干部。

孙中山准备亲自主管黄埔军校，并任命蒋介石为自己的副手，可见孙中山对这所军校是相当重视的。蒋介石将军很善于博得孙中山的信任，装出忠于他的学说的样子，最后捞到了军校校长的职务。

华南政府对黄埔军校在建立国民革命军中的意义是清楚的。我们的武官格克尔根据孙中山的请求，将第一批早在一九二三年六月就到了中国的五名军事顾问中的四人——B.波利亚克、Я.格尔曼、A.切列潘诺夫和H.捷列沙托夫派往广州。

我在中国工作期间，有机会了解了国民军第一军的张家口、平地泉和丰镇等军事学校的教学情况，也了解了河南国民军第二军的军事教学情况。关于黄埔军校的情况，我是从其他顾问的介绍和著作中，主要是从 A.И.切列潘诺夫的《一个驻华军事顾问的札记》一书（莫斯科一九六四年版）中了解到的。因为这个军校在一九二五——一九二七年革命期间起了重要作用，我现在来援引一些有关这个军校的简单参考资料。黄埔军校于一九二四年五月开学。一九二四年底，学校总人数达一千五百人，其中包括九百五十名学员，其余的都是教师、行政人员、勤杂人员和警卫士兵。这是一所综合性学校。学员大部分是步兵和机枪手，后来还有炮兵、工兵，通讯兵和后勤兵。步兵的训练期为六个月，炮兵为十二个月。其余兵种的学员均训练九个月。

大多数学员都是大学生和青年学生，这些人都懂得和拥护孙中山的思想。

学校正式开学的日期是一九二四年六月十五日。孙中山致了开幕词，阐述了为将国家从帝国主义分子和他们的爪牙——封建军阀手中解放出来而建立革命军队的必要性。学员们的任务是成为为实现崇高目标而组建的军队的骨干。孙中山号召学员们以在自己的国土上肃清了反革命和帝国主义分子的苏联红军为榜样。军校开创伊始，学校的主要改组和教学工作就落在了 B.E.波利亚克（当时任第一顾问组的首席顾问）、A.И.切列潘诺夫和 H.И.捷列沙托夫三名苏联专家的肩上。我国的顾问们根据第一次世界大战和国内战争的战斗经验，向中国军官和教师传授了指挥部队和作战的新方法。他们在很大程度上也做着克服这些人的消极性和抗拒所有新的、进步的、革命的思想的工作。总军事顾问 П.A.巴甫洛夫和许多新军事顾问埃蒂金、Д.乌格尔（列米）、斯捷潘洛夫、萨赫诺夫斯基、德拉特文来到广东，特别是由新的军事总顾问布留赫尔（代替 П.A.巴甫洛夫）率领的庞大的顾问组——T.A.别夏斯特诺夫、Г.И.基列夫、M.Я.格米拉、И.Я.泽涅克（泽姆勃罗夫斯基）、Ф.Г.马采伊利克、И.H.齐利别尔特、Я.波洛、B.П.罗加乔夫、И.K.马迈耶夫、E.A.雅科夫列夫以及其他人来到广东（一九二四年十月初），在很多方面减轻了组织军校教学的负担。由于黄埔军校学员们的学习成绩很好，便决定在第四期招生时，将军校招生名额扩至二千五百人。被招收到这里学习的几乎有来自中国各个省的青年，甚至有来自朝鲜和越南的青年。

随着军校名额的逐渐增加，所谓的"党务军"的人数也在增加，由一个团增加到一个师。这使孙中山有了实际的兵力，他靠这支力量可以整顿广州和广东省的秩序，并保卫广东省。

黄埔军校的学员们始终积极参加广东的政治生活。在这个军校的基础上，组建了政府的党务军。开始时只建立了一个团，后来扩至一个师，广州政府建立的新的国民革命军就是以该师为基础的。一九二五年春，这支部队在与陈炯明部队作战时，经受住了考验。政府的党务军在广东省的群众中很有威望。

一九二五年春，广州国民革命政府着手改组"盟军"，试图在组织上对他们进行整编，建立一个统管所有武装力量的最高指挥和统一的后勤机关。一句话，目的是要建立一支统一的国民革命军。但政府在这方面刚一动手实施，就遭到"盟军"将领们的强烈抵抗。云南将军杨希闵和广东将军刘震寰公开反对国民革命政府。

叛乱很快被新政府军和许崇智的粤军的一部分部队平定了。这对广州政府威信的提高起了促进作用。

消灭了叛乱将领后（一九二五年六月中旬），出现了继续改组军队的可能性。当时建立了军事委员会，行使最高指挥机关的职权，同时还成立了总司令部，作为军事委员会的执行机关。军事委员会的主席是国民党中央执行委员会政治委员会委员汪精卫，总司令是蒋介石，军事部长是谭延闿，总军事顾问是 H.B.古比雪夫，参谋总长是 B.И.罗加乔夫，总政治部主任是拉兹贡（奥利金——古比雪夫主管政治工作的副手）。军事委员会的职责包括：建立军队、改组军队、确立编制、筹集军费、制定扩编计划等等。军事委员会每周开会两次。由于军事委员会、国民党中央执行委员会政治委员会和总司令部的职能一直未明确划分，因而一些问题是在一起解决的。军事委员会总司令部由几个局（战斗侦察局、行政管理局）和几个处（步兵处、炮兵处、工程兵处、通讯处、卫生检查处）组成。

"盟军"将领们不断搞反革命活动，阻碍了军事委员会和总司令部的工作。在广州买办资产阶级的支持下，他们杀害了中国革命杰出的活动家廖仲恺。国民党中央执行委员会政治委员会书记胡汉民参与了这次暗杀事件。此后，持反对立场的"盟军"将领们开始筹划推翻政府的武装政变。改组军队的工作又再次停了下来，但党务军这时已发展到一个整军。

到一九二五年十月一日，国民革命军已拥有这样一些部队：蒋介石的第一军、谭延闿的第二军（过去的湘军），朱培德的第三军（过去的云南军）、李济深的第四军（过去的粤军）、李福林的第五军（过去的粤军）、吴铁城的独立师、程潜的独立师。

在较短的时间内将广东的武装力量联合起来，对其进行了统一的整编；最高军事机关实行了集中领导；整顿了军务，建立并加强了斗争的技术装备；全军上下开展了政治工作——所有这些都证明，孙中山、中国共产党人、鲍罗廷领导下的苏联军事和政治顾问们做了大量的工作。

从军阀的组织制度和军队的职能向集中统一制度的转变不是一下子就完成得了的，它的实现也不是一帆风顺的，而是经历了一番思想上、组织上和外交上的斗争的。尽管国民革命军从表面上看起来是一支统一的军队，但它的改组工作到一九二六年初仍未结束。在由过去的"盟军"改编过来的那些军中，分裂主义尚未根除（第一军——黄埔军除外）。它们的名称改变了，但本质上没有多大的变化。湖南籍的军官想到第二军中去，云南籍的军官想到第三军中去，广州籍军官则想到第四军中去。

在军队中充实指挥人员的工作仍然是混乱的。各军军长选拔高级指挥官的原则是依据老关系和亲戚关系，而不是靠本事、知识和经验等等。

一些军长（如第五军军长李福林将军）本来是很不称职的，但由于他们在一些群众中——政府不得不顾及这些人的情绪——还有威望，因而无法将他们撤换掉。

中级指挥官的提拔也和高级指挥官一样，靠与上司的交情和熟人关系（在同一军校毕业或是湖南老乡，福建老乡等等）。但有时提升也凭战功，公事公办。这种做法主要是在下层军官中实行。在高级指挥官中，军校毕业的占很大的比例，中级指挥官中，这样的人的比例相当小。但是，对中级指挥官的培养更用心一些，因为军队中的所有工作实际上都由他们来做。有一部分优秀的下级指挥官是从各省的军校毕业的，另一部分（一小部分）是由老兵提拔上来的，这些人没受过中等教育，但有实际经验。

华南如同全中国一样，士兵都是招募来的，这些人大部分都是城乡的无职业者。他们被招雇来，实际上不指望能领到薪饷，只是为了混碗饭吃和领一套军装。为了防止大批开小差，新兵一般都是从北方各省招募来的。老百姓都把士兵看作外人，而士兵的抢劫和暴力行为更加剧了这一裂痕。很自然，面对着国民革命军士兵群众的这种思想水平，政府不得不采取一些加强士兵纪律的措施：一方面，相应地开展政治工作，另一方面，改善点士兵的物质待遇（改善伙食、按时发饷等等）。

国民革命军的大多数指挥人员都把自己看成是革命者和国民党员。实际上，他们中只有一小部分人多少懂点政治。士兵们直到最近才开始明白广东所发生的一些事情。政治工作不是在所有的地方都能开展起来，也不是在所有的地方都见成效，因此，收获不很大。黄埔军校的政治工作开展得好一些，但就是在这里，政治工作的开展也缺乏周密的计划和纲领。

国民党所开展的政治工作主要表现在在部队中建立支部，然而很多新党员既不了解党的纲领，也不了解党的宗旨，这样看来，他们是盲目入的党。如果问一问黄埔军校的学员，他们中间有多少国民党员，他们会回答说："我们都是国民党员。"

政治谈心工作一般都开展得马马虎虎。散发到各部队的传单很少能深入军心，因为大部分士兵都没有文化。

孙中山逝世以后，在黄埔军校和一些部队中出现了传播孙中山思想的"孙文主义学会"。

一些共产党员参加了这个组织，但是，当时他们看来还不善于在这个组织中开展工作。他们没有扩大自己的影响和宣传孙中山的思想，而是组成了一个反对派。

结果，国民党右派分子在"孙文主义学会"中的影响加强了，学会成员与共产党员的相互关系激化了。尽管已决定学会的工作归政治部监管，但如事态的发展所证明的那样，没能将右派分子从学会中赶出去。

共产党员在国民革命军中，特别在第一军中所做的工作发挥了很大的作用。第一军中的大多数政治部都由共产党员负责领导，在政治委员中，甚至在指挥员中，共产党员也很多。例如，第一军第二团和第三十四步兵团的团长们都是共产党员。在战斗中，共产党员英勇无畏，其中很多人为争取自由献出了自己的生命。诚然，共产党员有时也犯一些策略错误，这使他们同国民党人之间产生了纠纷。鉴于此，曾下达了一个指示，要每个共产党员在扩大共产党的影响的同时，也促进维护国民党在军中的影响。

总的说来，尽管国民革命军中开展的政治工作远没有达到一定的高度，但即使在这种情况下，它对提高部队的觉悟，改善同当地群众的关系等方面是很有利的。这在很大程度上对战斗的顺利进行起了促进作用。

伟大的十月社会主义革命的胜利对中国人民解放斗争的发展产生了决定性的影响。在十月革命的影响下，中国共产党诞生了，它标志着中国工人阶级已经登上了政治舞台。孙中山修改了自己党的纲领，并为国民党的政治纲领增添了新的内容（三大政策）。现在，民族主义的标志是为反对帝国主义，争取使中国成为一个独立的主权国家而展开的革命斗争。民权主义意味着要建立一个由人民掌权，而不是由军阀、地主和资本家掌权的国家。民生主义意味着要节制资本和"平均地权"，以达到"耕者有其田"。

　　这样看来，国民党在中国革命的最初阶段，是一个联合了民族资产阶级、城市小资产阶级、工人和农民的政党。在华北，我们都倾向于把国民党的革命作用估计得高一些。这是因为袁世凯在华北颁布了一个法律。如我们已谈到的那样，根据这个法律，国民党被宣布为非法，而作为一名国民党员，不仅毫无利益可图，而且要冒生命危险。

　　华南的情况则不同。在广州执政的国民党的大门一直敞开着，不断从广东各阶层群众中吸收新成员。

　　我们的政治总顾问鲍罗廷认为，国民党暂时还只是一个不稳固的各种力量的联盟，因此，不可对其抱有特别的希望。

　　负责领导国民革命运动的国民党的摇摆不定，是由于国民党的社会成份复杂、思想理论和世界观还未形成。在国民党内部存在五种势力就说明了这一点。

　　第一种势力都是些被开除出国民党，但仍认为自己是国民党员的人。他们起的是反革命的作用，阻碍着革命的发展。

　　第二种势力是国民党右派。他们同第一种势力一样，阻挠革命的发展。他们的社会基础是买办资产阶级。在党的许多政策性问题上，这股势力没有固定的理论世界观。

　　第三种势力是中间派分子，头子是蒋介石。这股势力包括民族资产阶级和一部分知识分子。他们也还没有形成自己的完整的世界观，但他们一面阉割孙中山理论遗产中的革命内容，一面企图从理论上寻找根据。这股势力最有影响，拥有实力，原则上对帝国主义采取敌视的态度。帝国主义分子在对自己有利时，便与其进行妥协。这股势力支持罢工和抵制英国货，不反对发展工人运动，但强调要由他们控制和领导。

　　第四种势力（人数不多）坚持左的方针和联合共产党。它的社会基础是小资产阶级知识分子。这股势力也没有自己的一套理论，但对帝国主义和中国的军阀怀有仇恨。第四种势力在实际工作中追随第五种势力——中国共产党。中国共产党尽管人数不多，但在民族革命运动的发展过程中起着杰出的作用。

早在孙中山在世时，孙中山学说的一些忠贞不渝的拥护者就改称自己为国民党左派，以示与背离了孙中山学说的中间派分子和国民党右派的区别。左派的领导人是国民党中央执行委员会政治委员会主席、财政部长廖仲恺。廖仲恺是一个力主在实践中实施孙中山学说的人。他坚决捍卫孙中山联俄联共的政治主张，始终为改善工农的处境而积极奋斗。

一九二五年八月，廖仲恺被国民党右派雇佣的凶手杀害以后，领导国民党的是国民党左派领袖汪精卫。但他没有他的前辈——孙中山和廖仲恺那样的刚毅性格，不论在党内，还是在各阶层群众中，都未享有他们那样的威望。

蒋介石利用他的黄埔军校校长、尔后是第一军军长（所谓的国民革命政府的党务军都编入了第一军）以及军事委员会委员的地位，拉拢军队中的指挥人员和士兵。这样，如人们所说，他可以"巧妙地欺骗"政府，轻而易举地控制实力最强、训练最有素的那部分军队。实际上，蒋介石已使政府丧失了力量。一九二六年三月二十日政变后，他便成了一个独裁者，关于这一点，以后还要讲到。

华南的顾问和国民革命军的改组

根据国民革命政府的决议，我们华南顾问们的主要任务是按集中管理的原则，建立一支统一军训和政治教育的统一的军队。

我们的顾问们为巩固国民革命政府的地位，为把一些具有一定程度的革命思想的将军团结在政府的周围，为揭露反革命分子并消除他们的危害性，尽了一切努力。

除了军事政治形势以外，顾问们还仔细研究过一些将军和他们周围的人的性格特点、他们的真实思想和他们隐藏在革命的宣传性词句后面的利益。顾问同将军们的相互关系一般取决于这些将军们的性格、热情和态度。很自然，如果有一个将军以各种借口拒不执行上级机关的命令，那他们的相互关系是比较紧张的。

在有战事时，顾问们帮助制定计划，组织领导，协调各个战斗部队的行动，有时还亲自冲锋。一个顾问能否发挥作用，在很大程度上取决于"被监护的"那个将军的性格和他的军事知识。顾问要经常向将军阐明部队面临的任务，以便使将军能正确地估计形势，作出相应的结论。

顾问们能不能参予组织和领导政治工作，要看各个部队的具体条件，看是否建立了政治部门和顾问本身的水平。

除了非得顾问们促进否则无法从上级那里得到钱款或其他物资的时候以外，平时，顾问们都回避干涉经济问题。只有拥有一支完全服从于国民革命政府的集中统一的坚强军队，才能在中国结束军阀的统治，将国家从半殖民地的从属地位下解放出来。要实现这个目标，必须有政治经济方面的先决条件，首先需要组织统一供给的资金和物资。如果能做到这一点，就可使过去曾是军阀的那些将军们在资金和物资上依赖于政府。

军事委员会下达了一系列关于改组和统一军队的指示。军委会主席汪精卫整天忙于党和国家的事务，因此，他实际上从不过问军事。军委会的另一个成员蒋介石却非常清楚统一军队的意义，但他把这看成是侵犯自己威信，危害他总司令的权力，何况他与军事委员会主席的关系远不是和睦的。因此，蒋介石与其说是在促进这些措施的贯彻，不如说是在进行阻挠。

参谋总长（罗加乔夫一度任该职）和一些中国将军经常要参加军事委员会会议，通报情况。但后者对情况茫然无知，因此，经常只充当消极的观察家。

为了提高国民革命政府和军事委员会的威望，顾问们不管是在军队里，还是在广大群众中，都做了大量的工作。华南顾问组领导人古比雪夫认为，必须通过建立一个确能领导军队和"驯服"过分闹独立的将军的强有力机关来提高军事委员会的威望，以按统一计划继续训练部队和保障部队的供给。

尼·弗·古比雪夫不止一次地建议我们向中国将军们详细解释每一项措施。这样做经常很奏效。

总司令部逐渐成为一个声誉显赫的机构。司令部一直是按预定的计划工作的，人们经常来这里接受指示。

军队中的政治工作集中由总政治部和国民党中央执行委员会军事干部局负责。政工人员的考察和任命都由总政治部主管（过去由军事委员会和将军们自己负责此事）。武器和资金的供给也有了改进。现在，关于部队中武器的数量和系统等情况已经可以通过正式渠道得到了，因此，可以正确得当地分配武器。但是，还有很多无法将其立即克服的缺点。

指挥人员始终感兴趣的仍然是怎样能征到大批的新兵。他们招募土匪、小孩、七十岁的老头、瘸子、瞎子、大烟鬼、梅毒、患者等等。此时，总司令部又成立了一个专门的征兵局。

尽管在军队的改组方面取得了一些成绩，但是，政治和经济方面的一系列因素阻碍了国民革命军战斗力的进一步提高。首先应当指出的是，国民党内部各种派别之间的对抗情绪加剧了。这种党内的对抗情绪也波及到政府成员和军事委员会委员以及军队的指挥人员。一九二六年一月，在广州召开的国民党第二次代表大会上，党内矛盾尖锐地表现出来了，右派分子要求将共产党人驱逐出党。阻挠加强军队的更大的障碍是经济问题。维持国民革命军所必须的资金不足，使军队的改组变得相当困难。

在由符拉迪沃斯托克去往广州的途中，我认识了国民革命政府的经济顾问维克托·莫利佐维奇·什金，与他和他的家眷在一个单元里住了一段时间。他言简意赅地介绍了当时中国财经衰败的情况。由于封建制度对国家的统治，中国的财政系统一团糟。在一些省里，其中也包括广东省，财政的主人实际上是那些在自己所占据的省份里横行不法的将军和军阀们。

说实在的，官方征收捐税与财政机关的公开贿赂之间没任何差别。上缴到中央做预算的只占勒索百姓大宗捐税的微小的一部分。在帝国主义列强控制下所得到的钱（海关税、盐税）都上缴了中央。在放高利贷方面，财政部长孙科——孙中山之子——是一个特别引人注目的人物。他以他父亲的大名作掩护，犯下了许多不可饶恕的罪行。他多次盗窃他所主管的部门——财政部、交通部、广州市政局等等——的财物。孙中山知道他儿子的这些"财政方面的做法"后，建议把他送交法院。但出于对他父亲的敬重，事情每次都顺利解决了。

中国的货币流通杂乱无章，国内的纸币多如牛毛。常见的是政府各银行、外国信贷机构和中国商业银行发行的钞票，其次是各省银行发行的高面值钞票以及可兑换的小纸币等等。每一种纸币都有自己的行价。有时甚至一个银行的分行无法按标价收同一银行的另一个分行发行的纸币。在中国的金属货币中，一般都通用造币厂发行的铜元。这种铜元的含铜量比规定的要低得多。因此，这种货币很不值钱。银元被认为是唯一的足价货币，含纯银量达百分之八十九——九十。辅币（一角至二角）由各将军控制的造币厂发行，含银量比规定的标准低得多。中国由于缺乏统一的财政体系，因而使军队的统一供给变得极为困难。

在转而实行统一供给制之前，在大部分中国军阀部队中，对物资无人过问，从不按计划对其进行分配，也不监督使用。各个地方都实行不受任何人控制的自我供给制。平时，一个将军，一个军长，有时一个部队的指挥官，在征兵时，都答应负责士兵的吃和穿，并按规定付薪俸（每月八元——十元），吃饭不定量，平常吃的都是米饭、蔬菜、少量的猪油、油或肥肉，一日两餐。每日的伙食标准是二角钱。在应该付给士兵的薪俸中，扣出六元——七元钱的伙食费和服装费，其余每月剩下的二元——三元钱就作为士兵的收入。他们就用这个做诱饵，征招新兵。

缺乏供给机关在供给权力和职责等方面的编制和规章，缺乏会计制度和对执行情况的监督——所有这一切为那些靠招兵和军队的给养发财的人大开了方便之门。对于军阀将军来说，战争就是生意。

前国民军第五军军长方振武将军就此曾做过一个很有趣的说明。他开诚布公地对顾问安杰尔斯（科尔涅耶夫）说，将军们不管是属于哪个军阀集团的，相互之间都保持密切的来往。他们每年都在中国的一个城市里聚集一次，在同志式的气氛中讨论军事计划，缔结当年的联盟。方振武在另外一次还介绍说，他以前曾一度无差事可干，生活无着落，靠朋友接济。有一次，他应邀参加了一个这样的午宴。一个将军给了他三千条枪，另一个将军给了他钱，而张作霖邀请他参加自己的军队。当时方振武组建了一个师，参加了张宗昌的军队。而在张作霖对国民军发动战争后，他才转到国民军一边，举起了革命的大旗，赞同国民党左派的纲领。

蒋介石的政变和国民革命军
军事委员会领导人

要想顺利改组军队，首先要遵守财经纪律。根据军事委员会的命令，进行有组织的活动，只能用军委会拨出的专款作为开销。蒋介石尽管也是这一命令的起草人之一，但他第一个破坏了它，要求在计划外拨给他二百五十万元，主要用于第一军和黄埔军校，他把它们看作是自己的私产。要满足他的要求，就得少付给其他人同样数目的钱款。

发生的这次纷争成了发动政变的直接借口。这次政变在中国革命运动史上称为"三二〇事件"。这是蒋介石在实现他个人独裁的道路上采取的一次反革命行动。三月二十日和二十一日，他将共产党员驱逐出了第一军和黄埔军校，并逮捕了一些人，派兵包围了顾问的参谋部和住宅，在苏联代表团团长布勃诺夫（伊万诺夫斯基）的卧室门口布置了岗哨。尔后，他的军队又包围了香港罢工委员会，逮捕了罢工领导人（基本上都是共产党员）。他撤销了军事委员会，宣布自己任国民革命军的总司令，要求 H.B.古比雪夫、B.П.罗加乔夫和 И.Я.拉兹贡离开中国。

但是，蒋介石在认识到他这样做将得不到将领们的广泛支持后，很快又变了卦。"三二〇事件"暴露了国民党左派作为一支独立力量的软弱性，特别是暴露了它的领导人汪精卫、谭延闿的软弱性。汪精卫在得知蒋介石发动了政变以后，装起病来，尔后索性逃出了广州。谭延闿持观望态度。蒋介石的行动不管是在将领中，还是在广大群众中，均未引起反响。邓演达、李济深将军以及其他一些人都向蒋介石表示了自己的激愤之情。

大多数国民党的将领都对蒋介石的擢升，尤其是他的独裁者地位，表示不满。蒋介石很快就觉察到了这种反应。他歇斯底里地大喊大叫，发誓忠于国民党，要求汪精卫回来。与此同时，汪精卫弃职出走后，甚至连一个谴责蒋介石的公开声明都没有发表。因为"三二○事件"牵扯到了最高军事委员会的三名领导人：蒋介石、汪精卫、谭延闿，所以我现在简单地介绍一下他们的情况。

蒋介石于一八八七年出生在浙江省的一个盐商家里。他从小就想当一名军人。他在保定军校学习了一年，在日本的军校学习了四年并毕业，后来去了苏联。他参加了一九一一年的革命，包括上海之战。尔后，他一度脱离革命，做起赚大钱的生意来。

他在上海的一家交易所干事时，靠货币投机发了财。在这期间，蒋介石搞了一系列对己有利的交往，其中包括结识了后来成为国民党右派思想家的戴季陶和上海著名的资本家、三月二十日事件后被提拔担任领导职务的张静江。上海金融危机爆发以后，蒋介石深深卷入了政治，参加了孙中山的革命运动，并为其捐献了一大笔钱。蒋介石博得孙中山的信任后，开始以国民党左派自诩。孙中山派他担任了黄埔军校的校长。我前面已说过，黄埔军校的任务是为广州政府的国民革命军培养军事干部。

蒋介石深知"有实力就有权"的著名信条。他以黄埔军校的干部为基础，着手建立"自己的势力"。开始时，建立了两个团的党务军，后来建立了第一军，蒋介石任该军军长。蒋介石极力想把一些浙江同乡安插到这个军里。他率领这些党务军部队参加了讨伐军阀陈炯明的第一次和第二次东征。关于他在这二次战役中所起的作用，顾问亚历山大·伊万诺维奇·切列潘诺夫中将在《一个驻华军事顾问的札记》一书中已详细作了描述。一九二五年六月，蒋介石被任命为国民革命军总监和军事委员会委员。

根据我亲眼目睹以及同蒋介石打过交道的其他一些顾问的介绍，蒋介石给人的第一个印象是他神经过敏、自尊心强、贪权好势。尽管他懂军事常识，但实践证明，他不是一个果敢无畏的军事指挥员。在战斗中，他优柔寡断，总是过高估计敌人的力量，常常在困难的时刻歇斯底里大发作。他比较容易接受新方法。但蒋介石从来都是很注重自己的权力和威信的。瓦·康·布留赫尔曾敏锐地看透了他的这一特点。

实际上，蒋介石是一个性格不刚的人，老是听周围人的话。他在实施自己的决定时总是秘而不宣，有时不顾一切。

汪精卫（汪兆铭）（一八八一①——一九四四年）于一九○六年参加了孙中山创立的革命民主主义组织"同盟会"后，开始了政治生涯。他在一九一○年曾参与刺杀摄政王，为此被捕入狱。汪精卫是孙中山的老战友，是国民党杰出的演说家和评论家。他的左派观点没引起任何人的疑虑。廖仲恺死后，汪精卫成了孙中山理所当然的继承人。他像万军之主②一样，有三副面孔。国民党政治委员会主席、政府主席和军事委员会主席。

汪精卫平时总是穿最时髦的服装，油头粉面，很注意自己的外表和举态，活像一个戏剧演员。汪精卫是国家的头面人物，但由于他性格脆弱，很快就在革命运动的小规模急剧转折中失去了指挥人权，在"三二○事件"期间就是如此。他作为政府主席，不仅不对蒋介石组织反击——尽管他当时有足够的力量，而且他个人的声誉和威望也很高——反而由于害怕同样也胆小如鼠的蒋介石，慌恐不安地逃出了广

---

① 应为一八八三年。——编者注
② 万军之主（СαΒаОФ）是犹太教中上帝耶和华的称号之一。——译者注

州（在中国，这种现象是常见的）。

谭延闿是国民革命政府的军事部长、军事委员会委员、第二军军长、国民党政治委员会委员。他于一八七六年生于湖南省。他的父亲是皇帝派驻湖广（现在的湖北和湖南省）的总督①，可见，谭延闿出身于名门望族，是学者阶层的高级代表②。这些条件使得他在仕途中青云直上。一九〇九年，他被选为湖南省咨议局议长。革命后的第二年，他当上了湖南军务领导人（都督），但在一九一三年，他由于参加了反对中华民国总统袁世凯的起义而被撤职③。一九一六年，谭延闿又复任了原职。

一九二二年，谭延闿被任命为北京政府的内政部长，但他未接受该职④。他以国民党左派而著称。谭延闿在湖南一带颇有声望，他是湖南行政长官的候选人。在国民革命政府的领导人中，他是最诚实最正派的人，但他性格脆弱，优柔寡断，易受自己周围人的影响。他在第二军里很受尊敬，但由于未受过军事教育，所以该军实际上由他的副手鲁涤平将军指挥，他只负责一些大的事情。从外表上看，他很像一本幽默杂志上画的牧师：身体肥胖、行动迟缓，宽脸，扁鼻子上架着一副墨镜。

谭延闿在担任一些重要职务时积累了相当丰富的行政管理经验。他手中掌握有一支武装力量——第二军。如果他要对付蒋介石，还可以请程潜的第六军，显然还有朱培德的第三军给予支持。

蒋介石发动政变以后，广东省的内部形势更加复杂化了。根据蒋介石的要求，由 A.C.布勃诺夫率领的代表团于三月二十四日离开了

---

① 应为两广总督。——译者注
② 谭延闿早在 1911 年革命前就曾进京赴考，中了"进士"，当上了清朝翰林院的翰林。
③ 原文如此。——译者注
④ 这里有误，谭延闿一九二二年被任命为孙中山大本营的内政部长。——译者注

广州，Н.В.古比雪夫、И.Я.拉兹贡和 В.П.罗加乔夫也随代表团离去。

国民党左派和右派之间的内部纠纷加剧了，在左派中围绕共产党员的作用以及国家和军队中的机构都要集中化问题也出现了分歧。胡汉民来到广州以后，右派分子就推举他为领油。他秘密建立了一个右派联盟，成员有：孙科、吴铁城、伍朝枢、陈铭枢（第四军第十师师长）。胡汉民建议蒋介石逮捕休假后刚刚返回的 М.М.鲍罗廷，以此在左派中间制造更大的纠纷。但蒋介石对日益加剧的纠纷深感不安，因而没有采取这一步骤。他没有接见胡汉民，胡最后不得不离开广州。

农民与地主之间的斗争也加剧了，香港罢工给政府紧张的预算又增添了沉重的负担。政府提供的援助无法满足纠察队员们的需要，于是发生了一系列罢工者没收财物，甚至夺占货船等事件。党内的斗争也波及到了军队。在黄埔军校，一部分学员在右派分子和蒋介石的追随者的影响下，开始积极反共，在第二师（蒋介石控制的师）里举行了反共游行。所有这些都促使蒋介石进一步采取反动步骤——国民党与共产党决裂。

中国共产党决定避免使已经白热化的形势更复杂化，对蒋介石实行妥协。共产党员同意不在国民党的中央机关中担任部长职务；建立一个由五名国民党员和三名共产党员组成的两党联合委员会，以解决共产党和国民党之间的相互关系问题，共产国际中央执行委员会的代表以顾问身份参加该委员会。

蒋介石也答应采取措施反对右派分子搞反革命活动。他解散了右派分子用以作为据点并在其中搞反革命活动的"孙文主义学会"，还逮捕了右派将军们的首领之一吴铁城。所有这些党内问题都是在国民党中央执行委员会的一次全会上解决的。此外，还提出就结束罢工问题开始举行谈判，取消石油垄断，成立调解厂方和工人之间、地主和农民之间冲突的仲裁委员会。

"三二〇事件"后国民革命军中的军事政治派别

蒋介石竭力想建立他的个人独裁。但是，他所在的中间派兵力不足。在国民党内，赞成同中国共产党合作来发展国民革命的左派，坚决地反对中间派。国民党左派在广大劳动群众中享有很高的威望。

中间派为了巩固自己在国民党内的地位和消除左派对小资产阶级、农民以及工人的影响，对左派进行攻击。同时，他们又竭力想与右派划清界线，为此，他们逮捕了吴铁城，从广州赶走了胡汉民以及孙科。蒋介石的一次正式讲话很说明问题。他说："务必惩处右派。我已决定解散'孙文主义学会'，但'青年军人联合会'① 也同时予以解散。应将警察总监吴铁城将军革职，让其赴沪。要与共产党人共事，但既然我们要惩处右派，那么对共产党人也须严以待之。共产党人应有自己之政党，但可与国民党共事。革命只有在国共两党共存之情况下方可成功。"②

由此可见，中间派坚持的是他们惯有的脚踩两只船的立场。

国民党内的矛盾也波及到了军队，这对建立统一的军事体制起了阻碍作用。现在，广东出现了三个军事集团，其中每一个集团都与国民党内这个或那个没有明确政治纲领的派别有联系。这些派别的成份

---

① "青年军人联合会"是共产党领导的组织。
② 蒋介石的这段话未查到原文，系揣译。——译者注

如此复杂，矛盾如此之大，以至于任何新的情况都可能导致出现意外的结合。

不满蒋介石独裁的人依靠军队的左派（第二、三、六军，近三万人），这个左派的领导人是谭延闿。

这几个军的士兵大多数都是外省人，因此，他们同当地的群众没有亲密的联系。指挥官们都以保定军校的关系为基础，结帮拉伙。他们的头面人物与国民党的左派有来往。

蒋介石的影响早已扩大到军队中，其中包括下辖第一、二、三、十四和第二十步兵师的第一军以及黄埔军校，共近二万人。蒋介石竭力想把朱培德（第三军军长）、程潜（第六军军长）和陈铭枢（第十师师长）拉拢过来。"孙文主义学会"在蒋介石的部队中影响很大。黄埔军校过去是国民党左派的根据地，现在成了中间派的军事基地，并在继续向右演变。共产党人被迫离开蒋介石部队，致使这个部队的政治机关里工作混乱不堪。代替他们担任领导职务的"孙文主义学会"的成员们没有能力而且也不愿意做这方面的工作。

根据政治部的材料，在黄埔军校中，有百分之六七十的人拥护国民党左派。黄埔军校部队政治上的剧烈摇摆致使这些部队的战斗力大大下降。黄埔部队同其他各军相比，已无甚区别了。指挥员中出现了分裂的迹象。广大士兵对政治委员出人意料的更换和将共产党指挥员免职感到迷惑不解。群众对黄埔部队开始怀有戒心了。

有四个师（一万六千人）的第四军（粤军）是国民党右派的一支力量。该军的领导人是李济深将军。这个军同广东来往密切，以前，在军事部长许崇智将军叛乱以前，该军听从许的调遣。

第四军的指挥员们看不惯蒋介石的第一军部队的特权地位和蒋介石的独裁作风，他们力求得到与第一军同等的地位。与此同时，第四军的指挥员们敌视工农运动。

胡汉民曾当了一段时间的粤军领袖。他开始时有些惧怕师长陈铭枢，后来同他关系密切了。他们两人一同加入了由保定军校毕业生组成的军官同乡会。这些军官后来都在国民党的旗帜下又共同加入了"互助会"。应当指出，能进保定军校的都是些资产阶级家庭或地主家庭出身的有文化的青年人。

由于保定军校的关系，第四军同第七军互有来往。新建的第八军加入了这一派。第八军是由后来转到广州政府一边的湖南的唐生智将军指挥的军队改编的。嗣后，在新近站到政府一边的军队中又建立了第九军和第十军。这二个军也加入国民革命军的第三军事集团，为该集团增添了有生力量。但是，这个集团实际上没有政治领袖。军长李济深是一个相当平庸的人物，不足以成为领袖。胡汉民在蒋介石发动政变后被迫到上海去了。

李福林将军指挥的第五军没有归附任何一个集团，而是保持中立。李福林是国民革命军各军长中唯一在国民党的机关中没有占据高官显位的人，尽管他认为自己早在一九一二年就加入了国民党。他的经历相当引入注目。传说他很久以前当过广东海盗的首领，第五军基本上都是由他的喽罗们组成的。他在加入孙中山的军队以后，答应要节制所有在广东河口沿海边区为所欲为、无恶不做的海盗的活动。海盗们很敬重李福林，听说还向他进贡。李福林追随广东集团中的右派分子，与当地的地主和商人都有来往。

北　伐

一九二六年初，广州政府的地位已得到了巩固，对广东省边界地区的威胁已经消除。尽管由于"三二〇事件"和蒋介石巩固个人独裁造成了国民革命军内部的纠纷①，但广州政府的威望不仅在中国国内，而且在国外也都有所提高。

福建省和江西省没有大部队威胁广东。在湖南，一个从北方被排挤出来的将军唐生智于三月初公开转到了广州革命政府一边。他的部队被改编为国民革命军第八军。湖南督军、吴佩孚的傀儡赵恒惕逃出了湖南省。在四川，杨秋明②和杨森将军宣称他们准备反对吴佩孚。

中国的资产阶级过去被关于布尔什维主义的传说吓破了胆，曾经反对过广州，而现在则开始同广州打起交道来。上海的商界向广州派去了一个代表团。

国民革命军最直接的敌人是吴佩孚和孙传芳的军队。在北伐开始时，吴佩孚的大部分部队正在北方忙于对付国民军。湖北、湖南以及河南一部分，即四十万平方公里土地，五千五百万人口，在吴佩孚的控制之下。

吴佩孚的军队辖有近七个步兵师，三个独立旅，共约十万人。湖

---

① 一九二六年六月四日，蒋介石在国民党的代表会议上被选为中央执行委员会主席，这样，不仅军事大权，而且连政治大权也都控制在他手里了。

② 应为杨春芳。——译者注

南省督军赵恒惕手中掌握有近四个步兵师和三个独立旅，近三万人。

孙传芳集团控制着江苏、浙江、江西、福建、安徽五个省份（六十三万七千平方公里，人口近一亿）。该集团有近十五个步兵师，二十四个独立旅，总人数为二十二万五千人，但孙传芳的嫡系部队不过二万五千——三万人。孙传芳与吴佩孚关系不睦，这为国民革命军各个击破敌人造成了有利之机。

北伐开始时，我没来得及参加，因此只能谈谈这次战役的一般情况，说明国民革命军在出兵长江流域时兵力组合的一些背景情况。要描述这次北伐，主要的材料来源是曾参加过北伐的季·谢·鲍罗廷写的回忆。鲍罗廷在国内战争期间，在鲍古恰尔第四十师曾是我的同事，在开封，在国民军第二军中，我们又一起共事。

我现在谈谈当时在很大程度上影响战事进展的情况，首先谈谈国民革命军中的政治工作情况。

国民革命军中的政治工作由总政治部领导，而军和师中的政治工作由政治部负责。在第一军中，共产党员被赶出政治部。在其他几个军里（第二、三、四、六军），政治机关的领导一般都是共产党员或国民党左派。在第四军中，共产党员政工人员占百分之十五——二十，在一些团里，占百分之七十五。第六军的共产党员少一些。新建的第七和第八军的情况也是如此。这两个军在战斗中都建立了政治部。由于缺乏富有经验的工作人员，经费的不足，以及指挥人员的形式主义态度，政治工作还有很多不足之处。经费一般都由各军军长掌握，由他们根据自己的意愿使用。这样，政治部就得完全听从指挥机关的摆布。在第八军中，一个冒险主义分子当了政治部主任。总的来说，在士兵、军官和当地的群众中（农民、工人、商人和知识分子），政治工作一直在开展着。

很自然，由于干部不足而且他们又缺乏经验，因而在北伐期间对士兵的政治教育比在和平时期薄弱得多。然而一些切合实际的口号还是挺受欢迎的，对建立当地群众与士兵之间的联系起了促进作用。政工人员们坚决宣传贯彻"不抢劫""平等协商""不以武力强迫当地百姓干活"等口号，促进了当地群众对军队越来越多的同情。当时还到处宣传过这样一个口号："士兵是人民反军阀和反帝斗争的先锋队"。

一些印刷材料——传单、小册子、宣传画等等——在宣传鼓动工作中发挥了很大的作用。

对指挥人员开展政治工作都是在个人之间单独进行的。当时提出的一个主要原则是："对士兵态度和蔼，关心体贴。"

国民革命军的政工人员帮助农民建立农会，同时也为共产党在当地群众中开展工作创造了有利的条件。当时做的主要工作是：召集农民会议，宣讲北伐的目的；促进农民组织建立农会，为部队积极供应粮食（稻米、谷子）、提供运输力量和情报等等。

对知识分子进行政治教育也取得了效果：他们参加了民族解放运动，散发通俗的书刊，组织集会和游行，在改选时帮助当地群众罢免不称职的县长等等。

政工人员教育国民革命军的士兵要优待俘虏，照顾伤员。但是，几乎没有到敌军驻地去散发过任何专门的书籍和宣传画。

众所周知，中国的军阀部队是属于军阀个人的。这些部队的士兵只有二个任务。第一，恐吓百姓，以便使其老老实实交税；第二，打仗。完成第一项任务，实际上无需进行军事训练，因为每个会操练、会使枪的士兵都可以干这件事。

军阀们始终可以得到军饷并任意挥霍。在他们统管的地区，经他们同意，就地取材，制作服装和鞋子。视部队的驻防和居民点的大小情况，连、营或团都可储备粮食。

国民革命军实行的统一供给主要是指钱款、武器和弹药。各军的军长和独立师的师长负责向部队分配钱款，同时他们自己也可以随意挥霍。瓦·康·布留赫尔曾建议我们的顾问们不要干预这方面的事情，以免恶化同他们的关系。

北伐开始以后，由于部队远离了自己的根据地（广东）和增加了由敌军转变过来而后组成的新编部队，统一供给制遭到了破坏。很多将军恢复了自己的独立性。他们用从老百姓那儿征来的捐税供给自己的部队，至于武器弹药都靠战利品来补充。

简单介绍一下国民革命军的一些将领的情况也将是很有益的。

忠于蒋介石的何应钦将军是第一军的军长，毕业于日本军校。他紧跟自己的主子，在仕途中青云直上。何应钦自黄埔军校成立时起就任副校长。他在蒋介石手下开始当团长，后来当师长，最后当上了军长。他是一个很不错的指挥官，对自己要求很严，是一个忠于职守的，但缺乏首创精神的人。他对顾问们言听计从，力求在实践中加以实施。在高级将领中，他的威望不太高。

国民革命军第二军由谭延闿的副手鲁涤平指挥，他是湖南人，在保定军校受的军事教育。他忠于谭延闿，是一个很不坏的组织者。他赞成在军中实行统一制，并坚决贯彻执行。当时他把一些自己人都提拔到了高级领导职务上。

第三军军长朱培德是国民党中央执行委员会委员，出生在云南省的一个贫苦家庭里，在中国的一个省立军校和日本军校受过军事教育。他在云南开始其军人生涯，在唐继尧将军手下供职，与他一道参加了一九一一年反对满清王朝的革命，尔后又参加了讨伐袁世凯。转到孙中山一边以后，他参加了镇压反革命活动的一些战役。朱培德刚强果断，注重军纪，并像监察官一样，监督军纪。他由于通晓军事，很有威望，每一次战役缺少他都不行。他对顾问和他们提的建议很重视，至少在口头上赞成改组军队。

第四军军长李济深将军是个广西人，四十岁左右，受过军事教育，很有工作能力，总是力求能具体地了解清楚他所关心的一些问题。他一般都是在经过深思熟虑之后才作出各种决定。他死抱着自己的权力不放，谁要是胜过他，他就嫉妒谁。他是参谋总长和国民党中央执行委员会的委员。他支持和赞成在军队中和在群众中开展政治工作，反对蒋介石的独裁作风。

第六军军长程潜（湖南人）是国民党中央执行委员会委员，与孙中山有私交。孙中山在世时，他曾任军事委员会委员和军事部长。他在北京军校，尔后在日本军校受的军事教育。他参加国民党已经十年，曾多次参加过对反革命分子和军阀的讨伐。他不断地提高自己的军事和政治知识，对士兵很随和，在士兵中深受尊敬，很有威望。但是，他所下达的命令常常是请求式的。他是一个出色的忠于职守的人，但不愿独自作决定。

唐生智将军是湖南人，北伐开始前，他脱离了吴佩孚，转到了广州政府一边。他在保定军校受的军事教育，在国民革命军内参加了所谓的保定集团。他本人是一个大地主兼大资本家，以前曾在一个佛教庙里当过和尚。他一直信奉佛教，总是随身带着佛像，经常焚香点蜡，磕头拜佛。在他的部下中，佛教徒很多。他参加国民革命军伊始，就宣称自己是国民党左派，千方百计与共产党人接近，要求实行民主改革。他在自己部队中做政治工作时，竭力强调佛教同孙文主义有联系，说孙中山在实践中似乎也想贯彻佛教教义。

国民革命军的政治部主任是国民党左派陈公博，他是国民党中央执行委员会政治委员会候补委员。他以前曾是一名共产党员，由于他的无政府主义作风和无组织无纪律，他退出了共产党。他还同时兼任国民党中央执行委员会劳工部部长①和孙中山大学校长的职务。对军队中的政治工作，他很少过问。

国民革命军实行改组和集中并没有使其统一起来，因为离心势力

---

① 应为实业部部长。——译者注

的活动很猖獗。

从上述谈到的高级将领和政府成员的情况可以看出，他们更关心的是自己个人的利益和他们指挥的那个军所从属的集团的利益。

一九二六年五月，国民政府为了推翻北方军阀政权，开始准备北伐。当时许愿说，等北伐结束后，就广泛实行有利于农民和工人的改革。同时也答应在新占领的一些省份里给将领们分一些产粮区。所有的人都把北伐看成是缓和广东紧张的经济局势的机会。

不管是国民政府，还是蒋介石，都不想认真实行许诺的改革，尽管群众对此信以为真。随着军队向北挺进，民族革命运动的浪潮越来越高涨，工农组织大批涌现，不断爆发反帝游行。革命运动有时超越了国民革命军的进攻战场。

南方的将领们（国民革命军的最高指挥员）对待人民的革命行动的态度远不是友好的，但他们毫无办法。要制止人民进行活动，就必须放弃他们北伐时高喊的口号。

蒋介石、唐生智以及其他一些将军在被解放的地区里大讲革命词藻，不断发布关于实行各种革命措施的命令。这为中国共产党和国民党左派开展活动创造了有利的条件。湖南人民群众的革命运动达到了高潮。到一九二六年年底，湖南已有农会会员二百万人，比广东多一倍。在城市产业工人中，工会会员已达十七万人。

进攻武昌

　　国民革命军最紧迫的战略任务是消灭军阀吴佩孚的部队，进军长江流域，占领汉口、汉阳、武昌三镇。

　　对盘踞九江、南昌、南京、杭州的直系的另一个军阀孙传芳的部队，决定采取待机行事的态度，以使其不与吴佩孚一道行动。

　　国民政府为了不破坏同孙传芳的关系，甚至还拒绝了福建和江西省的一些将军提出的归附国民革命军的要求。

　　北伐正式开始的日期是一九二六年七月九日。国民革命军分兵两路出发。东路军由蒋介石直接指挥，有第一、二、三军；西路军由唐生智将军统一指挥，有第四、六、七和第八军。

　　当时，国民革命军的西路军起着主要作用，负责攻占武昌，消灭吴佩孚的主力。

　　根据指挥机关的计划，西路军部队应于八月六日前到达进攻汨水地区的吴佩孚主力部队的出发地。但是唐生智的部队七月十二日就攻克了湖南省会长沙，这样，便将西路军出发地移到了长沙以北六十公里处的汨水（即汨罗江）河畔。国民革命军的军事行动是这样安排的：在西路军的部队中，实际上由年轻果敢的张发奎将军指挥的第四军为先头部队；第八军在西侧向前进攻；第四军和第八军会师以后，李宗仁指挥的广西第七军开始进攻；程潜指挥的第六军在稍东一点的地方向前挺进。

东路军由蒋介石指挥，布留赫尔做他的顾问。第二军和第三军开到了醴陵一带，保护西路军免遭孙传芳可能从东面发动的进攻。第一军留在长沙，作为总司令的预备队。

由贵州军队改编的第九军和第十军在常德地区（在洞庭湖以西）负责防卫国民革命军西路军的左翼。西路军挺进以后，第九、十两军假道安福、汾州、公安向长江流域进攻。由转到国民革命军一边的广西军组建起来的驻扎在南雄城（在广州铁路的终点站韶州东北）的第十四军负责保卫广东省东北方向的边界。

谈几句关于湖南的情况。这个省远离大海，全省几乎到处是山。北部地势低洼，与湖北省接壤，是一个盆地，中间有中国最大的湖泊之一——洞庭湖。湖南的总面积为二十一万五千多平方公里，人口为二千八百万。湖南省交通不便。韶州到长沙的公路是在山间开辟的，实际上是一条羊肠小道，只能并排走两个人。因此，部队行军时拉成了一望无尽的长蛇阵，辎重都由脚夫抬着。一门野炮拆开来，加上炮弹，需要九十名脚夫来抬。湖南南部山区的居民自古以来就以搬运货物为生。

国民革命军发动进攻的时候，正是一年中最炎热的时节，温度达华氏一百二十度。此外，这里霍乱流行，很多人死亡，其中也包括士兵。在第六、第二和第三军中，有百分之五十的人得了这种病。顾问洛德金斯基也患了霍乱，只是由于他体格健壮，才活了下来，而他的翻译雅诺夫斯基却死了。

现在介绍一下北伐中的一些军事行动情况。第四军的先头部队——共产党员叶挺指挥的独立团始终冲锋在前——，在十支农民起义部队的支援下，七月一日——二日在庐金（音译）地区打败了吴佩孚的先头部队，抓获了第一批俘虏，七月二日——三日又拿下了居民点云祥。七月八日，第四军的先头部队击溃了防守醴陵城的吴佩孚的大批部队，缴获了很多战利品，抓到了几百名俘虏。西路军后来发动的一些进攻也是很顺利的。八月十五日，西路军部队按预定计划，抵达了汨水地区。敌人在这里集结了大批部队，顽强抵抗，特别是在防守平江的时候。八月十九日，第四军部队经过浴血奋战，强渡汨水，包围了敌人，迫其投了降。在这里，俘虏了近六千人，并缴获了很多武器。叶挺团表现得特别出色。

第七军和第八军也沿着铁路顺利向前挺进，并于八月二十一日占领了湖南省的重要交通枢纽——岳阳（岳州）。打败了平江之敌以及西路军挺进到通城——岳阳一线以后，形势发生了有利于国民革命军的根本性变化。这样，国民革命军的东路部队就有可能在南昌——九江一线向孙传芳展开进攻。

西路军继续向武昌挺进，并于八月二十七日黄昏抵达敌人凭借小河和小湖防备森严的地区。第四军必须于八月二十八日沿铁路向咸宁挺进；第六军在右侧挺进；第七军在铁路和斧头湖之间向前推进；第八军以两个师在斧头湖和长江支流之间向前推进，一个师留作第四军的预备队，我现在稍详细谈谈这场战斗，因为它清楚地表明了中国将领们的水平。第四军在转入进攻以后，突然从西面，即从第七军的防区遭到反攻，这意味着第四军是孤军作战，没有友军相助。诚然，敌人最后还是被打败了，而且损失惨重：近二千人被打死和淹死，近五千人被俘。原来，第七军和第八军当时却按兵不动。

类似的情况以后在梁子湖和黄塘湖（在武昌以北①四十——五十公里处）之间的战斗中也发生过。吴佩孚在这里集结了强大的兵力：一个步兵师和两个混成旅。如同以前的历次战斗一样，决定于八月三十日由第四军和第七军同时发起进攻。第四军经过紧张的战斗，以重大伤亡的代价，又孤军突破了两湖之间的地带，击溃了吴佩孚的最后一支预备队。而第七军一天以后才赶到战场。

————————

① 应是武昌以南。——编者注

在抵达武昌附近时又再次发生了这种情况。第四军在八月三十一日就接近了武昌，而第七军和第八军九月一日黄昏才到达，因此，进攻武昌的计划被打乱了。只是到了九月二日，第四军、第七军和第一军的第二师才开始攻打武昌。但由于部队攻城的训练没做好，缺乏统一指挥，梯子又准备得不够，攻城没有成功。蒋介石、布留赫尔和唐生智就在同一天也到了武昌城下。九月三日举行了一个高级指挥官会议。布留赫尔详细分析了攻打武昌失败的原因，特别指出了攻城部队之间缺乏一致行动的问题。

决定再次攻打武昌。在唐生智将军的统一指挥下，第一军的第二师以长江边的右翼阵地为依托，负责从东北面攻城，第四军负责从南面攻城，第七军（第二和第三师）以长江边的左翼阵地为依托从西面攻城。炮兵没准备参加攻城，因为十二门俄国山炮中能用的只有三门。但这三门炮也无法使用，因为炮兵顾问 T.C.鲍罗廷被派到了岳阳。直到攻城开始前三个小时才把他调回来，这时已来不及组织炮兵参战了。

对于没有炮兵的部队来说，武昌是一座坚固的防御工事。这座三世纪建立起来的城市，城墙高达十米——十五米，外面砌有石头，而且和一般中国城市的城墙一样，成直角，有东、南、西、北四个城门。防守最严的是西城门。西城门上有一个瞭望塔（黄鹤楼），站在上面可以看得很远。城墙四周围有深壕，但壕里的水几乎已干枯了。只有北面和南面的两个与附近的两个湖相通的深壕，能起到阻挡接近城墙的作用。

武昌的守备部队由寇英杰师和其他一些部队组成，总共有一万多人。我是在今年二月的驻马店战斗中认识寇英杰的。这是一个最忠于吴佩孚的将军，很善于控制自己的军队。吴佩孚和寇英杰对任何想与国民革命军建立联系的企图都残酷地加以镇压，对所有破坏纪律的人，直至高级将领，一律枪毙。

第二次攻打武昌于九月五日清晨三点开始。尽管取得了一些局部的进展（第二师第六团突破了城墙），而且直接参加攻城的苏联军事顾问做了很多努力，但武昌仍未拿下。第七军又故态复萌，只是隔岸观战，偶尔乱放几枪。结果，第一军第二师损失了三百人，第四军损失五百人，第七军损失约一百人。从各个攻城部队所受损失的情况，可以看出各个部队在攻打武昌的战斗中所作出的贡献。

一个很有意思的细节对于国民革命军一个军的指挥员来说，很有代表性。九月三日，第八军的部队在汉阳的鄂军第十八师和二十五师的仓库里，发现了十二门连同全份炮弹的日本坂野炮（七十五毫米）。唐生智将军在九月三日和以后的会议上，根本没有向司令部报告这一发现。要是在九月五日攻城前得到这些野炮，那对战斗的进程可能起重要的影响。但这显然是第八军军长唐生智所不打算做的。

九月六日晚，总司令召集了各军军长会议。会议同意了唐生智提出的停止攻打武昌，而用第四军部队围困武昌的建议。第八军承担了占领汉口和汉阳的任务。后来才搞清，第八军的一个师早在九月六日早上，即在会议开始前就占领了汉阳，然而总司令部对此一无所知。直至七日晚，第八军军长唐生智才报告了似乎是经过激战才强渡了长江，占领了汉阳和汉口的消息。显然，唐生智在攻打武昌以前就同吴佩孚分子陆佐龙将军①商定陆向国民革命军投诚的事了。他的部队被改编为国民革命军第十五军。

在武昌战役中，老粤军第四军将领与不久前才归附国民革命军的第七、第八军的将领之间的纠纷激化了。以唐生智为首的这一集团为了保存分赃的实力，甚至连唐生智本人下达的战斗命令，它们都拒不执行，而竭力让第四军和第一军承担全部战斗任务。为了拆散这个毫无原则的集团，布留赫尔把第七军调到了南昌一线。第四军对武昌实

---

① 疑是刘佐龙之误。——译者注

行严密封锁，不让任何人进城和出城。

空军（两架飞机）对武昌的守备部队展开了积极的行动，向敌人阵地投掷了很多炸弹，炮兵也是如此。在对城市三十五天的围困中，共投掷了二百普特的炸弹和四千发七十五——七十六毫米的炮弹。轰炸的任务是由我们的飞行员 B.E.谢尔盖耶夫和 A.M.克拉夫佐夫完成的，炮击是由富有经验的炮兵 T.C.鲍罗廷指挥的。但是由于组织混乱，炮兵的作用无法充分发挥。在国民革命军中，共有近七十门老式的克虏伯和坂野炮（七十五毫米）以及数量不多的炮弹（每门炮十发——十五发）。

不久前运到的苏联大炮都带有瞄准装置，可以在隐蔽的阵地进行射击，这一点比敌人的只能在露天阵地射击的大炮要有很大的优越性。但中国的炮兵没掌握这种射击方法。大炮平时都是拆开着的，由脚夫搬运。因此，进行组装并运进射击阵地需要很多时间。同时，这些大炮还分散配备在各个部队中，致使炮兵顾问监督使用这些大炮以及提供帮助极端复杂化了。

国民革命军东路军的南昌战役

　　一九二六年八月底，正当国民革命军西路军主力在靠近武昌的各要塞口酣战之际，传来消息说，孙传芳的部队已经在江西省西部边界集结。这样就出现了对武昌反包围的危险。必须粉碎孙传芳援助吴佩孚的这一行动，不给他集结自己部队的时间。

　　为此目的，国民革命军总司令部于九月初向东路军部队下达了在南昌方向向孙传芳的南昌——九江方面军转入进攻的命令。东路军的出发位置及其行进方向如下：

　　第二军的任务是从驻守阵地醴陵出发，向萍乡、袁州、新余、临江一线展开进攻，并在这一地区强渡赣江，从东南向南昌挺进；第三军从醴陵地区出发，向萍乡进攻，从西南方向挺进到南昌城下；第一军第一师从浏阳地区向奉新挺进，从西面进攻南昌；第六军从通城地区假道依宁①、金安，从西北方向向南昌进攻。第七军九月八日从武昌地区沿长江向九江挺进，以期切断九江与南昌的水陆交通，占领九江，尔后进军湖口。

　　在东路军开始进攻的初期，在江西省边界地区与敌交锋时，曾获得一些局部性胜利。第六军在依宁地区消灭了敌人的一个师，俘虏了三千人，第二军和第三军也在萍乡和万载地区消灭了两股敌人（一

---

　　①　无此地名，可能为武宁之误，下同。——译者注

万二千人左右），迅速向南昌挺进。

九月二十日，程潜将军指挥的第六军（顾问 Н.И.康奇茨）冲进南昌，占领了该城。在这里，从监狱里将我们的两个在敌占区被迫降的飞行员列米久克（维利）和柯比亚科夫放了出来。

但是，朱培德将军指挥的第三军没能及时援助自己的邻军。敌人调集了预备队并在九月二十三日转入反攻，将第六军赶出了南昌，迫使其向西退却。在这期间，第十九步兵师损失尤其惨重。

第三军只是在第二道命令下达之后才开始向南昌进攻，由于它同其他部队互不联系，因而进攻未能奏效。第三军损失惨重，败退下来。第二军离开临江地区以后，消极被动，只是袖手旁观第六军和第三军在南昌奋战。第七军没有抵达九江。

第六军和第三军行动不一致，国民革命军东路军的其他部队消极被动，这些都为孙传芳集结反攻力量、将东线部队赶至湖南边界地区并威胁湖南省的主要城市长沙创造了机会。直到十月十日武昌被攻陷以后，才用"铁军"第四军和第一军第二师加强了东线。十月二十八日，这些部队与第七军一道组成了西北兵团，由第七军军长统一指挥。第七军的大本营设在依宁。孙传芳的主力共有三万——四万人，守卫在工事相当坚固的南昌——九江地区以及涂江堡、永修、德安、马回岭、沙河等城镇。

十一月一日，国民革命军的东线部队在南昌——九江战场开始了全面进攻，投入了激烈的战斗。敌人进行抵抗。十一月四日，第七军终于占领了九江。但第二军和第三军直到十一月八日才攻克南昌。这样，由于东线部队很好地组织了协调行动，孙传芳的主力被打败并被包围。三万——四万敌军被俘。残余部队沿长江逃到了安庆。

这些战役的胜利对向福建进攻的国民革命军最东线部队起了促进作用。这支部队包括第五独立师、第一军和第十四军，由何应钦将军指挥（担任何应钦顾问的是 А.И.切列潘诺夫）。该部于十一月上半月占领了建宁和建阳两城。

与此同时，第八军和第十五独立师在国民革命军战场的最西部地区沿京汉线进攻，挺进到了河南省境内，占领了武胜关山口。它们在这里同前国民军第二军第六师师长樊钟秀的部队建立了联系。我和樊钟秀一九二六年二月曾一起参加了驻马店之战，因而认识他。

由于武昌战役和南昌战役都取得了胜利，国民革命军便占领了长江中游一些最大的工商业城市。国民政府的权力已扩展到广东、广西、贵州、湖南、湖北、江西等大片领土，（总面积为一百二十万平方公里），人口超过了一亿五千万。

由于军阀部队大批地转向国民革命军，国民革命军的部队大大地壮大起来，已扩大为十九——二十个军，拥有二十五万人。

等待出发

一九二六年十一月一日，我终于领到了一笔钱，还清了债务，为自己添置了行装。我们出发上前线要视政府迁往北方的时间而定。由于出发一天天地往后推迟，叶弗列莫夫决定把军事顾问斯涅戈夫、М.Ф.库满宁和我介绍给国民革命军参谋总长李济深将军。他在国民革命军的将领中是一个很出色的人物，应当更注意这个人。

李济深同时还任粤军部队总司令兼第四军军长。他在第四军的职衔只是名义上的，因为该军当时在前线，实际由他的副手、第十二师师长张发奎将军指挥。由于战功卓越，第四军被授予"铁军"的称号。但李济深竭力不放弃这支武装力量。张发奎向全军签发战斗命令，都要加盖李济深本人的印章。

李济深外貌平常。他个子不高，因此，他总是穿一双高跟马靴，以便能加高二——三厘米。他在保定军校受过军事教育，被认为是一个富有经验、懂得军事的将军。他赞成在部队和在群众中开展一定限度的政治工作。我们原以为李济深作为参谋总长，定会对与国民革命军占领地区的防御、国民革命军下一步建设的前景以及装备、高级干部的配备等等有关的一些问题感兴趣。但是，李济深或者由于不善交际，或者由于其他什么原因，对我们的这次会见不太高兴，什么问题也没提，表现出他想尽快摆脱我们。叶弗列莫夫坚决要求他接见一下总司令部的苏联人员，与他们谈一谈。

后来，在我们离开广州后，李济深露出了自己的真面目。政府刚刚迁到武汉，身为粤军司令，自然也兼省政府委员的李济深就急剧地向右转了：开始反对罢工；解除工人武装；怂恿民团镇压农会。后来在一九二七年四月，他又最积极地参加了广州的反革命政变。

"三二〇事件"以后，李济深大讲了一通反对蒋介石的左派言辞，但这只暴露出他虚荣心强，厌恶蒋介石，企图夺取政权，而并不是想把中国从军阀手中解放出来。

北伐的胜利，全国普遍掀起的革命高潮，对十月十五日在广州召开的国民党中央执行委员会全会产生了影响。这次全会作出的决议比以往国民党最高机关作出的决定都更激进。在阐述国民党近期任务的宣言中，写进了一些具有反帝性质的条款：反对不平等条约、索还外国租界、取缔外国银行的活动等等。还通过了一些有关减租百分之二十五、工厂法、妇女平等决议。

在广州以高涨的热情庆祝了俄国伟大十月革命纪念日。十一月七日被宣布为节日。到处都召开了人数众多的集会和会议。全城几乎插满了苏联的和国民党的旗帜。这些节日活动正好赶上国民革命军攻克南昌和孙中山的生日（十一月十二日）。

在节日的这几天里，我和季娜·雅科夫列芙娜以及 B.M.什金教授全家参观了广州的名胜、古迹，以及象牙制品、珠母制品、琥珀制品、漆器、绣花披肩等工艺品。在广州的郊区，我们经常能看到古代建筑和雕塑的遗迹、用石头雕刻的半身雕像、古墓和石雕骑士。在当时，祭祀祖先很风行。中国富翁的坟墓都是用石头或砖装饰起来的完整的建筑物。每个中国农民都希望葬在自己的田地里。据一些经济学家计算，这种"靠近风水之地的安葬"，要占去十分之一的可耕地。

生产和出售手工艺品的作坊和小铺都是按工种分布的，如有专门制造和出售琥珀、象牙、披肩、缎子鞋、图画等产品的街道或地段。

我和什金简直无法将目光从象牙制品上移开：一个有台球那么大

的玲珑剔透的象牙球里有二十五个相同的球，一个比一个小，一个套一个，都可以靠一个轴心自由地向任何方向旋转。我们对那个在一支完整的象牙上雕有一大队坐轿人的工艺品也很喜欢。

我们就在这个小铺里，观看了用象牙制做人像的全过程。在一间很小的屋子里，一个中国老人身子俯在机床上，用一块象牙旋出了一个人像。这台机器很像一台牙科医生用的钻牙机。用踏板来带动下面一个轮子转动。带动上面一个小轮子的传动带是一根结实的麻绳。这个中国人用一根小巧玲珑的钻头进行着最精致的艺术雕刻。原来，要雕刻出这样一个透孔的球，需要五年左右艰苦不懈的劳动。

在广州，军事顾问们的妻子也参加了工作。有的人在鲍罗廷的机关里或叶弗列莫夫的参谋部里工作，有的人在商务代办处当会计和打字员，有的人参加了社会工作。还有些人当了教师。达罗芙斯卡娅过去担任过法语教师，现在在一所军校里教起了俄语。

教科书和直观教具都没有。不得不自己动手编写和制做。她们在厚纸块上用墨汁写上俄文字母，再用这个拼成俄文的词和句子。学员们都很用功，听课时聚精会神，学习兴趣很浓，并像小孩子一样，对自己取得的成绩感到非常高兴。经过两个月的学习，学员们已能默写一些不复杂的句子了。

但是，局势使得苏联人不得不迁到国民革命军部队占领的汉口和南昌去。学员们自然都对中断了俄语学习感到难过，特别是在有了明显进步的时候。他们和自己的老师告别时非常热情，其中一人还代表大家表示了感谢。达罗芙斯卡娅同一些顾问的妻子们于十二月底乘一艘中国人租的满载木板的挪威轮船去了上海。在船员中，只有船长和大副是挪威人，其余的都是中国人。在路上，中国当局强迫船上接收近二千名孙传芳的士兵上了船。燃料不够，轮船在公海上漂泊了几昼夜，直到饥饿的士兵造起了反，将一部分货物——木板——当了燃料。

　　船长建议乘客们不要到挤满了士兵的甲板上去。从船仓的舷窗可以看见，士兵们都在唯一的一个大水桶里洗澡，洗毛巾和洗脸洗手。难怪在中国的军队中普遍流行皮肤病。直到第十一天，轮船才抵达上海港，从上海到武汉，这些妇女乘一艘英国客船沿长江而上，但由于发生了军事行动，轮船夜间停驶。

同政府大员前往南昌

在长时间的耽搁之后，第一批国民政府委员于十一月十六日动身离开广州，途经南昌前往武汉。这一批人中有：财政部长孙科——他显然是这一批的负责人、司法部长徐谦、外交部长陈友仁及两个女儿、宋子文（孙中山的遗孀宋庆龄的哥哥）。与他们一道离开的有政治总顾问米·马·鲍罗廷①以及他的顾问、翻译和朋友、中共中央候

①　米哈伊·马尔科维奇·鲍罗廷是孙中山的顾问和朋友。一九二三年，孙中山请求苏联政府将他在政治流亡年代就认识的米·马·鲍罗廷派到中国来，任广东政府的政治总顾问。这位中国人民的伟大领袖当时满怀信心要将国民党改组为一个能依靠广大人民群众的真正的革命政党。

米·马·鲍罗廷（戈鲁津别尔克）于一八八四年出生在维帖布斯克省的雅诺维奇村。他曾在西德维纳河上当过木材放送工人。后来去了里加，在那儿上了夜校并参加了革命活动。一九〇三年，在他十九岁的时候，加入了拉脱维亚社会民主党并开始了职业革命家的艰难生涯，一九〇四年，鲍罗廷侨居瑞典。他积极参加了一九〇五年革命，当时在俄国社会民主工党里加委员会里工作。他参加了塔墨尔福斯会议和斯德哥尔摩代表大会。一九〇六年，米哈伊尔·马尔科维奇侨居伦敦，并在侨民中开展工作。他在这期间以鲍罗廷的名字闻名于世，一九〇七年，他侨居美国，在那里的一些大工业中心工作和学习过，参加了美国社会党并与其他政治侨民一起，参加出版《美国工人》杂志。一九一八年，鲍罗廷返回了莫斯科，但不久又受列宁的委托，带着著名的"致美国工人"的信件去了美国。根据列宁的请求，鲍罗廷将《共产主义运动中的'左派'幼稚病》译成了英文。他参加过共产国际第一次代表大会，完成了共产国际交付的在各种国家的一系列使命，参加了《共产国际》杂志英文的编辑工作。一九二二年，鲍罗廷在英国被捕，在监狱被关押了半年。一九二三年，俄国共产党（布）中央委员会派米·马·鲍罗廷去中国，担任国民革命政府的总顾问。他在中国人中威望极高。

补委员张太雷。这部分政府成员迁往武汉的组织工作由国民党中央执行委员会政治委员会事务秘书张太雷负责。财政顾问什金，以及民事和军事顾问达林、约克、达尔罕诺夫、斯涅戈夫、库满宁和我也随他们一起走。

从广州到韶州①，我们是乘的火车。铁路非常糟糕，枕木有的地方已经腐烂得很厉害了，一碰就像豆腐渣一样碎掉。火车行驶得很慢，特别是在上坡的时候，同步行的速度相仿。

铁路长达二百五十公里。它建筑在水流湍急的北江的右岸，四周景色迷人。河水是蔚蓝色的。长满了灌木和竹子的高山从东至西将河谷团团地围了起来。天气很不作美，霪雨绵绵。低云笼罩着山巅，使人们无法欣赏美丽的景色，在每一个大站上，都有由当地守备部队士兵组成的仪仗队列队欢迎、这些士兵一个个骨瘦如柴，衣衫褴褛，持着老式的破枪。一队队的人群高呼口号，放鞭炮，欢迎政府成员。

在这些车站上，在天气稍好一些的时候，还常常举行飞行集会，政府成员们在会上向人们讲述北伐的意义和任务，号召居民支援国民革命军。快到晚上八点的时候，我们才到达铁路终点站——韶州车站。在这里举行了一个宴会，我们这些军事顾问未出席。在这一批人里，我们只是旅客，言语不通，因此便利用时间为下一步旅行做准备。我们从这里沿着历史上著名的"大使之路"的路线徒步而行。过去，在十八世纪末，马戛尔尼勋爵率英国大使馆人员就沿着这条路从广州去北京的。

开始时，我们顺着北江的左支流浈水河的河谷走到南雄，尔后又翻过横跨大庾岭的梅岭山口。大庾岭和其他几条山脉是江西省和广东省的省界，也是北江和赣江的分水岭。赣江是长江的右支流，流经南昌附近汇入鄱阳湖。鄱阳湖与长江相通，在春汛时，长江水满，溢出

---

① 即韶关。——译者注

的水便流入这里，因而鄱阳湖起了蓄洪的作用。政府成员们在这条"大使之路"上走得相当慢。我们本应十一月十七日上午八点上路，但直到下午一点才动身。张太雷是一个精力充沛、客气而又有礼貌的人，他被这些高高在上而又变化无常的长官们折腾得疲惫不堪。一会儿脚夫不足，一会儿轿子又不够。同当地居民一起举行群众大会，常常不可避免地使这个政府大军的组织工作陷入一片混乱，

如果所有政府成员都诚心诚意力求实现自己纲领中"耕者有其田"、减租、自由组织农会和工会等主要条款的话，那么他们同国民革命军占领省份里的群众的这种直接接触，本可收到效果的。这可以将广大群众争取到政府方面来，政府可以掌握对付军阀和唐生智、蒋介石之类新军阀的实力。

根据以往的经验，我觉得在这里也得记旅行日记，我们的旅行变得比较有意思和有益处了。我们平时都是在路旁的小酒馆里用饭，这些酒馆都十分简陋。

一片长满常青植物的美丽地方引起了我们的注意。端水河谷种着大片大片的甘蔗，我们尽情地品尝了甘蔗的美味。第二天早晨，外交部长陈友仁的脚夫都跑光了，他便无法继续走了。不得不四下寻找交通工具。

十一月十九日，我们早上六点钟就起程，因为路很远。但到了始兴县城，地方市政当局请政府大员在这里吃午饭，并在他们组织的集会上发表讲话。这使我们又有机会尽情地欣赏当地最富饶的大自然，然而很快我们又告别了这里常青的植物和亚热带的景色。

十一月二十日，我们翻过了一座小山，但我在坎坷的山路上扭伤了脚，而且还不愿意坐轿，因此便落后了，直到很晚才赶到宿营地。

十一月二十一日，我们走过了最难走的一段路——梅岭山口。这里的路是用石板铺成的，甚至有时汽车都可以在上面单线行驶。但是，稻田常常把这条路挤得很窄，使它变成了一条羊肠小道。在梅岭

山口附近可以看到一个有朱红圆柱、雕花屋顶的古老的寺庙。站在山口上，赣江河谷的壮丽景色尽收眼底。山口上，有一个城堡和一个可以封锁广东通往江西的通道的城门。山口的那一边是另外一个省了，人们说的都是另外一种方言。

在江西，我们在大县城南安府（大余县）住了一夜。从这里可以乘舢板沿赣江走水路了，但米·马·鲍罗廷决定继续步行。在这里，我看到了灌溉农田的特殊方法。一个像磨盘一样的大轮子在水的压力下不停地旋转。几个空心的一头封死的竹筒被绑在大轮子的外端，沉下去后便灌满了水，然后在轮子旋转时，水便从竹筒里流进了用来灌溉田地、菜园用的悬吊着的斜槽里。

也是在这个地区，我看到了用一种像鱼鹰一样的长有长嘴的鸟捕鱼的场面。一个渔夫用一根竿子往网里赶鱼，同时他还用这根竿子保持平衡。岸边的木桩子上拴着用柳条编制的鱼筐。一个鱼鹰在船边游着，不时地潜下水去，将鱼叼出来。为了不让鱼鹰吃鱼，在它的脖子上套上了一个圈。鱼鹰将抓到的鱼都交给主人，主人将其扔到筐里。

十一月二十三日晚，一艘船赶上了我们。这是一艘有十五——二十米长、三——四米宽的大船。这艘船有一个宽敞的货仓，船中间用席子和帆布支了个顶棚。我们就乘这艘船到达南昌。

二十四日中午十二点，我们到达了赣州。群众和市政当局隆重地欢迎了政府大员。十一月二十五日，举行了一个有二万人参加的规模巨大的集会。集会组织得很好。所有当地的资本家和地主一下子都成了"革命者"，一个个争先恐后地喊出很左的口号。人们为我们举行了一个欧式午宴，用有鸽子蛋的乌龟汤招待了我们。下午四点，我们又上了路。

这个城区里的赣江相当宽，达半公里。江上架着一座能开能合的浮桥。赣州的下游是一片石滩。在唐槛岛（音译）的一个小地方，一座寺庙耸立在绿荫中，水兵和渔民们都把它当做圣地来朝拜。当我们抵近这座庙时，我们的舵手——一个年青的黑发小伙子、活泼调皮的人——拿起了事先预备好的香，跑到船头，插在船头的一个窟窿里，焚着了，作了几下揖，嘴里小声念着祷词。

这只船的几名乘客经常到船板上晒太阳，以不协调的嗓音唱歌，经常唱的是"我的乖乖杜尼娅"。有一天晚上，我们又照例举行了一个音乐会。在间歇时，突然传来了一个青年人洪亮的声音："杜尼娅，杜尼娅，杜尼娅——我，杜尼娅——我的乖乖。"这是我们的舵手唱的，他对我们歌的歌词和曲调模仿得很正确，令人吃惊。

由于政府成员经常要同一些大城市的群众和地方官员会见，所以我们走得非常慢。每天夜里照例都得停泊，因为赣江的航道没有标定夜间航行线。十一月二十八日，我们在小城镇泰和靠了岸。稀稀拉拉下起了小雨。政府成员中谁也没出来会见当地群众和城市当局，而把这个光荣的使命交给了米·马·鲍罗廷。

二十九日，我们这些顾问终于在下午三点到达了吉安。原来，所有的政府成员七小时以前就都到达了。人们用鞭炮以及上帝才知道的什么东西隆重欢迎了我们。接着，我们的非军事人员便乘轿和骑马前去参加宴会。但米·马·鲍罗廷决定来个外交性的"生病"。他对一些部长不近人情感到恼火。这些人好像忘记了他这个政治总顾问，总是回避他，实际上中断了同他的所有联系。他们事先既不告诉我们停留的地点，也不通知起程的时间。而诸如顾问们的衣食等小事，无人过问。宋部长没有兑现自己的诺言，甚至连改变旅行计划也不事先打个招呼。米·马·鲍罗廷为了整顿一下秩序（哪怕在苏联顾问组里），任命斯涅戈夫为顾问组的管理员。米哈伊尔·格奥尔基耶维奇·斯涅戈夫以他顽强的精神，开始履行自己的职责。

十二月二日，大雾消逝以后，我们又出发了。在距南昌还有十公里的地方，我们受到了总司令蒋介石的迎接。他站在轮船甲板上，穿一身军装，像系红领巾一样系了个国民党的领带，中等个儿，面容削瘦，胸脯凹陷，貌不惊人。他脸上由于自尊自足而发光，竭力摆出一副威严的姿态，但他做得并不高明。

在南昌，政府成员受到了隆重的接待，两个乐队在吹吹打打，几架飞机散发了传单。

晚上，在督军府里——总司令部就设在这里——举行了宴会。蒋介石发表了一个长达一个半小时的讲话。他的这篇讲话实际上是在阐述他的纲领。其他的政府成员为了"不失面子"，也发表了三十——四十分钟的讲话。总的来说，这不是一个宴会，而是一个国会会议。蒋介石号召立刻展开进攻。他的言行不仅像个主人，而且像一个独裁者。他把米·马·鲍罗廷和瓦·康·布留赫尔安排坐在他的旁边。

十二月三日十二点，蒋介石又举行了一个宴会，但已是另外一种类型的了。蒋介石还跟过去一样，主持宴会，政府成员随便就座。这个宴会还邀请了一些妇女参加。宴会上没有发表长篇讲话。

十二月四日，瓦·康·布留赫尔给顾问们作了一个报告，确切点说，是一次谈话，进行了七个小时。总的结论是：必须暂时停止进攻；应当完成侧翼的军事行动，以便更好地保障军事战略地位；没有必要同奉系恶化关系。

十二月五日，政府成员和我们的一些顾问动身前往汉口。我没有掌握关于政府在新占领的一些省份里做出的有关政治和经济方面的决议的确切材料，但我觉得并没有采取改善处境的实际措施。例如，政府成员还未到达武汉，南昌就由于经济危机而爆发了罢工。罢工的是手工业者、小商贩和人力车夫。我目睹过工人的大游行，他们像举旗一样举着带有血点的工作服。发生的这一切，道理很简单。新占领的这些省份背负着旧军阀老爷吴佩孚、孙传芳以及其他人摊派的沉重捐税。新主人——蒋介石、唐生智一类的新军阀又不考虑实际可能性，任意组建新部队，向群众勒索各种捐税。

政府与新军阀们之间的纷争日渐激化。蒋介石在南昌的一些宴会

上对政府成员们的藐视态度证明了这一点。有一次，在总政治部主任
邓演达将军（代替了陈公博）在武昌举行的一个宴会上，我在河南
省的老相识柏文蔚将军发表了讲话。他在演说中谈到了中国将军们的
贪婪性，说他们把私人利益看得比社会利益还重要。

关于华南组参谋部的活动

北伐的经验，特别是南昌之战的经验证明，战役的规模跟在广东省的一些军事行动比较起来，已扩大到相当程度了，在估计形势和制定计划时，需要一些人相互合作。

为此目的，成立了华南组参谋部。我被任命为参谋长。具有在司令部工作经验的 м.г.斯涅戈夫担任作战部部长。他平易近人，愉快活泼，身体健壮，精力充沛。

侦察部部长斯特鲁姆比斯是具有另外一种气质的人。他沉默寡言，性情顽强，总想以自己的埋头苦干、任劳任怨来弥补总司令部作战部在工作中的差错。

军事训练部和组织部由我在工农红军军事学院的同届同学 E.B.捷斯连科负责领导。他高高的个儿，体材匀称，面容有些消瘦，不大习惯广东的亚热带气候。这种气候使他的身体产生不良的反应。

E.B.捷斯连科在综合国民革命军各支大部队的军事训练资料方面做了大量的工作，提出了一些改善军事训练的建议。在组织问题方面，最紧迫的问题是研究总司令部建立的各编制委员会报上来的材料，对其提出看法，制定计划。

在参谋部里工作的还有一个炮兵专家、前沙皇将军鲁特涅夫。由于他年事已高，因而我没有给他分派具体的任务。他懂几种语言，并具有一种能在草图上准确生动地描绘出中国最复杂的军事行动形势的天才和收集整理写报告用的总结材料的才能。在河南，我同他一起在开封军校讲过炮兵知识课。

最令人头疼的一个问题是地图问题。我们只有几份四十俄里比一英寸的地图。大家知道，没有像样的地图，是无法制定现代化战役计划的。绘制一份不标地势的长江流域地图的任务交给了我在北京的老相识、地形测绘员 C.普拉达索夫。但参谋部所有的指挥员都不得不抽出很多时间来帮助 C.普拉达索夫完成这一艰巨的工作。

顾问组的财务工作由尼娜·米哈伊洛芙娜·泽涅克负责，她是顾问泽涅克（泽姆勃罗夫斯基）的妻子，是一个非常认真细心、好学不倦的人。译电员由佐托夫担任，他是个谦逊、严谨、工作努力的人。参谋部的打字员由娜佳·佐林（后来她嫁给了后方问题顾问 H. T.罗戈夫-洛德金斯基）和 Д.Я.达罗芙斯卡娅担任。这两个人工作很忙。她们不仅常常要根据口授打字，而且同时还要负责文字校对。例如，瓦·康·布留赫尔的政治问题助手铁罗尼就喜欢口授自己的材料。铁罗尼个子不高，是个十分活泼，闲不住的人。他是亚美尼亚山区人，人们都简称他为铁尔。他这个人办事老是急如星火似的。他的思想比语言来得快，因此，还得帮他整理通顺。

"部长""参谋长"的职衔都是唬人的，因为各部部长都是光杆司令。每个部长都得自己搜集材料，研究和起草必要的文件。所有这些工作由于参谋部没有固定的翻译人员而变得复杂了。

由于参谋部人手不够，因而人们不得不紧张工作，以资补偿。平时我们一天工作十六——十八小时，没有休息日。我所分担的工作也不比别人少。瓦·康·布留赫尔常常夜里工作。我不得不白天在参谋部工作，夜里同他一起工作。参谋部的工作效率在很大程度上取决于翻译人员。我们共有二名翻译：3.M.阿勃拉姆松（马祖林）和 M.И.卡扎宁（洛托夫）。他们两人不仅担任翻译，而且也担任汉学顾问和中国问题秘书。埃马努依尔·莫伊谢耶维奇·阿勃拉姆松还担任布留赫尔的个人翻译。他自幼就学会了汉语。他是个栗色头发的小伙子，中等个儿，戴一副眼镜，慢条斯理，镇定自若，一副学者的气派。

М.И.卡扎宁也懂几种语言。在二十年代初，他曾在北京做过两年外交工作，尔后在国外又学习了几年。他酷爱艺术，业余时间里，他总是待在中国古董商那儿。那些人由于他在艺术方面知识丰富和懂中文，都愿意同他交谈，并把珍品拿给他看。他从来都严守纪律，我同他的关系如水乳交融。不仅在南昌，而且在南京逗留的整个期间，他一直担任我的翻译。①

在南昌，我们住在城墙外边的一座两层石楼里。这使我们感到有些不便，因为按中国的习惯，城门一到夜里就关闭了。我们经常深夜才回去睡觉，因而不得不老同城门警卫吵架。后来，司令部给我们发了特别通行证——一种印有中国字的银牌子。

楼下都是公共房间：一个大厅和一个不大但很舒适的饭厅。大厅里摆设着各种风格的高级家具。轻巧的欧式丝绒家具和立式钢琴同古老的中国风格的深色木雕家具掺杂在一起。大厅的角落里都摆着一人高的画有龙和中国神话中其他怪物的大瓷花瓶。大厅和饭厅的墙壁上挂着历史题材的画幅。

楼上是我们的宿舍。瓦·康·布留赫尔、他的副官 М.Я.格米拉、翻译 З.М.阿勃拉姆松以及他们的妻子都住在楼上。我和我的妻子以及我们顾问组参谋部的其他同志都住在楼下。铁火炉烧的是焦炭，因此，我们常常煤气中毒。

我现在简单谈谈我还记得的，与我们在南昌的参谋部的工作有关的一些事情。我们对当时国民党内部发生的事情，对国民党与中国共产党之间不断加深的矛盾，对政府成员之间的日益增长的分歧、对国民革命军将领中各种派别间的纠纷都是估计到了的。

---

① 参见 М.И.卡扎宁《一个代表团秘书的札记》莫斯科一九六四年版，М.И.卡扎宁《在布留赫尔的司令部里》莫斯科一九六六年版。

从汉口返回以后，瓦·康·布留赫尔在一次单独谈话中曾提到了米·马·鲍罗廷在一次会议上或一个宴会上的讲话。鲍罗廷在那个讲话中顺便提到说："我们有一个将军现在正在违背政府的决议和指示，奉行一条自己的政治路线。他应当明白，他不论躲藏到哪里，都将逃脱不掉人民对他的公正审判，人民惩罚的铁拳一定能抓住他，惩罚他。"然后鲍罗廷对蒋介石说，"蒋介石同志，我们与你们一道打到了长江边，我希望我们今后将继续携手共进。"

应当指出，米·马·鲍罗廷的这个讲话使蒋介石大为震惊。他开始变得谦虚一些了，对自己的独裁作风和神气十足的架势也有了收敛。但蒋介石并没有放弃自己的独裁欲望，他在竭力为实现这一目的做着准备，同时又巧妙地对此进行伪装。他大力网罗同伙，结党营私。我们在南昌的参谋部同蒋介石的宅邸相距不远，因此每天都可以看见川流不息的有名望的军政大员。总司令一个个地接见他们，直到深夜。

要是谭延闿或汪精卫能在国民党的会议上，或在政府的全体会议上也发表类似的讲话①，采取一些防止蒋介石重新搞叛乱的必要措施，那就更好了。但这都是些意志薄弱，不敢采取果断革命行动的人。

有一次，苏联武官罗曼·沃依采霍维奇·隆格瓦来南昌访问。他在内战时是一个师长，为了表彰他攻占布列斯特-利托夫斯克的功绩，曾授予他一枚红旗勋章。

瓦·康·布留赫尔让我到车站去迎接隆格瓦并护送到他的办公室。在车站上，隆格瓦受到了带着乐队的各社会团体代表的隆重欢迎。人们给他准备了轿子，并把他抬往司令部。隆格瓦打算先到瓦·康·布留赫尔那儿去一下。我们已经上了去往布留赫尔住处的小路。

---

① 指上边提到的鲍罗廷的讲话。——译者注

但这时蒋介石打开了自己的房门，挥手请罗曼·沃依采霍维奇到他那儿去。罗曼·沃依采霍维奇犹豫了一下，然后果断地向着蒋介石走去。

蒋介石显然是担心别人先通报情况，便决定把他招到自己这儿来。与武官的会见是在总司令的住宅里举行的。

P.B.隆格瓦在南昌逗留了几天。他拜访了蒋介石和其他一些中国主要指挥官，在他们为其安排的宅邸里接见他们。

我不记得在这些谈判中有哪些有意思的细节了。十二月二十八日，隆格瓦动身走了。对他的送行相当简单。显然，蒋介石从苏联武官那儿既没得到承认，也没得到支持。

一九二七年一月一日，南昌的守备部队举行了阅兵式。这一天多云有风，但很暖和。在阅兵式开始前很久，穿着夏季服装的部队就被排在宽阔的练兵场的东面和南面。人们为检阅者搭了一个高台，上面用席子搭了个防雨棚。阅兵式由国民革命军第三军军长朱培德将军指挥。聚集在广场的所有步兵部队中，只他一个人高踞于马上。

阅兵式进行了很久，因为发表的一些讲话占用了很多时间。最后，总司令在一大帮政府代表和地方当局代表的陪同下，终于出场了。蒋介石先是礼仪性地请走在他旁边的瓦·康·布留赫尔第一个上台，然后他在台上坐了下来。布留赫尔身着军装，但没戴肩章，头戴军帽，穿着一双马靴。他谢绝了蒋介石的建议，极有分寸地，而且可以说，极优雅地跟在他的后边。

蒋介石跟往常一样，又摆出了他所惯用的架势，但比会见在南昌的政府成员时谦恭多了。他身穿军装。中山服上衣，散脚裤子。显然，将领们对他的反对态度和同苏联武官的谈话教育了他。

国民革命军各军的军长和师长都在台下。在他们中间，临时代理第二军军长的鲁涤平将军的个头和风度都与众不同。阅兵式开始了。从国民革命军的队列姿势和分列式来看，使人觉得它们比一九二六年夏溃败前的国民军第一军按古典式教练出来的分列式差多了。我作为一名炮兵，对人们吃力地抬着的那种大炮非常讨厌。

在北伐开始前不久，一个专门委员会在制定国民革命军新编制时，摒弃了步兵师传统的四四制，建议采用苏联红军中实行的三三制。国民革命军的这种结构在北伐期间基本上被证明是实用的。它比吴佩孚和孙传芳的师更便于指挥管理和更灵活。国民革命军各支大部队的机枪和大炮都不足，但这对战斗的进展影响不大，因为敌人的技术装备也缺乏。

在制定即将进行的讨伐奉系——奉军实力和技术装备都比吴佩孚和孙传芳部队强——的作战方案之前，蒋介石组织了一个由高级将领组成的委员会，以便根据新的战斗任务来研究国民革命军的组织结构。所有的军长和师长都被邀请参加了该委员会。

在制定部队的组织结构时，应引起注意的一个重要条件是：必须使部队尽可能在物质方面超过敌人。在这方面，这个中国委员会制定的编制草案是不完善的。

中国将军们竭力想毫无止境地扩充师的数目，而且都是以未经训练的干部为骨干。例如，军长白崇禧将军此时就以孙传芳的一个近卫师为例，该师的兵员相当于国民革命军的两个军。这种大力扩充联军的倾向是可以理解的——师越多，指挥官们捞外快的机会也就越多。

一九二七年初，遵照瓦·康·布留赫尔的命令和根据蒋介石的请求，成立了一个负责部队组织问题的编制顾问委员会，我任该委员会主席。我们的委员会竭力反对中国将军扩充编制的倾向。例如，我们反对师里设工兵营，因为在部队的武器中甚至没有工兵用的铁锹。如果有工具的话，各支步兵部队都可以当工兵用，都可以修筑防御工事。我们建议用马来牵引大炮，哪怕一部分也好。但这是非常复杂的。长江流域以南，没有合适干此事的马。此外，还要组织好鞍具生产。护理和训练马匹以及解决其他很多小问题。因此，我们认为尽快地建立勃朗达—斯托克斯迫击炮部队是适当的。

生产迫击炮并不复杂。在国民军第二军中，第十六旅旅长张思城（音译）① 就曾用手工的办法生产过迫击炮。汉阳兵工厂完成这项任务是没有问题的。由于奉军和鲁军都拥有迫击炮，因而生产这种武器尤为必要。

一九二七年一月三日，我们委员会召开了一次会议，蒋介石和布留赫尔都出席了。委员会批准了国民革命军的改组方案。

我觉得在这里有必要简单谈一下我们飞行小组的活动情况。该小组尽管人数不多，但它却在中国当时极端复杂的条件下，做了非常重要的工作。

飞行小组的成员有飞行员 B.E.谢尔盖耶夫、A.M.克拉夫佐夫、A.M.列米久科、Д.塔利别尔克、Д.乌格尔，航空机械师·巴泽纳乌、科比亚科夫。他们不仅都是顾问、教官，负责向国民革命军的干部教授飞行业务，而且国民革命军的空军力量实际上也是由他们组成的。他们在国民革命军的所有战役中，都负责在敌人阵地上空进行侦察，轰炸敌人的目标（如武昌的守备部队）和敌人的战斗队形、行军序列。他们不止一次使敌军惊恐万分，打乱了敌人的行动和运动。所有这些都是驾驶着已经破旧了的老式飞机完成的。

很自然，飞机破旧难免要出事故。有一次发生的事故，险些成为飞行小组组长 B.E.谢尔盖耶夫和他的乘客——叶挺将军的悲剧。只是由于瓦·叶·谢尔盖耶夫飞行技术高超，镇定自若，才转危为安。飞机安全地降落在树林里。飞行员和乘客只受些轻伤，但伤处很多。谢尔盖耶夫包扎完后，当刚刚从苏联来的妻子看见他时，感到非常难为情。"往哪儿吻你才好呢？到处是绷带，绷带。"——她说。的确，头上、手上、脖子上都缠上了绷带。

---

① 疑是张菅。——编者注

飞行组组长 B.E.谢尔盖耶夫于一八九七年出生在沃洛格达省的一个农民家庭。他一九一五年应征入伍并被派到法国去学习航空技术专业。从法国回国后，他积极参加了国内战争。尔后，B.E.谢尔盖耶夫又去学习。一九二四年，他在莫斯科航校毕业并作为优等生被留在学校担任教官。他的学生中有契卡洛夫、尤马舍夫以及其他一些后来闻名的飞行员。

从谢尔盖耶夫的简历中可以看出，他是一个英勇无畏的战斗飞行员，是一个富有经验的航空教官和一个技术熟练的航空机械师。这些就是派他到中国担任国民革命军空军总顾问的根据。苏联政府对 B.E.谢尔盖耶夫忘我的工作给予很高的评价，授予他一枚红旗勋章。

新占领省份的形势和国民 革命军的分裂

政府在从广州迁往武汉时，曾在各种集会上向人民许诺说要采取一整套措施：降低捐税、减少租金、改善工人的劳动条件等等。但是，当政府在汉口站稳脚跟以后，却迟迟不兑现自己的诺言。于是，在很多省中都展开了自发的行动。

人民群众采取的革命行动之一就是占领了汉口和九江的英国租界。这一事件发生在一月上旬。当时，在武昌和汉口为国民政府迁来武汉举行了群众性的庆祝活动。在这一庆祝活动的最后一天—— 一九二七年一月三日的晚上，准备在靠近英国租界的长江边上举行盛大焰火晚会。当时聚集了很多看热闹的观众，其中有些人不觉超过了租界里的禁区。保卫禁区的英国海军陆战队士兵在从租界驱赶"越界者"时，打伤了几名中国人。

于是，蕴藏在中国人民内心的仇恨一下子爆发出来了。在愤怒人群的压力下，英国水兵不得不离开了租界。但是，武汉政府没有立即决定在这个租界里建立自己的政权，而是号召群众保持镇静。

第二天，一月四日，根据湖北总工会的倡议，召集了一个群众大会，要求将英国军队赶出租界。外交部长叶甫根尼·陈（陈友仁）向英国行政当局提出，坚决要求撤走军队。群众拆除了英国人设置的路障，以主人翁的姿态，有组织而又克制地开进了曾经从他们手中被窃走的这块土地。没有发生任何抢劫、暴力行为和火灾。几天以后，九江的革命群众也仿效武汉，占领了当地的英国租界。

占领英国租界证明，中国人民的民族自尊感已经被唤起来了。这个事件提高了中国国民政府在国外的威望。尽管在汉口和九江附近停泊着英国海军的军舰，而且都剑拔弩张，但它们没敢进行武装干涉。英国人清楚地知道他们现在需要对付的，已不是卖国的统治者了，而是中国人民。

重新合并的省份里的革命运动的规模不仅使帝国主义分子惊恐万状，而且也吓坏了一些政府成员和国民党的领导人。国民革命军中的大部分高级将领尤其惶惶不安。要知道，几乎所有的将军都出身于地主或资本家家庭，或随着自身的发迹也变成了地主资本家。当农民们着手实现孙中山提出的"耕者有其田"的口号时，将军们的革命词藻顷刻化为乌有了。

如果说，在后来的革命运动过程中，国民革命军的将领分成了两大派的话（以蒋介石为首的南京派和以唐生智为首的武汉派），那么这种分裂决不是由于他们思想上的原则分歧引起的，而是由于唐生智和蒋介石之间的个人恩怨引起的。唐生智将军以前当过湖南省的督军，是该省的一个大地主兼大资本家。听说长沙所有的妓院都是他开的。唐生智为了收回自己的领地，便投靠了武汉政府。

国民革命军并不是一下子就分裂为两大派别的。一月初在南昌召开的讨论编制问题的军、师长会议上，蒋介石就企图搞清东路军将领们的观点。我亲眼目睹了蒋介石在会议期间频繁展开的活动。会议几乎每天都举行，而且进行到深夜。当然，所谈的并不是编制问题，这件事早已了结了。据我们所了解到的情况，蒋介石同将领们甚至建议米·马·鲍罗廷回苏联。

如果说在过去，在"三二〇事件"以后，蒋介石的独裁作风引起了国民革命军中被视为孙中山忠实追随者的很多将领不满的话，那么现在，情况已发生了变化。很多将军从军阀的阵营中转到了国民革命军一边，但他们不是"出于真心"，而是出于暂时的考虑。国民革命军依靠收编过去的军阀部队漫无节制地扩充，导致了部队战斗力的下降。政府已无力负担这些新编部队。部队的物质条件、士兵的精神状态都恶化了，部队中和在群众中的政治工作也减弱了。所有这些导致在很多地方爆发了反政府的运动。

一九二七年二月一日，转到了国民政府一边并划归朱培德将军的第三军所管的南昌守备队的几支分队发动了叛乱。三个营的士兵冲进了财政部，从那儿抢走了八百万元钞票，然后逃上了山。如果不是被碰巧来到那里的后方问题顾问 H.T.罗戈夫——他是一个体壮力大的人——遇上的话，他们还可以多捞走一些钱。罗戈夫乘着一片混乱，把一个大钱柜搬到了一边。等秩序恢复了以后，他把钱柜还给了银行办事人员，这样，避免了国民政府的一场财政大灾难。

国民革命军开始北伐时有六个军，但到了一九二七年二月，国民革命军靠有各种训练水平的军阀部队来充实，人数已增加了两倍。

中国有相当多的军事教科书和译成了中文的各种战斗条例（日本的、德国的），但这些都是第一次世界大战以前的。对部队进行教育和训练不是根据编写的规章，而是靠"古老传说"和靠传统做法。训练并不复杂：队列操练和步伐操练。在将一队队新兵训练成能行军和能按分队变换队形的战斗部队后，便进行散兵队形训练，这是战斗队形的展开。枪和子弹都发到了士兵手里，但是不教他们如何射击，以便节省子弹。掌握射击要领只限于拆卸枪、擦枪和托枪。从不做野外训练和战术训练。

国民革命军完全被这些过去的各派军阀指挥的杂牌军队吞没了。它本来在北伐期间就遭受了很大损失，其战斗力已大大削弱了。根据布留赫尔的指示，我们决定在军事委员会的指示下达之前，就为各军的顾问们制定一个士兵训练和指挥员作业大纲。这份大纲特别注意了政治训练。各个部队的顾问们都答应要根据本部队的水平制定训练本部队的具体纲领。

国民革命军第十一军

提高部队战斗力的工作在新编的国民革命军第十一军中开展得最为顺利。该军的军长是陈铭枢（原第四军第十师师长）。他是中国将领中最有军事素养、最果断的一个人。接任第十师指挥工作的是他的副手蒋光鼐将军。除了第十师外，第十一军还下辖叶挺的第二十四步兵师和从第九军里划分出来的杨世昌的第二十六步兵师。第十一军驻防在武汉地区，担任该地区的警备任务，负责保卫政府。

任第十一军顾问的是我们的教官 B.E.戈列夫（尼基金）。他的外貌给中国人留下了深刻的印象。他竭力想认真地了解一下十一军中存在的各种矛盾。他懂英文，这帮了他很大的忙，因为这使他不通过中间人就可以同懂英文的中国人进行交谈。我还是在华北，在国民军第一军里见到的戈列夫。他在那儿以"山姆大叔"身份为掩护，搞秘密活动。他留了撮尖胡子，抽一支商船船长用的大烟斗，取了个摩登的名字。

一月底，第十一军制定了一个为期三个月的部队训练大纲，重点放在野外训练上。在一周三十六小时的训练中，野外训练和射击训练占十八——二十四小时，而队列操练和体育只占九小时。

在第十一军中，所有的指挥员，直至师长，都参加军事训练。军里中上层指挥官的训练，其中包括讲授军事科学，由军司令部负责领导。

在训练中上层指挥官时，一般是练行军、遭遇、防卫和进攻。讲课时都以实物作说明（地图、沙盘）。特别注意培养中国的指挥员清楚明了地起草命令、并能以指挥员的准确的语言下达命令，简明扼要地阐述自己的决定和组织各部队间的协调行动等素养。在中国军队指挥员的素养中存在的一大弱点是：他们下达命令都像是建议或劝告，这为执行者创造了拒绝执行的可能性。例如，在前面描写的那次国民军第二军进攻吴佩孚军队的驻马店之战中，炮兵都是根据炮长的主观愿望或根据观众——步兵的建议开炮射击的。

在进行战斗训练的同时，还对全军进行了组织改建。重新成立了司令部。挑选担任军司令部参谋长和各处处长（作战处、侦察处、战斗训练处和参谋处）的都是些服役时间长的，在可能条件下尽量选有战斗经验的高级军官。统计和选拔指挥员的工作由参谋处负责。

军里的武器都是统一的。在此之前，全军各部队简直成了各种口径和各种系统武器的博物馆。很自然，这在战斗中使部队的弹药供应十分困难。在全军各部队和各师的部队中，将武器重新进行了分配，这样，每个团都装备了同一种类型的枪：或者是坂野型的（六·五毫米），或者是德式的（七·九毫米），或者是我国的三英分口径的。每一个师里有一个使用同一种武器的示范团，每个营都配备了两挺重机枪。

政治教育在军里很受欢迎。大多数指挥员都懂得它的重要性，并抽出三——四个课时来开展政治教育。但是，由于缺乏政工人员，因而困难不断出现。为了弥补这一空白，抽调了五十名指挥员，为他们办了个短期训练班。任命的军政治部主任是一名思想敏捷、聪明的指挥员，诚然，他过去有反动的名声。各师的政治部主任甚至打算掀起反对他的运动，但顾问戈列夫建议暂时不要触动他，说是看他在实践中的表现。这个主任上报的一份政治工作计划写得这么好，以至于无需对其加以补充修改。

　　戈列夫的顾问地位得到了巩固，他提出的建议能被认真听取和完成。很多军官和将军都来找他谈话，这使他有机会更进一步了解他们的生活，掌握他们的思想。

　　戈列夫在第十一军里组织了一个军事科学协会。军长陈铭枢和他的参谋长是协会管委会的领导。协会报告的主要选题都是从第十师在北伐期间参加的一些战斗的经验中提炼出的。以这些战斗为背景，研究组织和实施进攻战以及防御战中的一些问题。在讨论中，在关于战术的问题上，指挥员的观点出现了很大的分歧，这样，不得不制定组织行军，进攻和防御的一般初步的规定和标准。这样交换意见，很有益处。过去，不管在中国的哪一支部队，指挥官从不学习军事科学。在国民革命军的第十一军中，第一次成功地促使指挥员以批判的眼光看待自己过去的战斗经验和吸取有益的教训。但是，弹药供给的不足对十一军的战斗力产生了不利的影响。部队的步枪子弹、炮弹和迫击炮弹都得不到满足（每支步枪不到一百发子弹，每门炮一百发炮弹，每门迫击炮六十发炮弹）。

　　第十一军的政治状况到底怎样呢？该军中存有国民党左派思想，这是由于成为该军骨干的广州部队具有革命传统，由于在给士兵以积极影响的各师政治部中，共产党员和国民党左派的比例很大。第十一军的驻防地区离武汉政府很近，这一点也有不小的意义。

　　这些条件使得陈铭枢无法任意对该军发号施令。陈铭枢作为一个军事指挥官，总的来说，威望很高，但在指挥员中，也有对他不满的人。例如，第十师新师长蒋光鼐将军就对自己上司在财政方面耍手腕不满。一些广州本地的老军官，对压制他们晋升和任命外省人担任高级职务感到愤怒。的确，在全军的军人中，广州人占百分之七十，但他们中被提到高级领导职务上的只有七个人，而外省的人却占了八个。但是，出现这种现象的原因在于军司令部参谋处刘处长（福建人）滥用了自己的职权，将自己的朋友都安置在负责岗位上。

关于总司令同政府的分歧，陈铭枢尽量不公开表示自己的看法。他一直同蒋介石保持着联系，同时同唐生智将军也未断绝朋友关系。陈铭枢的这种立场毫不奇怪。蒋介石同唐生智之间的敌对，根源实际上在于他们个人之间的敌意，在于他们争权夺利。

一九二七年三月六日，陈铭枢突然擅自离职到上海治病去了。他走前在同唐生智和张发奎谈话时，谈了促使他"退出游戏"——退休——的动机。他还给政府写了一封信，谈了同样的思想。我现在稍详细一点介绍一下陈铭枢的事，因为对于国民革命军的多数将领来说，他是一个有代表性的人物。陈铭枢对他在十一军中的处境感到不满，但他又不好公开说。他郁郁不乐，说他似乎不愿去南京（暂时？），因为总司令身边的人都是右派分子，但他同时也不喜欢左派。很显然，是那个开展激烈的反政府宣传（包括反对汪精卫和顾问们）的军政治部主任建议他弃职不干的。

陈铭枢的出走引起了轩然大波。在唐生智、张发奎、邓演达举行的一次专门会议上决定让蒋光鼐指挥第十一军。政府在研究了这个问题以后，作出了一个奇怪的决定："陈铭枢是到上海治病去了，但未经政府允许。"

陈铭枢擅自离职差点导致全军瓦解。第一个离去的是政治部主任，接着是陈铭枢留下的副手、第十师师长。流传着消息说，似乎唐生智想解除第十一军的武装。出现了各团团长和参谋部的军官都要逃跑的危险。参谋处刘处长利用这种形势，想把自己的代理人都提到"空闲"职位上去。最后张发奎当了第十一军军长。第十一军当时还剩五个师：第十师、第十二师、第二十四师、第二十五师、第二十六师。张发奎决心无论如何也要保住这个军。

张发奎消灭了各派别集团，特别是福建集团。参谋部长①被迫退

---

① 前面说的是处长。——译者注

休；作战部张部长"生了病"。尽管经过这些"外科"手术，局势有所安定，出现了在军中继续开展工作的可能性，但离完全正常化还远着呢！所有"病人"都迁到了汉口并继续同军中自己的同伙保持着联系，对他们施加不利的影响。例如，第二十四师政治部主任（共产党员）收到了一封匿名信，信中称他为"舔张发奎靴子的走狗"，并让他退休。这就是具有决定性意义的讨伐奉、鲁联盟以及吴佩孚、孙传芳残部前夕的华南的形势。

瓦·康·布留赫尔（加伦）

目前，关于瓦·康·布留赫尔生平活动的书籍已出版了很多。

但是，我在本书里还想再回忆一下我有幸同瓦西里·康斯坦丁诺维奇一起在中国工作的情况。我觉得回忆一下他生平中的一些片断是有必要的，因为这些对他后来的活动产生了深刻的影响。

瓦·康·布留赫尔于一八八九年十一月十九日出生在雅罗斯拉夫省的巴尔辛卡村。他在教会学校上的小学。大家知道，革命前，农民的粮食每年都青黄不接，因而，很早以前他们就到城市去谋生或者通过牲畜贩子和货郎出售木制产品和其他产品。布留赫尔的父亲在自己的儿子中学毕业后，将他送到彼得堡第一行会里的商人克洛奇科夫那儿当店员。

布留赫尔从少年时代起就从自己的亲身经历中了解了资产阶级社会的内幕：上层人物花天酒地、挥霍无度；工人处于无权的地位，过着半饥半饱的生活。布留赫尔对现实采取的批判态度也许是在老店员彼得·库兹涅佐夫——他后来因从事革命活动被投入监狱——的影响下产生的。布留赫尔亲眼目睹了彼得堡的"流血星期天"。所有这些对他性格的形成起了促进作用。

布留赫尔最初在彼得堡的工厂，尔后在莫斯科和梅季辛斯基车辆厂工作时，受到了更为严峻的革命教育。他由于参加罢工，在监狱里被关了两年半。一九一四年，他应征入伍，作为列兵被派到在奥地利战场参战的科斯特罗马第十九团。他在那里不仅是一名勇敢的士兵，而且还是一名坚毅机智的指挥员。在捷尔诺波尔附近的多瑙河畔的一次战斗中，他负了重伤。一九一六年，他被彻底解除军职。伤愈后他又当上了店员并在沙尼亚夫斯基人民大学里自修。

即使在一九一六年，布留赫尔仍未放弃自己的革命活动。在喀山机械厂工作时，他加入了共产党。一九一七年，布留赫尔受党的委托参加了第一〇九后备团，尔后又被派到车里雅宾斯克去打杜托夫。在同反革命的斗争中，他锻炼成了一名杰出的红军指挥员。仅仅列举他参加过的战斗，就需要很多篇幅。

我第一次见到瓦·康·布留赫尔是在一九二〇年夏天在卡霍夫卡附近。他当时正指挥第五十一步兵师，该师归埃德曼指挥的右岸兵团管辖（后来归第六军管辖）。我当时任西南战线炮兵司令 B.Д.戈连达尔的助手。我有时指挥整个右岸兵团的炮兵，特别是在强渡德涅伯河时。但我与之打交道更多的是第五十一步兵师的炮兵，该师是保卫卡霍夫卡基地的主力。第五十一步兵师在布留赫尔的领导下，粉碎了弗朗格尔在大批坦克和飞机的支援下企图占领卡霍夫卡的所有尝试。白匪军在卡霍夫卡附近遭到了彻底的失败，从而拉开了反苏维埃俄国的整个白匪运动最后失败的序幕。

一九二三年秋，我在桑古尔斯基那儿做客时见到了布留赫尔。我印象最深的是他非常谦虚，非常沉着。在一次谈话中，他对红军著名的军事首长季诺维也夫说："桑古尔斯基①起草命令大概比我和你的水平都高。"

布留赫尔在接见中国将领时，我发现了他的一个很有意思的特点。他很善于听取交谈者的意见，启发他们直言不讳。这使他在制定

---

① 桑古尔斯基是红军的指挥员，在国内战争期间指挥闻名的鲍古恰尔斯基第四十师，一九二六年秋天，他被任命为冯玉祥元帅的军事总顾问和国民军第一军顾问组组长。

计划时能照顾执行者的处境和利益，这些在当时的条件下是非常重要的。

布留赫尔在大多数中国将领中享有很高的威望。他起草的命令的草稿，总司令从来都不加修改地予以签发。如果蒋介石需紧急征求意见或为其他事来找布留赫尔，他总是坐在凳子的边上并将手放在膝盖上，以示尊敬。

瓦·康·布留赫尔对总司令很有礼貌，不傲慢，但保持自己的尊严。在中国的将领中，只有白崇禧行为放肆，甚至在会见布留赫尔时也是如此：半躺在扶手椅里，一只脚搭在椅子扶手上。布留赫尔以客气、冷静、克制的态度提醒白崇禧，他的举止是没有分寸的。白崇禧对待总司令更不拘礼节了：在会上公然把背转向他，到处走来走去，在蒋介石发言时大声讲话，或进行反驳。他对总司令的不友好态度尽人皆知，但因为他是中国将领中最懂军事的，因而受到重视。

布留赫尔的外貌与他的内心是一致的。他平时总穿着一身不带肩章的中国军装和一双马靴。他说话不紧不慢，充满信心。关于他给初次见面的人留下的印象，从美国新闻记者安娜·路易斯·斯特朗的一次谈话中便可了解。她的这篇采访于一九二七年春天刊登在汉口的一家报纸上。她在这篇采访中以热情洋溢的语言描述了"加仑将军生动的个性"给人留下的不可磨灭的印象。她发现他反应灵敏、学识渊博，论述问题语言准确、生动。

布留赫尔要求顾问们督促他们所负责的将军能迅速、准确和积极地执行总司令的命令，并给他们以具体的帮助。

在工余时间，他对大家很亲切和蔼，常和我们开玩笑，甚至跟我们一起唱我们自己的诗人写的一首情调忧郁的歌——"明天我们可能被埋葬在武昌城下"。布留赫尔最喜欢的人大概是第一军的顾问亚历山大·伊万诺维奇·切列潘诺夫。他常常在没有翻译、无法与人讲俄语的情况下，一人在外地工作。每当 А.И.切列潘诺夫报回情况时，布留赫尔都赞许地点着头。

布留赫尔出于我们的国际主义义务感，对中国劳动人民、工人和农民的艰难处境深表同情。

在上海战役进行期间传来消息说，上海的无产阶级发动了起义。孙传芳军队要残酷地镇压起义者。布留赫尔发了一封紧急密电，要求给白崇禧当顾问的 B.H.巴纽科夫（科米）赶紧进攻（白的部队当时正在上海一带活动），以营救上海工人。布留赫尔深知白崇禧将军的反动信念，建议以军事行动的理由来掩饰进攻的真相。

在一次为庆贺攻克南昌而举行的宴会上，他大致讲了这样一些话："我们苏联人感到自豪的是我们有幸能传授自己的革命经验，为完成我们的国际主义义务——帮助伟大的中国人民从军阀和帝国主义的桎梏下解放出来——而贡献力量和才智。为了彻底完成这一伟大的使命，我们准备流尽自己最后的一滴血。"

宴会结束后，蒋介石想给参加了北伐的顾问们赠送一些珍贵的礼品。瓦·康·布留赫尔对总司令说，我们没有权利接受他的礼物。他这样是想表明我们的援助是无偿的，我们援助中国国民革命军不是为了蒋介石的利益，而是为了将中国从半殖民地的依附地位中解放出来。

我们在南昌和武汉工作期间，布留赫尔的最亲密助手首先是他的妻子加琳娜·亚历山德罗芙娜·科利丘金娜。她在哈尔科夫出生，在哈尔滨长大和受教育，后来毕业于彼得堡的柏斯杜热夫讲习所。我在北京就认识了她，那时她在那里的塔斯社北京分社工作。后来她从北京调到了汉口，在鲍罗廷的机关里工作，任英文翻译、打字员和速记员。加琳娜·亚历山德罗芙娜具有独立的、坚强的性格，是布留赫尔不可缺少的助手。我们在一起前往河南期间，我个人对此是有深刻体会的。科利丘金娜从不忘记自己的老熟人，对大家都很关心，帮助他们渡过难关。

　　布留赫尔其他可靠的助手是直接归他调遣的他的个人翻译、我在前面已经提到的那个埃马努伊尔·莫伊谢耶夫·阿勃拉姆松以及副官М.Я.格米拉。

　　米哈伊·雅科夫列维奇·格米拉于一九〇〇年出生在波尔塔瓦省的一个农民家里。革命刚一开始，他就积极参加了。他是他的家乡佐洛托诺沙市的共青团的组织者。他参加过游击队，打过仗，后来又参加了红军，一九二〇年加入共产党。国内战争结束后，他到基辅军校学习深造。一九二三年毕业后，他任工兵连的指导员，同时还在列宁格勒大学的语文系听课。列宁格勒警备司令、第一军军长布留赫尔发现了这个有才能的年青人。他在来中国时，建议格米拉同他一起来，当他的副官秘书。格米拉于是同意了。我经常看到他在工作。格米拉思想集中，仔细认真，外表整洁，神态端正。他和他的妻子留波芙·米哈伊洛芙娜后来都成了瓦西里·康斯坦丁诺维奇忠实而又有耐性的助手。他们俩负责管理他的整个办公室和接待众多的来访者。要知道，同布留赫尔在一起工作并非易事，因为他不分白天黑夜地干，有时整整二十四小时都在工作。

一九二七年初在华中

　　将近一九二七年元旦，即在国民革命军开到长江流域以后，军阀张作霖和张宗昌开始公开支持吴佩孚和孙传芳反对武汉国民政府。至一九二六年十二月二十日止，张宗昌的鲁军主力全部调到津浦铁路，集中在郯城、徐州、蚌埠地区。这支部队包括近三十个步兵旅和一个骑兵旅，总共九万五千人。

　　此外，第一和第二步兵师以及还有两个师的部分部队（总共二万五千人）也从保定调到这个地区。据报纸报道，在山东省正加紧建立一些新的联队，并准备将三个步兵师（第十三、二十七和第三十五师）的部分部队南调。一九二七年一月二日，鲁军的一个步兵师开进了南京，另一个师的两个团开进了上海。鲁军第七军的部队都集结在安庆地区。

　　奉军部队也沿着铁路向河南省的边界频繁调动。奉军的主力部队当时驻扎在京汉铁路北段的磁州和松德地区，其他部队都驻扎在黄河北岸。奉军显然为了进攻河南，对付冯玉祥，也可能是对付阎锡山，将第九军（一万五千人）派到了绥远地区。这在某种程度上牵制了奉军，阻碍了南线行动的发展。张作霖力图使吴佩孚同意在京汉铁路增加自己的部队，这就有可能使奉军在内线展开行动：在西面——对付冯玉祥的西北军；在南面——对付国民革命军，从而使奉军进入河南省的中部地区。与此同时，张作霖还暗中打算使吴佩孚和豫军都归附自己。

国民军第二军退出河南以后，那里出现了独特的"真空时期"，有六七个军事政治集团互相角逐。

第一集团是吴佩孚的"忠臣"、国民军第二军前将领、第四和第五步兵师师长陈文钊和王为蔚。他们占据着阳城地区。

田维勤指挥下的第二集团（近一万人）与张宗昌的鲁军来往密切。

靳云鹗和魏益三指挥的第三集团（近二万人）驻防在陇海铁路两侧，主力驻防在铁路枢纽郑州地区。这个集团与吴佩孚和北方军阀毫无来往。

第四集团由吴佩孚分子寇英杰指挥。寇英杰在同国民军第二军的历次作战中和在争夺河南的统治权中，丧失了自己的基本力量——鄂军。现在，他所统管的大部分都是义军（旧式军队）和从土匪中招收的新兵。他的部队驻扎在河南东部，主力驻防在开封地区。

第五集团为张治公和刘镇华指挥的没有一定政治倾向的部队，人数五千到一万。这支驻扎在洛阳的部队是由"红枪会"会员和土匪扩编的。他们的信条就是不许任何人进入他们的领地。

第六集团为国民军第二军和第三军的旧部由杨桂堂将军指挥，驻扎在河南西部的潼关地区和陕西东部的陕县地区。该集团反对奉军，同冯玉祥军队有来往。

这些集团中的每一个集团的成分都很复杂，军事技术装备和弹药都供应不足。

如果不提一下樊钟秀将军指挥的部队，那么这份河南各军事集团的名单是不完整的。这支部队驻扎在河南省的西南部山区，顽强地抗击着吴佩孚对他们占领地区入侵的企图。樊钟秀同国民革命军有来往，甚至被任命为第十三军军长。

一九二七年一月初，奉、鲁军队抵近河南边界，出现了北方军阀部队可能占领这个富饶省份的实际威胁。这种危险引起了河南将领们这些五花八门的集团的分化。大多数人都反对奉军进入河南，甚至一部分忠于吴佩孚的将领离开了吴佩孚。结果，河南只剩下了二个主要集团。吴佩孚集团是由吴佩孚的旧友组成的，他们屈服于这种不可避免的前景，同奉军和鲁军结成了反对国民革命军的联盟。该集团以吴佩孚的狂热信徒寇英杰将军为首。

第二集团由靳云鹗和魏益三将军领导，称为靖国军，其中的大部分将军过去都在国民军第二军中干过。他们决心不让北方军阀进入河南。参加这个反奉集团的有王为蔚、陈文钊、田维勤、马吉第、陈兆文等将军以及其他人。该集团的军队驻扎在京汉铁路线上和渭河河谷（新县以北）。

当冯玉祥的西北军进驻潼关地区并开始进攻洛阳时，尤其是冯玉祥得到了同樊钟秀和国民革命军建立联系的实际可能性以后，吴佩孚慌了手脚。他调了王维城的部队来加强这一地区。王维城部队进驻了马城地区并占领了那里的防御阵地。靳云鹗和魏益三反对奉军的行动迫使吴佩孚加紧靠拢奉军，同意接受他们的援助。有消息说同奉军签订了一个正式条约。在条约上签字的有吴佩孚、曹锟、寇英杰、田维勤、霍固安（音译）。张作霖于是抽调了由他的儿子张学良和韩民广（音译）以及褚玉璞指挥的第四方面军来支援吴佩孚。

搞清楚将军们的这本糊涂账不是一件容易的事。将军们主要出于个人利益和暂时的考虑，不断从一个军事政治集团转到另一个集团。广大的士兵都是顺从地跟着供给自己吃穿的这个将军跑，而在这个将军失败以后，又投向另一个将军，有时投向将军的敌人。

北方军阀的武装力量

张作霖从一九二七年初起成了中国反革命势力的领袖。他反对一切新的进步的事物，他是日本帝国主义的忠实奴才。他竭尽其一切所能来消灭中国革命运动。

郭松龄发动的起义失败以后，日本军界彻底控制了奉军。由日本教官经办，对该军技术装备进行了改装，军事训练也得到了完善。在此期间，张学良成了奉系集团中最有影响的人物，他的最亲密的助手是邹作华①。张学良积极赞成同南方人打仗。他竭力想摆脱他父亲的监护，夺取外交和军事方面的主动权。

在奉军中，另一个重要人物是奉天兵工厂厂长杨宇霆将军。他同张学良关系不睦，因为他是未经张学良同意而由张作霖提拔担任这一职务的。杨宇霆反对对国民政府采取军事行动。

归张学良指挥的有七个军（第七、第九、第十、第十一、第十三、第十五军和第八骑兵军），共十二万人，以及总人数为六万的一些独立旅和独立团。最忠于张学良的是第十军、第二和第六独立旅。奉军各军的编制都是满的。所有的军官受过正式军事训练，其中高级指挥官都在日本的军校学过一年以上。奉军的每个军下辖二——三个有三个团编制的步兵旅，一个炮兵团和一个通讯连。一些军还有骑

---

① 邹作华在郭松龄起义时被提为郭部的炮兵司令。他在起义过程中背叛了郭松龄，突然向起义部队的后方开炮。为此，他被任命为奉军的炮兵司令。

兵旅。

每个军拥有人数一万三千——一万五千人。万福麟的骑兵第八军下辖三个骑兵旅、一个步兵旅，总共一万人。奉军的精锐部队是炮兵，它直接归张学良调遣。炮兵共分十个炮兵团，百分之五十的炮为野战炮，百分之四十为山炮，百分之十为重炮。大炮的部件有百分之八十是由奉天兵工厂生产的，百分之二十是外国造的。一个炮兵团下辖三个营，每个营辖三个连，每个连有四门炮。此外，每个炮兵团还有经常担任掩护任务的二个至四个步兵连，这些步兵连都归炮兵团长指挥。每门炮有近四百发炮弹。最好的炮兵团是第三、第四和第七团。

所有的军官都是炮校毕业的，都学过在隐蔽阵地射击。所有的大炮都用马牵引。

由此可见，奉军，特别是它的炮兵，在军事技术装备和军事训练方面，远远领先于国民革命军。

但是，郭松龄的起义使奉军震惊，而且对中国国民政府开战也不得人心。奉军拥有大量的飞机，但飞机的技术状况不佳，飞行员的飞行训练很糟。奉军的指挥员们对自己的空军也不抱什么希望。

至一九二七年三月十五日止，奉军已拥有六个集团军。第一集团军驻守在开封和兰封地区（第十军和第十一军）以及渭滩（音译）和黄河渡口之间的地区（第七军和第十一军）。这是奉军的主力部队，总兵力为五万五千人——六万人。第二集团军包括第八军和第十五骑兵军（二万五千人），接替鲁军驻守在保定——北京地区。第三集团军即驻守在察哈尔省的第九军。第四集团军包括几个独立旅和不归各军管辖的炮兵，归张学良直接指挥①。第五集团军（二万人）为

---

① 九个下辖二个团的骑兵旅，二个独立骑兵团，六个下辖三个团的步兵旅，二个通讯旅，一个工兵旅，空军力量共有五个大队（一百五十架飞机），七辆坦克，七辆铁甲车，几支警卫部队，三个步兵团和三个兵站大队。

奉军的最近后方（负责占领北京和保卫京沈铁路）。第六集团军包括七个骑兵旅和五个步兵旅（二万——三万人），负责保卫满洲大后方和中东铁路。这样，奉军的总兵力达十八万人，有三百二十门野炮和山炮，三十六门重炮。

直鲁军是由鲁军（十万人）和直隶督办褚玉璞的军队（六万人）组成的，统一归山东督军张宗昌指挥。鲁军下辖十二个军（从第一军到第十二军）、几个独立师和独立旅。鲁军各个军的兵额和组织结构五花八门。例如，张宗昌任军长、驻防在济南的第一军（二万五千人）下辖五个步兵旅、一个骑兵旅、一个炮兵旅、几列铁甲列车和一个工兵团（二月二十六日，该军的一部被调到了南京）。徐源泉的第六军总兵力为三万二千人，下辖三个三旅建制的师和一个独立骑兵团。很多军还处在组建阶段，例如第二军和第九军。除了十二个军外，还有六个独立师（第十一、第十五、第二十二、第五十、第六十五和第六十七师）以及几个独立骑兵旅。

现在我详细介绍一下第六十五步兵师，即所谓的涅恰耶夫师（第一百六十五旅、第一百六十六旅）。第一百六十五旅是中国旅，有官兵三千人，四门大炮，六挺机枪和六个炸弹发射炮；第一百六十六旅是个俄国旅，有一千四百六十二名俄国人和一千六百六十九名中国人。涅恰耶夫师由白俄将军涅恰耶夫指挥。开始时，他在自己的同伙和白俄侨民中组建了一个旅，尔后组建成了一个师。该师拥有很多辆统归契柯夫上校指挥的铁甲车，是张宗昌军队的一支突击力量。尽管经济状况恶劣和中国部队战斗力很差，张宗昌大概就靠着这支力量得以长期占据山东省。

那时山东省的经济状况相当恶劣。张宗昌当上该省的督军以后，每年向老百姓征税一亿元。此外，军队也在其驻防的县里征捐抽税。老百姓在重压下走投无路，不得不采取一些极端的举动，这是很自然的。山东省就匪盗的增长情况来说，在中国首屈一指。那里的农民起义也一直未断。张宗昌曾抽调了一整个集团军去对付土匪和起义的农民。

鲁军的军事技术装备基本上还是可以的，但部队的士气很低。士兵们常常领不到薪俸。抢劫当地的百姓成了鲁军士兵的长期生活来源。鲁军的将领们都以放高利贷而闻名全国。其中一些人考虑到自己的部队势单力薄，便同驻在上海的国民革命军的代表就投降事宜进行谈判。在一九二七年初，鲁军的主力部队驻守在蚌埠——徐州地区：第三军和第五军驻扎在浦口地区，第四军和第七军驻扎在安庆地区，第十一军驻扎在安徽北部地区，第八军从青岛转移到了上海地区。

孙传芳部队到一九二七年初，已从在南昌——九江地区遭受的失败中恢复了一些元气，发展到了九万人。上海的商人给了孙传芳三百万元，日本和德国给了他很多武器和弹药。但孙传芳重新招募的军队是仓促拼凑起来的，未经训练，供给也差，精神状态不佳。抢劫当地群众现象依然存在，这引起了人们对孙传芳部队的恶感。

孙传芳同他手下的将领之间的摩擦增加了。张宗昌迟迟不去援助答应将南京让给他的孙传芳。于是，孙传芳转而向英国求援（英国当时在上海地区拥有相当的力量）。由邓肯将军指挥的一支英国部队（二万三千人左右）辖有各种杂牌的分队：第三和第十四步兵旅、第五旁遮普营、第十二旁遮普团第二十一营（来自孟买）、迪尔赫姆团第二营（来自新加坡）、绥芬河团第二营、贝德弗团第四营、霍尔特福尔团第一营。

一些外国列强准备以强大的海军力量（一百五十艘军舰）援助孙传芳部队。如果注意到英国的陆军在和平时期总人数不多这一事实的话，那么就应承认，英国政府在政治上是相当重视上海的。但是，国民革命军胜利挺进，彻底消灭了吴佩孚和孙传芳部队，进军长江流域；由于军阀部队士兵的倒戈，国民革命军的数量几乎增长了三倍，在农民中享有很高的威望——这一切迫使英国统治集团以长江季节性水浅为由，拒绝援助孙传芳。与此同时，国民革命军取得的胜利使军阀们不得不寻找出路。为了提高军队的士气，孙传芳提出了"为反对布尔什维克而战就是拯救人民""中国应当在五色旗下实现国民联合"等口号，开展了一场声势浩大的反对中国革命的运动。为了宣传，动员了八百多名大学生。

为了加强对士兵的军事训练，孙传芳将其所属部队分为五个兵团。孙传芳自己任第一兵团司令。第一兵团下辖第二、第十三和第十四步兵师（约九千至一万人），其集结地在桐庐地区。第二兵团由任忠尧①将军指挥，下辖第四和第十步兵师（七千人），驻防杭州地区。孟昭月将军指挥的第三兵团（第六和第十一步兵师——八千人），集结在桐庐——新昌地区。白宝山的第四兵团下辖第五步兵师、叶开鑫的部队和其他一些部队（八千人），驻守宁国地区。周荫人的第五兵团（八千人）将主力假道泰州调到了宁波。负责保卫后方的部队有：在上海有第九步兵师，在南京有第十二混成旅，在安庆有第六步兵师。有二个步兵师由于不可靠未参加任何战役。

安徽省的军队当时正犹豫不决，不知归附谁好，是归附鲁军还是归附国民革命军？安徽省督军陈调元，同时也是孙传芳的第六师师长，在选择未来的主子时摇摆不定：是选张宗昌还是选蒋介石？有消息说，他曾进行过关于投靠张宗昌的谈判。其他一些将军都企图单独同鲁军谈判，例如第一和第四混成旅旅长杨世荣和莫丰平（音译）。驻防区距鲁军驻地很近的第三混成旅旅长主动转到了鲁军一边。一些人也同国民革命军的代表进行了谈判。

决定投到哪一方和啥时投奔主要取决于何者好处大。

山西省督军阎锡山好像是个反复无常的人。一九二五年十一月，奉鲁集团在郭松龄起义期间处于岌岌可危之际，阎锡山装成国民军的

---

① 疑是郑俊彦。

盟友并与其一道反对张作霖。半年之后，当国民军失利，残部退到贫穷的人烟稀少的甘肃和陕西省时，阎锡山又摇身一变，成了奉军的盟友，最卖力地参加消灭国民军第一军。没过七八个月，军阀吴佩孚和孙传芳就垮了台。西北军（国民军第一军旧部）在苏联的援助下，迅速地扩充了力量。而当国民革命军挺进到长江流域时，阎锡山又打算转到南方人一边。

但是，阎锡山尽管从一个军阀集团转到另一个集团，政治上不断摇摆，然而他并不想靠侵吞邻省来扩大自己的领地。他一直严防自己的领地，既不让敌人染指，也不让盟友插手。他只用了一年的时间就将自己的军队几乎扩充了一倍。到一九二七年初，山西军已有了近十五个步兵师。阎锡山军事战略的基本原则是："人不犯我，我不犯人"。阎锡山的这一方针使得山西省一直没有军事动乱。在他执政的十五年间，山西省始终无战事。

军阀联盟成员之间在反对国民政府的斗争中缺乏一致行动，各个集团中存在着互不信任和内部矛盾，使得他们对国民革命军和冯玉祥采取的行动分散、不一致、不坚决。

张宗昌对孙传芳一九二七年一月在浙江发动的进攻拒绝给予支持，因为后者不想让出南京和上海，甚至还威胁要他的部队从安庆——浦口地区撤到徐州。孙传芳同张作霖也未达成协议，因为孙传芳禁止在自己的地区使用奉币。张学良同鲁军的关系和张宗昌同直隶督办褚玉璞的关系都不和睦。他们分歧的症结所在是管理京汉铁路问题和直隶省问题。一九二六年十二月四日，张宗昌在北京将管理这条有利可图的铁路的大权捞到了自己的手里。

张作霖与吴佩孚从未和睦过。尽管如此，鉴于靳云鹗和其他一些河南将军的叛乱，一月底在北京召开的北方军阀会议上还是决定支持吴佩孚。为此目的，向河南调去了奉军的五个师，而其主力部队调到了黄河渡口，以便能在郑州——开封地区集结。吴佩孚的很多将领都对吴佩孚同张作霖结盟表示不满并准备离开他。张宗昌由于同孙传芳谈不拢而对他不满，拒绝支持他。但在会议之后，他装出准备进攻河南以支持吴佩孚对付国民革命军的样子，将第七军和第十一军调到了安徽和河南边界地区。张宗昌将鲁军的主力部队集中在蚌埠——徐州地区，以便夺取南京和上海。

孙传芳是五省首脑（安徽、江西、江苏、浙江、福建），但他没有控制这些省的实权。一九二六年在江西省战败之后，就连这块招牌也无影无踪了。当鲁军开进安徽以后，当地的将军们，都按自己的意志，决定同北方军阀和国民革命军建立了相应的关系。在这些将军控制的部队中，建立了国民革命军第三十三军，由在河南事件期间我们就已知晓的柏文蔚将军指挥，在其他一些安徽将军的部队的基础上还组建了个暂编第三军，由刘宝题将军指挥（七千五百人，二十门大炮，二十挺机枪）。

由军阀们的零散部队联合建立起来的先头部队由吴佩孚将军自己指挥。他计划沿京汉铁路向武汉发动主攻。奉军部队留做预备队，其任务是排除来自冯玉祥西北军的威胁。

根据这一计划，其主力部队集结在徐州——蚌埠地区的直、鲁军必须沿陇海铁路向开封进攻，以支援吴佩孚的进攻。一旦吴佩孚的主力到了信阳，直、鲁军就必须同安徽军一道向九江转入进攻。孙传芳的军队在这期间也会在浙江开始进攻。阻止国民革命军部队向北进攻的任务由福建将军周荫人担任。此外，根据这一计划，一部分安徽军、粤军残部和其他小军阀的残余部队还要同长江上的海军部队协调行动，向湖口展开进攻，这样，浙江的军事行动就同吴佩孚主力向湖北和江西的进攻联系在一起了。然而，吴佩孚的这一计划只是"纸上谈兵"，它不符合这些反动的军事联盟的精神状态和军阀部队同国民政府的相互关系。反对国民革命军的主要任务由吴佩孚和孙传芳部队承担，这两支部队不久前都被国民革命军打得一败涂地。

吴佩孚和孙传芳的新盟军——张作霖军和张宗昌军，答应帮助他们，很自然，不是为了帮他们夺回其失去的湖北和江西省，而是为了自己能在这些富饶的省份中立足扎根。

一九二七年初国民革命军的部署

由于吴佩孚和孙传芳的军阀部队的大量归附，国民革命军的队伍极大地扩充了。但是，它的战斗素质则大大地减弱了。这一方面是由于在北伐中遭受了损失，牺牲了最优秀的战士——共产党员和国民党左派；另一方面是由于归附到国民革命军里来的军阀部队本身带来了它们的各种弱点。对政治漠不关心、无组织无纪律、贪财图利等等。

国民革命军战斗力下降首先表现在破坏军纪上。驻在南昌的第三军发生了暴乱、盗窃公款；第十一军军长陈铭枢以及其他一些将军擅自离职出走；一些部队转到了敌人方面。军队中政治道德和纪律的下降最终导致了分裂。到一九二七年元旦，国民革命军分成了三路大军，即东路军、中路军和西路军。

东路军的总司令是第一军军长何应钦将军。他的顾问是从一九二四年就在中国跟随这位将军的知识渊博而又富有经验的指挥员切列潘诺夫。亚·伊·切列潘诺夫懂中文，可以不带翻译工作。东路军包括两个方面军：浙江方面军和福建方面军。浙江方面军由白崇禧将军指挥，他的顾问是帕纽科夫。浙江方面军下辖由第一军的三个师（第一、第二和第二十一师）、第十九军和第二十六军组成的三个机动兵团，这些部队驻防在扬州——兰溪地区。

福建方面军由何应钦将军亲自指挥，下辖第一军的其余三个师（第十三、十四和二十师）、第十四军和第十七军，驻扎在福州，南平和沙瓯地区。东路军部队共有四万——四万五千人。

中路军部队由国民革命军总司令蒋介石将军指挥，总军事顾问是瓦·康·布留赫尔。该路军包括二个方面军：江右军（南京方面军）和江左军（安庆方面军）。江右军由第六军军长程潜将军指挥，顾问是切尔尼科夫。该方面军的三个纵队（第二、第六和第四十军）驻扎在广新、德兴、九江地区。江左军也由三个纵队组成（第七、第十和第十五军），由李宗仁将军指挥，顾问是 М.Ф.库满宁。该方面军驻扎在黄梅、罗田和汉口地区。中路军共有五万——五万五千人。

西路军部队（六万——六万五千人）由唐生智将军指挥，顾问是 Ф.И.奥利舍夫斯基（沃依尼奇）。该路军后来扩充为二个方面军：北部方面军和西北方面军。北部方面军包括第八、第三十五和第三十六军，它的活动中心是京汉铁路。西北方面军四月份才组建起来（第四、第九和第十一军），由年轻的、坚决果断的第四军军长张发奎将军指挥，顾问是 В.Е.戈列夫。西路军的主力都集结在武汉。先头部队占领了横穿绵延河南南部边界和湖北武胜关地区的母岭山梁的通道。总司令的主要预备队是驻扎在南昌——九江地区的第三军。

一九二七年，国民革命军肩负着将中国从军阀和帝国主义者手中解放出来的任务。根据一九二七年初国民革命军的军事战略地位，制定出了军事行动计划。西路和中路军部队开到了长江流域，东路军部队由于长江下游的地势关系，驻扎在远离江口的地方。供给，特别是弹药供给的混乱，以及财政拮据，阻碍了预定行动的开展。因此决定在中路军部队的支援下由东路军展开积极的军事行动，以便保障部队能开进长江下游和占领上海、南京。这项任务计划以这种方式来完成：

浙江方面军部队（白崇禧兵团）应沿钱塘江右岸向盘踞在杭州——余杭地区的敌人进攻。

福建战场上的何应钦兵团必须消灭活动在泉州和温州地区的由周

荫人将军指挥的福建之敌。尔后，何应钦部必须沿钱塘江南岸向杭州发起进攻。

中路军部队的任务是支援东路军部队的进攻。程潜的江右军以湖口和九江为根据地，沿长江右岸向安徽省南部挺进，李宗仁部队同转到了国民革命军一边的安徽军队协调行动，沿长江左岸向安庆挺进。

他们进攻的目的是不让敌军横渡长江。西路军部队的任务是监视，即注意河南和安徽北部的军事形势，帮助豫军牵制住敌人，同时要注意盘踞在湖北西部的敌军残部。在南昌担任预备部队的第三军时刻准备投入东路军、北路军和西路军。

浙江之战

孙传芳力图首先利用国民革命军东路军部队首尾不应的局面（北部兵团离南部兵团有五百多公里）。他想将泉州——温州地区的周荫人部从处在国民革命军这两个兵团夹击的状况中搭救出来。

孙传芳部队悄悄地在杭州、溧阳和桐庐前线作好部署，并于一月四日在扬州——兰溪一带转入了进攻。但是，孙传芳错过了有利时机。在他所指挥的十三个步兵师和六个混成旅中，只有八个步兵师参加了主力的进攻。

驻扎在桐庐和淳安的第十五步兵师部分地支援了这次进攻。驻守在国民革命军侧翼——国民革命军当时驻扎在扬州、兰溪地区——的敌第十二步兵师则向北，向宁波退却了。

国民革命军的先头部队在敌人优势兵力的压力下，根据总司令的命令，放弃了扬州和兰溪，占领了下述阵地迎敌：第一步兵师占领了兰溪以南地区；第二十六军占领了金华；第二步兵师占领了兰溪；第二十一步兵师占领了泉州。孙传芳部队同国民革命军接上了火，结果被打败，退到了杭州。孙传芳在桐庐——杭州地区损失了一万到一万四千人。周荫人将军的士兵在宁波附近被俘获了八千人。

孙传芳在浙江孤军作战早就注定了失败的命运，尽管也取得了一些战术上的胜利。总的军事政治形势和军阀部队的士气对他都不利，当地的广大群众对他们和他们的靠山都怀有敌意。

这次战役之后，国民革命军利用孙传芳的部队又组建了几支新军：第十九军是由陈仪的第一师扩建的；第三军（暂编）是由刘宝金部队扩建的；第三十三军是由柏文蔚部队扩编的，以及其他一些部队。孙传芳的军队在扬州——兰溪地区遭到失败后，退到了浙江北部。

直系集团的瓦解，特别是靳云鹗的出走，促使张作霖和张宗昌赶紧援助吴佩孚。一月底，奉军赶紧向河南调动，加快了在郑州——开封地区的集结。鲁军也将大部队集中在江苏安徽交界的浦口地区和安徽的南部地区。

国民革命军浙江方面军总司令白崇禧在获悉鲁军向上海——南京地区调动和孙传芳军队在继续崩溃瓦解消息后，等不及何应钦的福建军队的到来，决定在上海方向转入全面进攻。他的主力部队（第一、二、二十一师）于一月二十七日假道寿昌向杭州进攻；在左翼，第二军的第六师经过开化向遂安进攻；第二十六军沿钱塘江右岸向金华进攻；李的部队带着渡河用的船只，沿河的左岸向前挺进。

一月二十九日，白崇禧部队同驻防在兰溪——寿昌一带的孙传芳的主力（第八、第十一、第十二、第十四步兵师）接上了火。战斗进行了十六个小时，互有胜负。夜里，敌对的双方同时都认为自己被打垮了，因此都各自退逃。这次战斗毫无成果是由于国民革命军部队的指挥能力太差和白崇禧本人临阵慌张。战斗中，他经常改变自己的命令，把士兵搞得晕头转向。他轻信关于敌人的一些言过其实的情报或敌军已经撤走的传闻等等。最后，白崇禧部队向南退了二十五公里。敌人也向北退到了杭州。

一月三十一日，白崇禧部队经过整顿后，又重新转入了进攻，但他们没能追上敌人。直到二月二日，二十六军才占领金华，第一师占领了兰溪，也就是说，进入了战役开始时的阵地。总司令蒋介石为了集中东路军的全部兵力，暂时停止了白崇禧的继续进攻。

浙江战役表明，国民革命军完全有把握在二月初拿下上海，甚至南京。

何应钦亲自指挥的东路军福建兵团长期待在福建的福州和江宁地区，迟迟不向前推进。由于行动这样迟缓，使得白崇禧军队孤立无援。这也阻碍了东路军部队挺进长江下游和使它们失去了在直、鲁军到来之前迅速消灭孙传芳军队的机会。

第十七军直至二月十日才到达温州，这时第十九军（以前的陈仪师）已在那里驻扎，而十四军也已赶到了浦城，即向白崇禧军队的战线只靠近了二百五十公里。

浙江战役未能使国民革命军在东部战区取得决定性的胜利。为实施这次战役而拨出的物资不足，最高指挥部和政府在为解决自己的内政问题而忧心，导致错过了消灭四面楚歌的孙传芳军队的一次机会。东路军部队力量不集中。浙江战役实际上是白崇禧兵团独立进行的，该兵团的兵力只占东路和中路军总兵力的百分之二十不到。此外，一些内部积极因素，如上海无产阶级的革命情绪和广大人民群众对国民革命军的支持等，也未能得到利用。所有这些导致国民革命军只剩了二支向长江下游突进的部队。东路军和中路军。南京和上海出现了鲁军。消灭这支敌军的行动被称作南京战役。

南京战役

一九二七年三月初，即在南京战役前夕，军事力量的部署情况大致如下：

敌军——张宗昌的鲁军——大批地渡过了长江，加强和取代了驻守在南京和上海地区的孙传芳部队。鲁军的主力部队集结在南京——浦口地区。另一支大兵团集结在徐州、归德、苏州地区（大部分为新编部队）。孙传芳的部队士气低落，不很可靠，因此，被调到了长江左岸的扬州——泰州地区。

二月二十八日，奉军主力在鲁军的掩护下在开封及其东北地区渡过黄河并向郑州方向前进。在黄河大桥附近，同豫军展开了炮战。

自称为"河南保卫军"的部队在紫祥关（开封以南四十五里处）沿河南北部和东部边界进入了防御阵地抗击奉军和鲁军；驻守在中牟和宝山的有第九、十五、二十四和二十七步兵师。郑州地区驻扎着第十六、二十三步兵师。靳云鹗和魏益三的部队向豫军防线的北段接近。

集结在沙河一带的王为蔚部队防守河南和安徽交界地区。总预备队由驻扎在郾城地区的杨世仁（音译）部队和驻扎在新蔡——固始地区的任应才的第十二军团担任。在西面，驻守在洛阳地区的张建功和刘镇华的部队正在进行关于转到冯玉祥的西北军一边来的谈判。

这样，豫军在部署上起着掩护国民革命军西路军部队在河南南部集结的作用。但是，豫军的准确部署和总人数是无法统计的。根据以往的军事行动的经验，当时很难说哪些豫军部队将能留在国民革命军一边，哪些可能投向敌方。一九二七年三月初，国民革命军部队占领了长江下游阵地。

驻防在上海一带的是白崇禧兵团。该兵团下辖第一军的第一、二、二十一步兵师、第二十六军、李明扬部（共有一万五千——二万人，九十四挺机枪，五百门大炮，十三门迫击炮）。主力部队集结在江西地区。该兵团的预备队是第十九军。这些部队在吉安、滨湖、江山地区与敌人遭遇。为了切断沪宁铁路线，向苏州发起了主攻。这些部队遭到了鲁军毕庶澄的第八军（一万——一万五千人）、孙传芳的第九师和其他部队的抵抗。敌军的总数同白崇禧部队的总数相等，共一万五千人——二万人。但有情报说，孙传芳的江上舰队和他的第九师曾谈判要转到国民革命军一边来。

三月七日，东路军部队在何应钦的直接指挥下，全部出动，连同临时划归它指挥的第二军（总共二万七千人），配备着九十二挺机枪、三十一门大炮和二十三门迫击炮，开进了湖州、江滨和广德地区。他们的任务是突破郾阳——溧阳一带敌人的防线，同江右军配合行动，消灭南京之敌，占领南京地区，控制镇江——南京地区一段长江。

江右军下辖第六军和第四十军，由程潜指挥（有一万五千人，五十三挺机枪，三十三门大炮，四门迫击炮）。它的任务是在自己的部队于栋梁山、钟山和马江镇地区集结完毕后，在三月十二日向太平发起进攻。同何应钦部队配合行动是使军事行动能顺利开展的保证。

南京方面的敌人包括鲁军第一、四、六、七军、涅恰耶夫的步兵师、第六、九、十步兵师、几个混成旅和孙传芳的残部，总共有五万——六万人。此外，还计划将鲁军的第六军和第十军（近三万人）调来，这样，连同其他部队，差不多达十万人了。

由此看来，参加南京战役的国民革命军无论在人力上，还是在军事技术装备上，都未占优势。的确，南京战区的部队希望能得到江左军给予一些援助，江左军包括陈调元的皖北部队和李宗仁兵团。

北方兵团一万九千至二万人，七挺机枪，三十四门大炮。但该部队实力要小些，因为有一部分在蚌埠郊区被鲁军缴了械。该兵团的任务是进攻蚌埠和配合江右军向南京前进。

在三月的上半月，布留赫尔的司令部里一片繁忙。瓦·康·布留赫尔一直面带愁容。中国将领们——各路军和方面军的领导人，从清早到深夜不停地来找他。他在同他们的谈话中，了解了他们的思想情绪，互相之间的友情或敌意以及人们都追求什么等等情况。

三月十日，布留赫尔把司令部的指挥员召集到一起，向他们提出了一个问题：是现在就进攻呢，还是等待更为有利的时机？司令部的指挥员们根据力量对比不利于国民革命军的情况（特别是使士兵闻风丧胆的涅恰耶夫师把他们吓唬住了），同意进行防御。我当时不同意司令部其他指挥官的意见，建议立即展开进攻。我认为国民革命军有较高的思想水平、出色的战术训练以及我们顾问的帮助，足以抵销敌人数量上的某些优势。此外，国民革命军在进攻时，完全有把握得到鲁军占领的江苏各阶层人民的积极支持，特别是上海无产阶级的支持。如果我们保持防御，就会导致倒向国民革命军一边的不坚定的孙传芳部队开始动摇和投降敌人。

我认为现在不应贻误进攻的战机。在孙传芳军桐庐战败后脱离了盟军，士气沮丧时，我们已经丧失了有利时机。继续行动迟缓可能会导致在力量对比方面出现不利局面：鲁军的第六军和第十军可能调往南京地区。孙传芳也可能将自己正在扬州——泰州休整的部队（二万人）调往长江南岸。至于穷凶极恶的涅恰耶夫步兵师，关于它的威力的传闻被大大夸大了。从已有的材料来看，这个师四分之三的人是普通的鲁军士兵，其他的是无亲无友的白俄侨民。如果遇到劲敌，他们是招架不住的。

我的建议显然同布留赫尔的想法是一致的，因为他的阴郁的脸豁然开朗了，他笑着，点了点头。会议一致认为他向南京——上海展开全线进攻的决定是正确的。蒋介石也赞同军事总顾问的建议。他的司令部制定出了一份周密的计划，这份计划对各兵团的协调行动和战役物资供给措施都事先作了安排。军队中的顾问们都力求准确无误地实施所通过的各项决议。

内部政治纠纷，特别是高级将领中的纠纷一时一刻也没停止过，尽管战事正酣。我们这些司令部的指挥员，实际上对这些情况了解甚少。布留赫尔宣布自己前往汉口，并安排我作为他的副手留下管事，这完全出乎我的意料。他于三月十四日动身前往汉口。当他到达车站时，中国人给予了隆重礼遇：用轿子抬着他，奏着乐曲。我跟在旁边走着，企图弄清发生的事情的真实意义并问问在总顾问不在的情况下该怎么办。但布留赫尔一言不发。我觉得此行并非出于他的本意，而且他认为此行是不适时机的。

三月十五日深夜，蒋介石走到了正在我们参谋部里值班的斯特鲁姆比斯跟前。根据他打的手势，斯特鲁姆比斯明白了。我们的参谋部要迁走了。但到哪去呢？去九江。翌日早晨，副总司令明确地告诉说，在接到特别命令之前，我们还得留在原地。三月十八日夜里，来了封电报，召我和斯特鲁姆比斯去九江。把我们这个小参谋部一分为二是没有任何必要的，我们决定带着斯特鲁姆比斯、翻译卡扎宁和密码译电员佐托夫去见总司令。参谋部的其他指挥员和技术人员由军训部长 E.B.捷斯连科率领前往汉口。

三月二十日凌晨，我们到了九江，但没碰到总司令，他已经到安庆去了。我们在这里还发生了一起不大的事件。由于轮船晚到了，我的紧随总司令的安庆之行被耽搁了。我当时便让 Д.Я.达罗芙斯卡娅带着急件和地图离开九江前往汉口。我好不容易在一条日本轮船上为她弄了个座位，并将她携带的秘密材料尽量放在安全的地方。突然我们的贴身警卫谢辽沙上气不接下气地跑到了轮船上，激动地重复着"来啦，来啦"，用手十分认真地做着破浪而行的轮船向前开动的样子。一声长鸣使我清醒了过来，意识到事情不妙。我迅速地顺着舷梯跑上甲板。轮船徐徐离岸了，船尾离码头已有六米左右的距离了。一刹那间，我的脑子里闪出了"不能去汉口，应当跳下去"的念头。我短跑了几步，纵身一跳。

当然，我没能跳到码头上，但我幸好抓住了码头上的横木。靠两只手抓着它向上攀登，是轻而易举的事情。继我之后，谢辽沙也勇敢地跳了下去，并用双脚轻松地踩着水，爬上了码头。

季娜·雅科夫列夫娜去汉口也出现了很多麻烦事。她没能平安下船，日本警察搜查了她的东西。对于她本人和行李，他们没敢动（时机不同了，做法也不同），但认定她是布尔什维克的特务。

我们在安徽省省会安庆赶上了总司令。在这里，我们应邀出席了省政府为国民革命军总司令和中国国民政府委员蒋介石举行的宴会。出席宴会的客人不多。省当局的代表们痛骂了一通鲁军奴役者，发誓忠于国民党的思想，表示准备遵守中国武汉政府规定的秩序。然而一个半月前，也是这些安徽省政府的成员在这同一房间里为鲁军第七军军长举行了一个宴会，希望张宗昌的英勇善战的军队能帮他们摆脱赤化危险。可能他们当时的发言更发自肺腑。应当指出，宴会桌上菜肴并不多，但很讲究，都是些中国的珍贵名菜（鱼翅、燕窝、干贝，以及诸如此类的罕见的菜）。

蒋介石一再打听加仑到底什么时候来，并要求催一催他。

在这期间，南京地区的战场上在三月二十三日——二十四日发生了激战，结果，军阀部队遭到了惨败。几万名士兵被俘获。有一部分敌人从长江边又逃到了浙江。蒋介石为了宣布自己是胜利者，为了提高自己的威望，立即前往南京。

南京战役就这样终于胜利结束了。关于这些战斗的结果，战利品和损失的总数，以及在战胜军阀部队中所运用的战术，我就不详细叙说了。

三月二十五日，我在同总司令的参谋长张将军谈话时，谈了自己对下一步军事行动前景的看法。我认为必须利用敌人在失败后内部出现的混乱，在全线穷追猛打。为了完成这项任务，损失较小的白崇禧、何应钦和程潜的部队必须横渡到长江左岸，将被打垮的敌人向北赶到蚌埠。这样，就会为南京和上海构成屏障，为长江下游的航运交通创造正常的环境，使《纪念列宁号》轮船事件不再重演。众所周知，该船二月二十八日在从上海去武汉的途中被南京的鲁军部队扣留。

乘坐这艘轮船的米·马·鲍罗廷的夫人和外交信使都被逮捕并被押送到北京，而轮船的船员被关了八个月的监狱。国民革命军部队迫近南京后，这些鲁军亡命徒将这艘轮船沉掉了。向武汉运送军事装备走这条线路比经广州要快得多。在国民革命军的先头部队跟踪追击敌人的同时，必须整顿东部和中部战区的其余部队。必须补充损失的兵员，加快培训新兵，整顿好供给工作，特别是弹药的供给。

将主力部队在三月初整训完毕后，国民革命军就有可能在三个方向转入进攻，以便向陇海铁路挺进。在西线，主攻方向可确定在津浦铁路地区。但这些计划未能付诸实施。

一九二七年三月，促使中国革命的发展发生急剧转折的各种事件层出不穷。我指的是国民党中央执行委员会的三月全会和在宁沪之战中消灭了鲁军和孙传芳的联军。国民党中央执行委员会全会于三月十日开幕。国民党左派在会上占主导地位。会议的目的主要是反对蒋介石在国内篡夺政治权力，实行独裁的企图。全会确定，管理国家的基本原则是集体领导。全会决定，废除中央执行委员会主席和军事委员会主席的职务。取而代之的是建立中央执行委员会主席团和军事委员会主席团。

决议重申国民党要同中国共产党联合。共产党人第一次被选举担任部长职务：苏兆征担任劳工部长，谭平山担任农民部长。决议中接着还强调国民党将尽力支持工、农和手工业者为改善经济条件而开展的革命运动。

全会的各项决议使国民党的渣滓们感到惶恐不安。蒋介石口头上承认全会的决议，许诺服从这些决议，但实际上，他根本就没服从，他开始纠集一些惧怕革命运动的军阀和资产阶级分子，拼凑反党反政府联盟。

在南京战役接近尾声期间，蒋介石的分裂活动达到了登峰造极的地步。三月十五日夜里，他突然去了九江（显然是不想参加国民党的全会），接着从那儿又突然去了安庆。这个城市作为总司令的指挥所，并不合适，因为它坐落在国民革命军主力部队战场的侧翼，同时，同这些主力部队相隔着一条长江。这个地方的意义更主要是在政治方面——它是国民革命军部队刚刚占领的安徽省的省会。蒋介石在安庆将时间都消耗在各个代表团举行的宴会和招待会上，同政府、自己的军队和在南昌的司令部离得远远的。

三月二十三日，蒋介石在获悉南京被国民革命军攻克之后，立即赶往那里。总司令在战事正酣之际如此频繁易换地方，意味着蒋介石打算中断同政府和部队的所有联系。蒋介石此行并不是为了解决军事问题，而是为了同他作为指挥官的活动毫无直接关系的其他各种目的。

在南京

三月二十七日晚，我们小组乘一艘军舰来到南京，临时住在了郊外下关。除了我（作为布留赫尔的副手）以外，同来的有侦察部部长斯特鲁姆比斯、翻译兼汉学家 М.И.卡扎宁、密码译员佐托夫和通讯顾问科尔涅耶夫（古克）。后来斯特鲁姆比斯的妻子和 Д.Я.达罗芙斯卡娅也和我们会到一起。

简单介绍几句中国最大的城市之一、江苏省的行政中心南京。该城的主要城区（江南）坐落在长江的右岸，四周环墙的中心区离江有十公里左右。另一城区（江北）坐落在左岸，它是由浦口和浦镇二个城区组成的。江上的两个岛屿组成了一个江心区。

南京是一个大江港，尽管距东海有二百四十公里，但大海船可达这里，铁路线与天津和上海都相连。南京的有利地势使它成了中国一个重要的商业中心。这座城里占主导地位的是轻工业（纺织工业和食品工业）。南京是中国最老的城市之一。它始建于周朝，从公元三世纪起就成了封建王朝的首都，从一三六八年起，成了明朝的首都。这里保留着古代王公的陵墓、武将和神兽的石像。

南京还以中国的文化中心而著称，这里有大约八所高等学府。中国在鸦片战争失败以后，于一八四二年在一艘英国巡洋舰"柯尔瓦利斯号"上签订了不平等的南京条约。根据这一条约，中国的几个港口都向英国人开放，英国人有权向那里派驻领事，香港划给英国。

英国还得到了用于安顿当时享有治外法权的外国人的租界和租地。这一条约签订后，美国和法国也立即仿效英国，将一些具有同样条件的不平等条约强加给中国。

南京从一八五三年至一八六四年曾是太平天国的首都。在一九一一年革命以及尔后的一些年代里，南京不止一次成为中国人民从事革命活动的中心。

蒋介石选中南京作为他从事反对武汉政府阴谋活动的中心，无疑是注意到了这个城市的历史。后来，南京成了蒋介石政府的首都。蒋介石来到南京后，展开了频繁的活动：一会召开将领和各省当局代表会议，一会儿去上海，一会儿又同当地的财政要人和地方当局谈判，以便榨取更多的钱款，充当过分膨胀的军队的军饷。

蒋介石在南京发表的一些公开讲话中，保证要放弃独裁特权，将财经大权和供给大权转交给政府和军事委员会。

实际上，他根本就没想放弃独裁。在南京和在去上海时，他花了很大气力来巩固自己的实力。

他的主要助手是白崇禧和李济深。他们通知汪精卫说他们都拒绝去汉口。蒋介石在四月五日的讲话中称政府成员和国民党中央执行委员会的委员们都是冒充的。四月七日，他将国民革命军总政治部的代表都遣散了，宣布他不承认政治部的独立性。

他怂恿反革命集团的思想家们出面活动，还采取了一系列的实际步骤。首先，蒋介石竭力想巩固自己在南京的军事地位。他扩充了自己的部队，改善了部队的战略地位。为此目的，他将他不喜欢的、支持武汉政府的第二军和第六军调到了长江左岸的浦口地区，而将第一军的几个师（第一、二、三、十四、二十一、二十二师）调来取而代之。

第二军军长鲁涤平四月五日晚接到总司令发来的第四封调往浦口的电报后，感到第六军军长程潜不会再支持他，于是同意执行这个命令。顾问泽涅克建议他等一等挂名军长、武汉政府主席谭延闿将军的指示，但后来由于没得到布留赫尔对此事的任何指示，泽涅克也就没再坚持自己的意见。在这期间，第六军军长程潜突然来找我，征求我对总司令要求第六军调动的命令的意见。我问他是否有政府关于此事的任何指示。程潜回答说没有。于是我对他说，总司令完全有权下达军令，我们作为一个军人，应当服从，不应别的想法。

早在会见程潜以前，我就同蒋介石就此事谈过一次话。我建议总司令把第六军的几个师留在南京，因为这些部队在不久前的战斗中损失很大，需要有一段复元、补充军事给养不足，特别是弹药不足的时间。蒋介石断然否定了我的建议，说其他部队的损失也不比第六军的小。大概就在这期间，路过南京的中国共产党中央委员会的一名代表会见了我们的顾问们。会见时，他表示反对不信任蒋介石。同时，他提醒要做好应付各种意外的准备。在武汉政府同蒋介石之间争权夺利的斗争中，第二军和第六军站在哪一方，这非常重要。

如果瓦·康·布留赫尔当时在南京的话，那么凭他在蒋介石面前和在一些中国将领中的威望，政府中和国民革命军中发生的分裂是可以避免的，是可以找出某种妥协的解决办法的。总而言之，武汉政府失去了主动性。拿下南京以后，没一个政府成员立即前来南京，以便把管理被占领的几个省的大权夺到自己手里，不让蒋介石扩大自己最高军事领导的职权。没有一个人向第六军军长程潜下达保卫政府在南京的权力的命令。武汉政府的消极被动使得蒋介石轻而易举地将高级将领们拉了过去，最后篡夺了政治权力。

在南京，我遇见了第十七师（第六军的）师长杨丘光将军，我于一九二五年在河南军校曾与他共过事。在同他谈话时，我们谈论了一些国内政治问题。杨丘光好像顺便说过这样的话："军长程潜将军带我们去哪儿，我们就去哪儿。我赞同他的政策，并执行他的政策。"一周以后，我了解到，蒋介石在从上海回来之后——他在那儿搞到了一千五百万美元的贷款——厚赏了自己的将领。在获赏者中就有杨丘光，他得到了一万五千美元和一辆小汽车。

不久（四月二十三日）我又碰见了杨丘光。从谈话中获悉，这个将军现在已不谅解武汉政府了，相反，他对南京的政策却一清二楚，并且十分赞同。他认为白崇禧是一个精明强干的人，从来都坚决准确地执行总司令交付的任务。他然后又说，军参谋长曾去见了住在汉口的程潜将军（军长），请示他的命令。大多数指挥员都希望程潜出面调解国民革命军中的两派，因为不管是总司令也好，还是白崇禧也好，对第六军都有好感。

这两次谈话最后使我坚信，第六军很可能会转到总司令一边去，而这支部队大概是武汉政府最可靠的部队。

在估量双方集结在长江下游的力量的时候，应当指出，总司令，或者更准确点说，成为这个阴谋集团的中心人物的白崇禧，已将所有的新军阀反革命势力联合到一起。他们的组成，很快就公之于世了：整个第一军，即可以组成两个或三个普通军的第一、二、三、十四、二十一、二十二师；然后是第七、十八、二十六、二十七和四十军。武汉政府在这一地区中，只能抽第二军和第六军的五个或六个师来对付追随总司令的二十个师。

此外，武汉政府军的对面还有一个势力雄厚的奉系集团，该集团共有六个满员军，每个军一万二——一万五千人；而对付总司令军队的是一半被歼的鲁军。

蒋介石在达到了其嫡系部队数量上的优势和获得了有利的战略地位以后，将不称他心的第二军和第六军以及摇摆不定的第十四军和第十七军派到了长江左岸，接着，就公开宣布政府和国民党中央执行委员会为非法的，要求只听命于他。

蒋介石不仅将忠实于政府的军队调离了南京，而且还从俘虏和转到了国民革命军一边的孙传芳部队以及鲁军中新建了几支部队。

武汉政府政策的摇摆不定，首尾不一，它的消极被动，行动迟缓导致它丧失了政权。

右派开始时被广大人民群众的革命行动吓破了胆，他们甚至在像浙江和福建这样一些商人和买办发祥地里都失去了自己的阵地。但是，当他们看到左派在实行革命改革过程中消极被动时，便又振作起了精神。敌人利用了由于国民革命军分裂所出现的有利形势和长江下游军事行动拖延的间歇，主动转入了反攻。四月七日，鲁军利用第二军和第三十七军的孤立无援，将它们赶离了铁路线。第二军不得不放弃了浦口。孙传芳的一支部队同时也开始了进攻，迫使国民革命军第十四和第十七军退到长江的右岸。

同时，四月六日还发生了一起具有国际影响的事件。一伙奉军士兵和警察袭击了我们驻北京的使馆。他们逮捕了居住在使馆里的北京大学教授李大钊和二十名中国人，以及一些苏联公民——我的同事、武官处的工作人员 И.Д.顿基赫和利亚欣科。过去的土匪头子张作霖组织的这次匪徒袭击是得到了帝国主义大国——英国、美国、日本——的默许的。

而恰恰就在这些日子里，第一军的几个师开到了南京，换防第六军（如果一旦需要的话，就可以解除其武装）。而第六军司令部直到四月九日才接到谭延闿发来的为时已晚的命令：留在南京，不要听命于蒋介石。政府越过总司令来命令一个军长不要服从蒋介石，很难说这种作法是绝对正确的。更合适的办法应是将总司令撤职，那样就无必要再执行他的命令了。但是要撤掉蒋介石的总司令职务，尤其是在他的指挥下取得了对军阀的胜利以后——即使是挂名指挥——是非常困难的。

后来在四月十三日，武汉政府发布了撤销蒋介石总司令职务，将他开除出党并予以逮捕的命令。但是为时已晚了，因为不管是军事实力还是经济实力，都已控制在他的手里了。何应钦将军，白崇禧将军、李宗仁将军连同其所属部队都成了他的军事支柱。蒋介石不仅得到了上海的一些银行股东和买办在财政上和物资上的全力支持，而且还得到了英、美、日等帝国主义列强的广泛援助。

我们在南京的活动已复杂化了。蒋介石显然把我要第六军留在南京的建议看作是我们想执行武汉的路线。他们不再向我们通报情况，包括国民革命军部队的部署情况，或者告诉我们一些假情况。这样，我们不得不几乎用特务手段来探听情况。我们对武汉政府撤销蒋介石总司令职务的决议当然一无所知。

我们驻第七军的顾问、前不久才从苏联来的齐贡曾发生了一件很能说明问题的事情。他根本不懂中国人表达意见的手法，而是把像"我对老兄的英明指教洗耳恭听"等等一些客气话信以为真。有一次，在听他报告第七军部队的驻防情况时，我对他列举的一些事实的准确性产生了怀疑，并建议核实一下。根据秘密情报，这个军的部队完全驻扎在另外一些地方。齐贡竭力坚持他从军长处得到的情报是正确的。第二天，他来找我了，有些不好意思地报告说，该军军长和司令部明目张胆地欺骗了他。

一九二七年四月初，形势非常混乱，矛盾重重。总司令蒋介石每次见面都问我加仑什么时候来。因此，当后方问题顾问 H.T.罗戈夫去上海顺便到我这儿并通知说布留赫尔可能不久就会来时，我们都对此感到高兴。情况终究会清楚的。我们都希望国民革命军中的宁汉两派和平共处。这在同北方军阀进行决战的前夕特别必要。这两派之间的内部分歧，尤其是军事冲突，会导致整个北伐遭到破坏。更坏的情况是，国民革命军还得退回广东。

为了了解第二军防线的情况，我于四月九日去了浦口。这个城市从表面上看很平静，但内部却十分混乱。当地的居民由于害怕被抢劫，纷纷将门窗、小铺和商店的橱窗都关了起来。可以感到人们都很警觉。国民革命军第二军部队离开了该城和浦口铁路车站。

十二日早晨，我决定同总司令的参谋长谈谈宁汉两派协调行动，特别是在从九江到开封的分界线协调行动的问题。看上去，我们找到了共同语言和一定的相互谅解。但是，我们希望宁汉和平共处的意愿没能实现。我从第六军的顾问那儿获悉，武汉对蒋介石抱着毫不妥协的立场，并决定让第四军和第十一军上轮船和驳船，占领南京，重建统一的国民政府。武汉政府的这个决议无论如何不能认为是远见卓识的和现实的。它会对北方军阀和帝国主义分子有利。张学良可以用奉军的六个军，还不算吴佩孚的军队，即以两倍的优势来对付唐生智的二个或三个战斗力不强的军。

四月十三日晚，蒋介石出人意外地来找了我。他身着便服——一件黑长袍，长袍外面套了件黑缎马褂。他平时一直都穿军装。蒋介石当时非常激动。开始时问了问我们的生活情况，然后问有没有关于加仑的消息。他当即不等我回答就又说，他对第四军和第十一军沿长江向安庆运动感到完全不理解。

我回答说，我对这方面的情况一无所知，但从军事理论的角度来讲，第四军和第十一军的这种行动是可以解释和有道理的。我援引了我在河南当顾问，参加了反对吴佩孚军队的驻马店之战的亲身体验。第四军和第十一军从九江，而最好是从安庆展开的进攻性行动会使它们挺进到奉鲁军的联合防区，接近很可能以京汉铁路为据点进行活动的张学良军队主力的侧翼。

我不认为我的理论性的说明会说服蒋介石。他手中掌握着第十一军以及其他一些投靠了他的部队的指挥员和政工人员提供的关于唐生智部队行动的详细确切的情报。在那些反目者中有第十一军军长陈铭枢，该军的政治部主任和几名师长。

四月十四日，从汉口向南京开来一艘轮船，上面载有以 B.M.什金和白俄侨民部队头头古欣为首的我们的财政顾问组。什金教授带着一些财政学家要去上海，他们要求我帮他们乘上去上海的火车。这件事很不容易办，因为左岸被鲁军占据着，他们不断地炮击下关，空军也经常轰炸蒋介石的大本营。

А.Ф.古欣过去是沙皇军队总参谋部的一名上校，是一名白俄侨民。他负责指挥国民军第二军组织的白俄侨民支队，这些侨民都想返回自己的家乡。他们积极参战，想以此证明他们是站在通过革命来争取自由和自己国家独立的人民群众一边的。这样，他们就同那些为中国军阀效劳或充当帝国主义警察（如上海）的白俄侨民（涅恰耶夫师、契柯夫铁甲列车）有所区别。

我必须得到蒋介石的同意来"安排"这支队伍。在同总司令的一次例行会见中，我将古欣介绍给了他，建议他收留这支队伍。但蒋介石说，他对这件事需要考虑考虑，三天以后再作答复。这种外交表达方式就意味着拒绝。

同什金教授一同前来的还有要去上海的我们党的重要工作人员和共产国际的代表。他们要去那儿，必得通过虎口。对于中国共产党人来说，当时这个老虎就是蒋介石。在这些同志中，有共产国际驻中国共产党中央委员会全权代表戈利格里·纳乌莫维奇·维金斯基、几名中国共产党的代表、几名来自共产国际的朝鲜人和两名印度人。借助于蒋介石的司令部将他的不共戴天之敌——共产党人——从南京运到上海，并不是一件容易的事情。我想到马·伊·卡扎宁的外交才能，便选中他来完成这一任务。

马·伊·卡扎宁是一个有文化素养，知识渊博的人，他出色地完成了这一使命。他以非同寻常的中国华丽词藻，满口恭维，以极讲究的礼貌，将蒋介石的参谋长张将军完全迷住了，为他们搞到了一列去上海的专车。后来，在我离华返苏时，蒋介石还向我提起这件事。它成了在上海逮捕我的一个借口。原来，有一个叫皮克（白俄侨民）的英国特务装扮成一个技术工人混进了这一大队人里边。他以《罗兰怎样蒙骗了蒋介石》为题，在上海的一家报纸上报道了此行。

为了解除蒋介石的疑虑，证实我们是极想继续与他共事的，便根据布留赫尔的建议，Д.Я.达罗芙斯卡娅随同那一些人被派来了，很遗憾，她同样既没带来关于时局的书面情报，也没领回关于应对待总司令奉行什么样的路线的指示。假道南京从上海回汉口的 H.T.罗戈夫也没带来准确情报。他讲了讲汉口方面的总的方针。决不同蒋介石妥协，但第四军和第十一军在东部的作战行动已撤销。

如果罗戈夫表达得正确的话，那么"决不妥协"这句简练的话是同实际情况不符的。停止将第四军和第十一军调往南京、我们在南京逗留的合法化、Д.Я.达罗美斯卡娅的前来、企图将古欣的队伍交给蒋介石、B.M.什金教授的财政代表团前往上海，以及其他一些诸如此类的行动，在某种意义上说，就意味着妥协。

我们在蒋介石司令部里的处境很艰难：他们不让我们参加军事工作，不向我们通报任何情况，但暂时还没把我们彻底撵走。我们住的那个地方，有三所宽敞的房子，中间隔有内院，还有几间大厅，大厅的门奇特新颖，既可合，又可开，跟火车车厢上的一样。住处四周围有一人多高的砖墙，要把这个地方变成囚禁我们的场所，那是很容易的。显然出于这一目的，给我们派来了一整队服务人员。名曰负责联系，实际充当监视和侦探的是一个姓李的体弱多病、脸带粉刺的军官。他会说一点儿法语，这使我偶尔可以利用他作翻译。我们的空闲时间很多，于是我决定参观一下南京的名胜古迹。这说不定会成为了解中国复杂现实的钥匙。

我们参观了最受中国人民敬仰的明陵。明朝的创始者是朱元璋。他出身于普通农民家庭，是一个佛教徒，到处流浪的乞丐，后来参加了反对中国人民的统治者的游击队伍。

通向安葬明朝皇族成员的墓地的大路两旁，装饰着马、象、骆驼和其他一些稀奇古怪的动物雕像。用石头雕刻的武士、道士、宦官的塑像呆呆地肃穆地直立着。最后在绿树覆盖的山脚下，建筑新颖的墓地展现出来了。

南京的新主人蒋介石无论在作为领袖的才能、毅力，还是就其外表来讲，都无法同朱元璋皇帝、太平天国领袖洪秀全或者孙中山相比。为了在广大人民群众中为自己博得声誉，在军队中提高威信，他不得不求助于过去伟人的圣陵。这些人，其中包括孙中山，都选南京作为中国的首都。蒋介石为了突出传统的继承性，显示自己忠于孙中山的事业，也选南京作为自己的府邸，甚至修建了一个宏伟的、造价昂贵的建筑——中山陵。

就这样，蒋介石企图借助历史，提高他这个不受欢迎的无名鼠辈的声望。

南京政府的成立

一九二七年四月十八日，在南京召开了国民党代表会议。这次会议自称为国民党中央执行委员会全会，宣布脱离武汉政府，成立了一个新政府，首都设在南京。晚上，在一个专门大厅里举行了宴会，我们也应邀出席了。蒋介石端坐在前排第一张桌的中间，挨着他坐的是胡汉民，依次是 М.И.卡扎宁和李翻译（如南方人发言，李作翻译）。我在这里第一次见到了国民党右派的思想家和领袖胡汉民。他穿着一件普通的便袍，外面套一件深灰色的传统丝绸马褂。他戴着一副眼镜，看上去很像一只蝙蝠。一张知识分子的尖削面孔显示出他是一个刚毅的领导人。梳着平头的黑发使他削瘦的脸庞更加明显。在对面一些桌子上就坐的都是将军和司令部的高级军官。这里有体态笨重、宽脸庞、戴眼镜的何应钦和坐立不定、面无表情、剃着光头（或秃顶）、颅骨凸出的白崇禧。

胡汉民出席宴会意味着蒋介石的中间派集团和他的追随者已经向右转了。胡汉民当时很需要军方的支持。他作为一个死硬的反动分子，甚至在局势对他的追随者很不利的情况下，仍未放弃自己的那一套原则。当初，在胡汉民的反动言论有伤总司令体面的时候，蒋介石便同他分道扬镳了，现在，他又靠近了胡汉民。

宴会的高峰是几个人发表讲话。显然，所有引起争论的主要问题都在代表会议上、在一些个别会议和同固执的将领们的单独谈话中事先商定好了，因为一些出席宴会人的发言和反应显得少有的一致。第一个讲话的是蒋介石。他在讲话中大肆攻击中国共产党，同时也攻击鲍罗廷，并用不同的拼法提到他的名字。

随着他信口雌黄地大放厥词，他发言的声调也越来越高，直到发出了歇斯底里的尖叫。蒋介石说，似乎鲍罗廷曾答应回苏联去，但他没遵守自己的诺言。他说："我曾给共产国际发了一封电报，询问鲍罗廷是不是共产国际的代表。但他们没答复我。问他们对中国中央政府的态度如何？他们也一直不答复我！"蒋介石在这里把自己同中国中央政府等同起来，也就是公开承认他的所作所为是一个独裁者。但是，几乎刚过一分钟，蒋介石发觉自己说得太过分以后，便捶胸顿足，向在场的人发誓说他不做凯末尔王和墨索里尼。他在结束讲话时，对中国共产党大骂了一通。值得指出的是，在蒋介石讲话期间，李翻译越来越远离我们，眼睛老往别处看，做出他同我们毫无关系的样子。

继蒋介石之后，胡汉民讲了话。他在讲话中猛烈抨击中国共产党。他尤其反对共产党人加入国民党。接着讲话的人也和胡汉民一样，对中国共产党以及对共产国际充满敌意。

每个发言者都选择国共关系中的某一个特定的方面来发泄内心之情。例如，蒋作宾指责左派说，正当右派在前线作战时，他们在后方躲避风险。前十一军政治部主任的讲话完全是一篇对共产党和国民革命军政治部主任邓演达的恶毒诽谤。当他提议为国民党干杯时，坐立不安的白崇禧好像被蜇了似的跳了起来，提议为消灭中国共产党干杯。

然后，一个发言者又站了起来，他的职务我没搞清。他的狂妄放肆同歇斯底里的狂叫毫无二致。甚至连胡汉民都受不了，打断了他的话。胡汉民走到我们面前，竭力想消除这个发言者给人留下的印象。他要求我们不要把那些发言者的话看成是在说我们，因为他们指的不是俄国共产党人，而是中国共产党人。胡汉民向大家发誓，说他高度评价俄国共产党和弗·伊·列宁。然后他又说，中国共产党内有四派，其中有一派是跟着鲍罗廷跑的，这一派最坏。我觉得关于胡汉民的"肺腑之言"说到这里就够了。

总之，在这次宴会上，中国共产党遭到了攻击。发言者都要求将共产党人开除出国民党。何应钦宣称应当从政治部里也将共产党人赶走。几乎没一个人以正常人的声音讲话，都是胡喊乱叫，歇斯底里地狂呼。起初，我想提醒一下大吵大闹的发言者们，我们是应他们的请求才来中国的，苏联对国民革命军给予了无偿的援助，正是我们的顾问帮助他们将所有分散的队伍联合成了统一的军队，打败了北方的军阀。但是，当我看到异常激昂的将领们的歇斯底里发狂之后，便决定离开这帮家伙。我在离开之前，曾要求总司令在近期内接见我一次。我们以退席来强调表明，我们既不赞同发言者的情绪，也不赞同他们发言的内容。显然，我们示威性地退出宴会对总司令和参加者们起了使他们清醒的作用。他们沉默不语看着我们走了。①

打那次宴会之后，我不止一次地极力要求会见蒋介石。他同意了，但在预定的时间却没有来。最后必须搞清楚我们是否有必要继续留在中国，否则，我们就得让总司令放我们去汉口。我们从来自上海的只言片语的消息中获悉，事情显然已到了结束我们工作的地步了。

后来才弄清，四月十八日的宴会就是国民党右派的代表会议的结束，它也是为庆祝南京政府的成立而举行的。国民党右派领袖胡汉民被选为内阁委员会主席②。伍朝枢参加了政府，前国民党左派甘乃光和李济深将军都在政府里捞到了肥缺。

一九二七年四月十五日，李济深将军（国民革命军参谋总长）

---

① 马·伊·卡扎宁《在加仑的司令部里——回忆中国 1925—1927 年的革命》（莫斯科 1966 年版）一书中，根据自己的回忆，也描写了宴会上的这个场面。

② 应为国民政府主席。——译者注

在广州发动了反革命政变。部队涌进了广州。警察在全城进行了大搜查和逮捕。黄埔军校有三百多名学员被逮捕，他们被关押在由几艘炮艇监护的船上。在中山大学里也开始了大逮捕。太平洋工会代表会议被中断了，一些工会领导人被捕。进行了武装抵抗的铁路工人工会被捣毁了。甚至一些省政府成员和国民党省党部成员也被关进了监狱。重新恢复的"孙文主义学会"立即发表了反对共产党人的宣言。城里到处张贴写有"打倒中国共产党""打倒武汉政府""蒋介石万岁"的标语。

对农会的大规模镇压也同时开始了。但是，他们没能将劳动人民的革命运动彻底镇压下去。它在一九二七年的整个春天和夏天一直在很多城市和乡村里继续开展着。如果国民党仍矢忠于孙中山的原则的话，那它在反对国内反动派和帝国主义分子，争取中国解放的斗争中本来是可以得到广大农民的支持的。

关于所有这些情况——同武汉政府分裂的南京政府的建立、蒋介石和他周围的人在宴会上的恶劣表演、我们顾问在南京的工作条件令人难以容忍——都必须立即通报给瓦·康·布留赫尔。同时，我们也需得到下一步该怎么办的指示。要知道当时延缓或加快同蒋介石决裂的可能性都存在。

但是，已经找不出派往上海的人了。对于我们来说，不管是在南京，还是在上海，时刻都感到不平安，安全无保障。自四月六日我们驻北京的使馆遭破坏后，上海的白俄更加厚颜无耻了，他们每天都制造事端。

我们不得不动用最后一个后备者——季娜·雅科夫列芙娜·达罗芙斯卡娅。在南京，李翻译曾拒绝同我们一起上街，这样，只得在没有翻译的情况下独自行动。

四月二十一日早晨，达罗芙斯卡娅带上了必要的文件后，动身去上海了。我委托勇敢的贴身警卫谢辽沙陪她一起去。此行非常不易。

车厢里旅客挤得满满的，各种姿势坐着的都有。最糟糕的是，谢辽沙由于心眼直，想使达罗芙斯卡娅获得旅客的尊敬，便开始介绍她是个多么重要的人物，说她是南京军事总顾问的妻子，住在总司令部。而当时在南京的大街上正到处悬挂着"打倒共产党""打倒鲍罗廷"的标语。直到季娜·雅科夫列芙娜把他叫到一旁，告诉他不要这样说以后，谢辽沙才明白自己做错了事，立即停止了谈论俄国顾问的事。火车走得很慢，直到第二天早晨才到上海。上海当时处于军事戒严状态，车站和大街都围着铁丝网。在外国人居住区附近都设置了用铁丝网和装土的麻袋包搭起的路障。我们的领事馆被白俄侨民武装纠察队和警察包围了起来①。用警察和白俄侨民对领事馆进行监视，目的是在解除工人武装、逮捕工人武装、逮捕工会成员和中国共产党人时，隔断领事馆人员同人民的联系。所有这些使领事馆的工作人员焦急不安、非常苦恼。

---

① 租界的警察力量很强。它由正式的警察和一支志愿队组成。在英租界的警察局里担负领导职务的都是英国人；而负责法租界警察局的都是法国人。英租界里的普通警察都是印度人、中国人和白俄侨民；法租界里的普通警察都是越南人、中国人和白俄侨民。英租界的警察局坐落在雅尔德路上，法租界的警察局坐落在留马赛奈路（音译）。

志愿队由居住在英租界、法租界的志愿人员和两个白俄侨民支队组成，外国人志愿人员都是在紧急时刻根据需要召募。白俄侨民的二个支队（领薪的）长期住在营房里，从不解散。

在上海还定期在跑马厅举行英、法租界警卫部队的阅兵式，向当地的中国居民显示帝国主义者的实力，鼓舞英、法租界居民的士气。上海警备部队中的帝国主义列强的武装部队也常常部分地参加阅兵式。阅兵式一般都由美国的海军陆战队为前导，接着由穿着短裙的苏格兰人、戴着软木头盔、身穿短裤的英国步兵，身穿长裤、头戴圆筒军帽的法国人操练步法。

走在阅兵式最后的是自称两个团的白俄侨民自愿兵支队。英租界那一支队的人都穿着自己主人的服装。他们由前沙皇军队上校萨哈罗夫指挥。法租界那一支队也由两个连组成，由前将军佐洛托夫指挥。在这两个连的前面，白俄侨民打着前俄罗斯帝国的白红蓝三色旗。

上海的白俄侨民统归前沙皇领事、侨民委员会常任主席 N.K.克斯列尔指挥。那一部分白俄侨民警察由一个叫克德尔-利万斯基的指挥。他也领导白俄侨民搞反对苏联人的所有挑衅行动，特别是他最积极地参与逮捕我们。

达罗芙斯卡娅从上海带回的消息尽管没有直接回答我们所关心的一些问题，但毕竟搞清了一些情况。业已明显的是，帝国主义列强——英国、美国和日本——已公开地在干涉中国事务，帮助以蒋介石为首的国民革命军中的反动派反对人民群众的革命运动。

在上海，我在一家照相馆的橱窗里看见了一张蒋介石同英国领事握手言欢的大幅照片。在一次群众集会上，参谋长白崇禧发表了一篇讲话，诬蔑说中国人是在俄国人鲍罗廷和铁罗尼的影响下占领汉口英国租界的。

众所周知，上海是起义的工人从孙传芳军队手中夺下来的。蒋介石无法容忍这一点。他在到达上海的当天，三月二十六日，在白崇禧将军的部队占领了上海后，立即开始着手解除工人武装和消灭共产党组织以及赤色工会。除了具有亲法西斯思想的白崇禧将军外，很难再找出干这个罪恶勾当的更合适的人。奸刁狡猾、没有理性的白崇禧竭尽全力地承担了这一任务。他知道帝国主义大国和警察局会大力支持他的。

白崇禧同日本领事馆建立了私人联系。为了保持体面，他很需要得到"人民群众"的支持。要为此找出个办法是非常容易的。应当指出，在上海，在这个国际海港城市里，中国的犯罪分子有着深刻广泛的基础。如同芝加哥的强盗们一样，他们过着很安逸舒适的生活。他们有自己的别墅，这些别墅常常直接盖在外国租界区。他们手中控制着一些鸦片馆、赌场、妓院以及诸如此类的赚钱行业。该城市的警察局和市政当局都入股参与了他们的勾当，因此，同犯罪分子做斗争，对于他们来说，是一项力不胜任的任务。此外，上海的强盗还以走私和伪造各种商品和产品为生，而且他们制作的赝品如此熟练精巧，以至于不是每个检验员和商品鉴定员都能将赝品同原品区别出来。白崇禧为了个人的目的，巧妙地利用了这些强盗和流氓秘密组织——以教派头目"大龙"为首的"青"帮和"洪"帮。

工人民兵充分地武装起来了，同部队一样，分为连、排。蒋介石来到上海后，为了做做样子，开始时还让工人民兵保留武器。工人民兵司令部当时设在中国"商务印书馆"的俱乐部里。这白崇禧是知道的。

四月十二日，白崇禧和周凤岐（第二十六军军长）的部队拂晓前在上海的各个区里同时向工人民兵展开了进攻。他们逮捕了工人民兵的指挥员，捣毁了司令部和中国共产党机关报以及工会机关报的社址。武汉政府的机构都被撤销，取而代之的是一个成员有白崇禧、伍朝枢、蔡元培和杨群安（音译）的委员会。在白崇禧的秘书彭某和作战部长陈光（音译）的主持下，国民党的各个支部都被解散了，组建了新的支部（右派的）；老的工会（赤色工会）被取缔了，建立了另一种工会（亲法西斯工会）。所有这些措施都是在"消灭妨碍同北方政府做斗争的变节分子"的口号下实施的。

蒋介石的影响，无论在中部战区和东部战区的军事行动中，还是在武汉地区，无疑都增强了。甚至有消息说，孙传芳同蒋介石订立了共同对付"赤色危险"和张宗昌的协议，条件是让孙传芳当副总司令。

根据我日记中的记载，特别是根据通讯顾问柯尔涅耶夫的报告来看，南京最高统治集团的情况大体如下：

南京的蒋介石政府还只处于组建阶段，在居民中并无声望。政权全部控制在总司令蒋介石、白崇禧、何应钦等军人手里，这些人实际上也就是政府。总司令出于其政治野心，在政府的中间派文职成员和仍以胡汉民为首的极右派成员之间，采取中庸的立场。蒋介石在一系列讲话中，发誓自己忠于孙中山的三民主义，在一些集会上，翻着白眼，表白他"忠于"中国这个伟大公民的学说。蒋介石在口头上反对同帝国主义分子，同张作霖和张宗昌和好。他喋喋不休地强调他最重要的任务是消灭奉军。国民党的文职官员站到了蒋介石一边。在南京统治集团中根本没有统一。军事委员会、白崇禧、何应钦和第七军军长李宗仁一直推着蒋介石向右转。

白崇禧竭力想把全部权力都捞在自己手里。他把第七、二十六和四十军的军长都拉到了自己一边，并且为了把第六军军长程潜将军拉过来，费了不少力气。白崇禧急不可待地建立了几支新部队：第十三军、第十五军和第四十四军。他把自己的心腹都提拔担任了领导职务。为了使何应钦也能转到自己一边来，白崇禧同他平分了自己所得的钱款。国民革命军通讯部队的长官也参加了白崇禧集团。白崇禧支持思想领导者胡汉民。至于领导广州反革命政变的李济深，被认为是蒋介石的角逐者和私敌，蒋介石对此人是不信任的。但是，对共产党人的仇恨之心占了上风，因而李济深后来又同总司令握手言和了。

我们不断从武汉方面得到一些模糊不清的零星的消息。例如，我们得知政府遇到了财政困难。广州的反革命政变，吴佩孚、杨森和其他一些将军的追随者在湖北省边界地区积极活动，使局势更加严重了。一些过去被认为比国民革命军其他各军的指挥员更忠于武汉政府的第四军和第十一军的将领后来都投靠了蒋介石。

国民革命军尽管分裂为两个敌对的集团——南京集团和武汉集团，但大敌当前，它们仍给人以在某种形式上进行合作的希望。当时可以让国民革命军南京集团对付直鲁军队，武汉集团对付奉军在河南的部队。为了实现这一计划，我一直想找机会见一下蒋介石。

四月底，我同总司令进行了一次长谈。我提请他注意这一点：我们从他的司令部那儿得不到任何消息，因而无法对他们提供帮助。我在观察他的时候发现，在他的举止和面部表情中，出现了某些新的东西：他满脑子装的是自命不凡，唯我独尊的意识。我们以前每次见面时，他一般都很随便热情。而现在，他懒洋洋地躺在椅子上，模仿拿破仑，把两手交叉在胸前，噘起下嘴唇，做出看不起人的表情。

我向他谈了我自己的一些看法。我指出，为了中国人民的利益和孙中山的未竟事业，为了彻底消灭直、鲁军阀，必须保持国民革命军东部集团和西部集团行动上的一致。蒋介石对我讲的一些理由表示同意。当时我建议他把这一切都通报给瓦·康·布留赫尔。我甚至自告奋勇负责送信，我说，其他的顾问和我的妻子都留在这里，直到我返回。蒋介石表示同意，这样，我便开始准备前往汉口。

五月三日，我碰见了第六军第十七师师长杨丘光，他介绍了该军第十九师一次战斗的一些较为详细的情况。根据总司令的命令，第十九师在距南京两站地的地方被缴了械。指挥人员大部分都径自逃到了九江。另据消息说，解除该师武装是根据杨丘光将军本人的竭力坚持，杨想升官，想当副军长。

我在当天去找了总司令的参谋长，索取给布留赫尔的信。参谋长张将军胸有成竹地答应要详细地向我通报前线的形势，甚至告诉我战况，虚伪地要我帮他的忙。对我提出的我们工作受到阻挠的意见，张的反应跟他的主子如出一辙，面部表情和举止都一模一样，甚至也往前噘了噘下嘴唇。只是他的两手没有交叉在胸前，显然他认为这个专利权是属于总司令的。

五月五日早晨，由于一直等不来总司令的信，于是我就同 M.И. 卡扎宁乘供我此行用的财政部长宋子文的游艇前往汉口。当时天气晴朗，风和日丽，我们便尽情地欣赏大自然的美色。长江的左岸直到安庆一直很低，水眼看着不断上涨，淹没了一望无际的原野。我们在安庆停留过，因为必须得将一件事弄清——据在南京得到的消息说，我们参谋部的顾问斯特鲁姆比斯被困在了安庆。在安徽督军府里，人们告诉我们说，误会消除了，顾问已去南京了。

长江上有一个闻名的地方——马当。这里江的两岸都是悬崖峭壁，江宽近三百至四百米；江中央矗立着一个几乎是陡直的近一百米高的峭壁，人们称它为"孤山"。在这个峭壁的顶端和西侧，有一个古代建筑式样的大庙。远远望去，这个峭壁很像格林卡的"鲁斯兰和柳德米拉"剧中①的巨人头。

我们于五月七日早晨抵达了湖口。我想在这里见见第二军的顾问 И.Я.泽涅克。但该军的司令部已前往汉口了。我们又继续赶路，早上十点左右，九江便出现在地平线上了。

———————————

① 《鲁斯兰和柳德米拉》是俄国著名作曲家格林卡十九世纪根据普希金同名童话诗创作的一个舞剧。——译者注

在汉口

我们的汽艇于五月八日早上抵达了汉口。我急忙前去向瓦·康·布留赫尔报告（根据顾问 B.H.帕纽科夫的情报）南京和上海发生的事情。我就国民革命军东部集团和西部集团对付奉、鲁敌军的一致行动问题向他谈了自己的看法。布留赫尔对我的看法表示同意。至于我以国民革命军南京兵团联络代表的身份再返回南京，这个问题已不再存在了。

四月十二日上海事件发生之后，武汉政府公布了撤销蒋介石总司令职务，将他开除出国民党的决议。蒋介石也反过来宣布武汉政府为冒充自封的，并于四月十八日在南京成立了自己的政府。乍一看来，这本来会在根本上改变国内形势，但是，在中国实际生活中，这种"相互攻击"司空见惯。山西省督军阎锡山一年内三易其盟友，每一次都要发表一个通篇都用华丽词藻痛斥辱骂的声明。

有一次，我意想不到地乘飞机去了趟前线，去西部战区司令唐生智将军的大本营，以便向他转达军事委员会的指示。他的大本营设在驻马店。

本来，布留赫尔是准备到那儿去的，但预定五月九日军事委员会要召开一个会议，他必须出席。这趟飞行是要冒风险的。汉口到郑州的空中航线以前未进行测量，这是北方航线的第一次飞行。在航向上，哪怕出现一个最小的差错，都会导致航线遭到破坏；奉军拥有力量相当雄厚的空军和经验丰富的白俄侨民飞行员，这些人参加过第一次世界大战。

我对着陆点非常熟悉。新老驻马店地形目测图帮了大忙，使我们能够准确地确定供飞机着陆用的一些重要标定点的位置——法国医院和中国庙。

我们的飞行没有发生什么特别意外，只是在飞越母岭山梁时，云彩一度遮住了标定点——京汉铁路，因而稍耽搁了一会儿。我们的飞机在预定的时间和地点——驻马店车站区——准确地着陆了。机场的两侧排列着部队，唐生智将军亲自赶来了。大家都在等待着布留赫尔。

如果不是由于军事委员会指示的口气和内容，以及唐生智将军对指示的反应的缘故，那么这件事本身没有什么使人对其铭记不忘的意义。我清楚地记得这个指示特别提到不要对那些将妨碍军事行动开展的"红枪会"、民团和农会温良恭俭让。

唐生智将军甚至由于满意而手舞足蹈起来。他几次大声说"好，好"。

军事委员会的指示使一些部队的首脑在对待当地群众态度上的独断专行合法化了，并且使政治部门失去了争取群众支持完成战斗任务的可能性。

河南战役

　　就这样，由于命运的安排，在华南建立了两个政府：武汉革命政府和南京反动政府。武汉政府是"革命的政府"这一称号当时有些过分。政府首脑汪精卫和谭延闿都是意志不坚的人，无力将事态的发展引上革命的轨道，只是优柔寡断地听任事态的自然发展。他们一直对劳动人民的革命积极性惊恐不安。对于汪精卫来说，他在一九二六年"三二〇"事件期间的做法很说明问题，那时蒋介石企图实行独裁，而汪精卫却逃之夭夭了。因此，在后方问题顾问 H.Г.罗戈夫从武汉去上海，在南京跟我见了面（四月十四日），并在谈话时告诉我武汉政府对蒋介石采取的是坚定的立场而且"决不妥协"时，说实在的，我对坚持这种立场的实际可能性是不相信的。

　　南京政府由蒋介石和胡汉民二人领导。国民党右派领袖参加这一政府的事实本身就决定了这个政府的反动实质。应当承认，这个政府的确刚毅果断，目标坚定。蒋介石早在南京时就开始网罗同伙。占领了南京和上海以后，大批的经费都由他支配。这为蒋介石将国民革命军武汉集团的将军和军官拉到自己一边来创造了条件。由于华南出现了二个政治中心，国民革命军便也分裂为二大集团：武汉集团和南京集团。武汉集团以第八军军长唐生智将军为首，南京集团仍归蒋介石直接领导。在南昌还有一个由第三军军长朱培德领导的不大的集团，该集团采取骑墙的立场。

这一切都发生在国民革命军同实力最强的军阀部队——奉军、鲁军、吴佩孚和孙传芳的残余部队——搏斗的关键时刻已经到来之际。

国民革命军的两个集团都力图靠吴佩孚和孙传芳的部队倒戈，来尽量多扩充自己部队的人数。武汉集团的部队，特别是南京集团的部队，大大增加了，但它们的水平，尤其是士气，大大下降了。

国民革命军的主要战略任务当时（挺进到长江之际）仍一如既往——继续开展反对北方军阀的斗争。

要完成这一任务，当时可分为三个阶段。第一个阶段：在河南和山东消灭帝国主义列强最重要的支柱——奉、鲁军阀部队，向郑州——徐州的陇海铁路挺进；第二阶段：在直隶省和山东的东北部地区最后完成歼灭奉、鲁残余部队的任务，向北京——天津挺进；第三个阶段：占领满洲。

我现在只谈谈国民革命军北伐的这一时期的第一阶段中的一些问题。这个军事行动计划的实质是这样的：国民革命军武汉集团的任务是击溃集结在河南郾城——郑州——开封地区的奉军主力，然后同冯玉祥的西北军协调行动，将奉军主力包围并歼灭在黄河以南的郑州——开封地区。

南京集团的任务是全线横渡长江，并在中国海军的协助下，以主力部队沿至苏州的津浦铁路和大运河等两个方向展开行动。该集团行动的总目标是消灭山东军阀张宗昌的主力，占领山东省。

这些行动由两个集团单独进行，因为南京和武汉之间早已分裂了。长江流域的南京集团部队和武汉集团部队的内线相距近一千二百公里，到陇海铁路一线距离只有六百公里。

在这种情况下，冯玉祥的态度具有很大的意义；他是投奔武汉政府呢，还是转到蒋介石一边？

我认为，必须尽量避免可能为帝国主义分子所利用的南京集团和武汉集团之间的内战。

　　为了迫使南京集团就范，国民党中央执行委员会政治委员会于四月十日早上作出了进攻南京的决定，但这个决定是仓促作出的。在做这个决定时显然没有和一些军事将领们商量，因为当时的力量对比和军事战略部署远不是对武汉方面有利的。幸运的是理智最后占了上风。就在同一天晚上召开的政治委员会紧急会议上又重新研究了早上作出的那个决定。政治委员会最后赞成准备向河南进军，消灭奉系军阀。已经登上了向南京进军的轮船的第十二步兵师的士兵又返回了原地。河南战场的军事情况非常错综复杂。被国民革命军从湖北省赶出来的吴佩孚带着自己的残余部队在河南驻扎下来，把洛阳作为自己的大本营。他把相当大的一部分过去曾参加过国民军第二军的各省地方部队吸引过来。奉军早在一九二七年三月就占领了河南的西北部并开始横渡黄河。吴佩孚经过长时间的犹豫不决，最后同意奉军向南开。但是，大多数河南将领都反对让奉军占领河南，他们离开吴佩孚，成立了"河南保卫军"。都有哪些河南将领仍然忠于吴佩孚同奉军结成了联盟；都有谁参加了"河南保卫军"与吴佩孚断绝了联盟关系；都有哪些人像樊钟秀将军那样谁也不服从——这些都无法精确统计。难于统计的原因还在于同是那些将领，在这一阶段的军事行动中称自己为吴佩孚分子和奉军的盟军，而在另一阶段则又成了国民革命军的盟军了。奉军收买了一批河南将领，不断怂恿他们自相残杀。但是在一些将领背叛了他们以及奉军第十军在开封地区被重创之后，奉军拒绝了同豫军的谈判，并转而组织进攻他们。奉军几次打败了河南将领，歼灭了两个师，迫使他们退到了沙河一带。

　　由靳云鹗将军统一指挥的"河南保卫军"在奉军的攻击下于四月二十二日后撤了：杨海仁（音译）将军的部队撤向周家口（沙河一带）；马吉第将军的部队撤向周镇坞（音译）一带；潘滨雄（音译）和段国璋的部队沿着朱庄——琉璃灯一带拉成了一条长长的散兵线。"河南保卫军"共有近三万人，其中在前线的近二万人，在郾城地区作预备队的有近一万人。魏益三的部队在从信阳开向洛山时，与"红枪会"的部队交了锋，战败后退回到了原来的出发阵地。第十二军一直占据着固始——新蔡地区。靳云鹗部队在历次战斗中所遭受的损失导致了他的部队的瓦解和将领之间的又一场内讧。靳云鹗的影响减弱了，更确切点说，豫军不能参加重要的军事行动了。

奉军（它的主力部队是第八、十、十一和十七军）在渡过了黄河之后，驻扎在郑州——开封一带。它的战略位置很不妙。冯玉祥的西北军和阎锡山的山西军威胁着它的右翼和后方，而为了防范这些地方，奉军不得不抽出三分之一以上的部队。例如，在张家口地区驻扎着第九军，其任务是阻止敌人进军包头。在正定地区驻扎着第七军，以防止阎锡山的军队向太原和正定进攻。此外，他们在北京和保定地区还有一个近二万人的强大的预备队。在奉军由陇海铁路向南推进后，又出现了对奉军新的威胁：冯玉祥部队的主力从潼关沿陇海铁路向郑州展开进攻。冯的部队也就是在那时占领了潼关并准备进攻洛阳，然后沿陇海铁路继续推进。

西部前线的国民革命军的指挥机关直到四月二十日才开始为河南战役投入新的部队。之所以行动迟缓，是因为开始时打算调第四军和第十一军去打蒋介石。部队的调动由进驻到绥滨地区的第三十六军李信将军的一个师负责掩护。

驻扎在固始——新蔡地区的任应岐将军的国民革命军第十二军负责西路军从东边的行动。

李济深将军在广州发动了反革命政变以后，武汉政府管辖的西南和西部边界失去了免遭隐藏在湖北西北部山区孙传芳的将领、杨森以及其他吴佩孚追随者进攻的保障。在这些部队的制约下，樊钟秀将军的部队不得不退到枣阳地区。

就在此期间，在南京战役中受重创的、活动在长江下流地区的敌军鲁军和孙传芳军利用了国民革命军由于分裂而造成的战斗间歇，恢复了元气，转而展开了积极的行动。鲁军第七军在契柯夫铁甲列车的支援下，又重新占领了浦口。到四月十五日止，鲁军的分布情况如下：第七军、第四、五、六军的残部（近一万二千人）驻扎在蚌埠地区；第九军（近八千人）驻扎在苏州附近地区；主力——第三、第十军和第六十七师（一万至一万二千人）驻扎在徐州地区；第二军（近八千人）驻扎在梁镇地区。第十二军（八千人）进驻了扬州——泰兴地区。第一军和张宗昌的警卫部队（二万人）仍留在山东省省会济南；一部分部队被派到了固镇地区（蚌埠以北）。骑兵部队（四个团）被派到了颍州——亳州地区（音译），掩护津浦铁路。在战斗中受重创的第十一军退到了蚌埠。还抽调出了一万六千——一万八千人的警卫和后勤部队来直接负责保护津浦铁路。

鲁军的这支兵团在河南省方面，由驻扎在徐州地区的二个骑兵旅和三个加强步兵旅负责掩护。骑兵的先头部队已进到了鹿邑地区（河南省）。再没有同奉军协调行动的更强大的力量了。

鲁军战斗力最强的部队是第一、二、三、七、九、十二军，其中的三个军（第二、九、十二军）是不久前由土匪改编的。

孙传芳也展开了积极的行动，迫使已经被投入到长江北岸的蒋介石的第十四和第十七军退回到原阵地。孙传芳的主力——第五、七、十、十二、十五步兵师（近二万人）——已挺进到海门——东州——扬州一带。

到四月中旬，蒋介石部队的部署情况如下：第二十六军驻防上海；第十四军的第一、二师驻防无锡——常州——南京一带的长江南岸；第十七军（有二个团在战役进行期间转到了鲁军一边）驻防长江北岸；第四和第五团担任镇江的警备队，第一团防守宁波；由第十九军改编的第十五独立师转调到了丹阳地区。转到国民革命军一边的孙传芳第八步兵师第十六旅集结在常熟地区。

第一军。第十三、十四步兵师驻守南京，第二师驻守宫山，第二十一师驻守镇江；第七军：二个步兵师驻守芜湖，第三师驻守太平；第二十七军驻守芜湖；第三十七军被转派到芜湖和太平之间的长江南岸；驻守在泸州的第十军被调到了安庆地区。该军的一部在第七军的配合下，截获了在长江上转运的第二军的战利品（三十门炮，三十门炸弹发射炮，四十挺机枪和六千支步枪）。

柏文蔚兵团——第三十三军、暂编第五军和第五独立师（动摇不定的）——归附了蒋介石，并开始从巢县经泸州退向安庆。

至于直接归蒋介石控制，但仍忠于武汉国民政府的第二、三和第六军，它们在蒋介石叛变后，根据政府的命令，放弃了它们占据的阵地：第三军的第八、九师从安庆退到了九江，而第二军从桐城退到了黄梅。四月十六日还驻守在五胶城地区（南京以南三十里）的第六军计划退到宁波，但该军的第十九师却被蒋介石的部队缴了械，而第十七师在师长杨丘光的率领下转到了蒋介石一边。

上面谈到的部队的分布情况表明，蒋介石由于进行了分裂活动和背叛了国民革命事业，给了鲁军和孙传芳部队以喘息的机会，使他们整顿了自己在战斗中遭受重创的部队，阻碍了与军阀战争的顺利进行。国民革命军依靠吸收转到它们一边来的军阀部队，过分膨胀，导致它蜕变为一支带有各种弱点的新军阀队伍。

国民革命军武汉集团的军事战略地位到四月中旬已经恶化了，东西两翼已失去了保障。西部同武汉政府统治的省份毗连的四川，一向以当地军阀将领之间内战不断而闻名。在革命的高潮中，在国民革命军消灭了吴佩孚军队以后，一些四川将领成了"英勇无畏的革命者"，向武汉政府表白自己忠于革命，要求政府接收他们参加国民革命军。杨森的部队取名为第二十军。该军是四川最大的兵团，辖五个师四个旅，总人数近四万人。赖世璜将军的部队改为第二十二军；邓锡侯将军担任了第二十八军军长，刘文辉将军担任了第二十四军军长。这些将军中每人都掌握有二万至三万人。

在这期间，转到了吴佩孚一边的一些地方部队（二万——二万五千人）驻守在鄂西地区。鉴于冯玉祥军队沿陇海铁路从西边展开了进攻，吴佩孚将自己的大本营移到了南阳。他从这儿同一些过去曾在他手下任过师长、而现在驻守在鄂西的军阀将领们建立了联系，尔后又通过这些将领同杨森建立了联系。

第十三军军长樊钟秀将军企图进行抵抗，但遭到了失败，被迫给他们让出了通向鄂北的通道。杨森将军利用了这一点，在同吴佩孚结成联盟之后，向汉口转而发起了进攻，于四月十六日占领了宜昌和沙市。

对武汉政府来说，形势已十分危机，特别是由于帝国主义分子和蒋介石封锁了武汉而变得更复杂化了。北方军阀张作霖和张宗昌乘南方人阵营发生分裂之机，于四月底沿京汉铁路开始了进攻。

在这种复杂而又充满矛盾的情况下，武汉政府应采取的唯一正确的作法就是进攻张作霖。仍服从武汉政府并能派到北方去的部队相对来说人数不多（四到五个军）。但政府指望得到这期间在陕西、甘肃和豫西立足已稳的冯玉祥的西北军的援助。

在河南省的东南部，即在陇海铁路以南，京汉铁路以东，展开了几场鏖战。这里大部分为平地，土质黏而又黄。人烟稠密的村庄相互之间仅隔一至一公里半。大部分村庄都围有土墙（高达七八米），墙上有垛口，四周围有壕沟，里边水常常是满满的。这个地方河流纵横，多为东西流向。最大的河是沙河和汝河。沙河是一个能行船的河，水流湍急，不能蹚水涉越。除了郾城有一座铁路桥外，河上几乎没有桥。河的两岸很低，修了高达五米——八米的堤坝，以保护村庄免遭洪水之害。对于射击武器来说，堤坝是一个合适的阵地。

奉军部队由张学良指挥，内有第八、十、十一、十五和十七军，总人数达七万人。该部队于四月二十二日分三路从临阴地区向京汉铁路开始了进攻：第一路由广昌地区向逍遥镇进攻；第二路从烧窑座向门庙进攻，第三路从东嵩向舒离店进攻。五月初，这几路兵马都开到了沙河一线。

国民革命军部队和冯玉祥部队也于四月二十——二十一日沿京汉铁路开向郑州（国民革命军）和从洛阳地区沿陇海铁路开向郑州（冯玉祥军），向奉军展开了进攻。国民革命军西路军部队在驻马店——汝宁一带展开之后，分两个兵团开始进攻：西路兵团由唐生智将军直接指挥，下辖第三十五、三十六军和第八军的第一师，沿铁路线进攻。另一个兵团由张发奎将军指挥，下辖第四、第六军和贺龙将军的第十五独立师（该兵团的顾问是戈列夫），在靠东一些的地方，在从汝宁到上蔡的整个地区展开进攻。

冯玉祥部队于四月二十四日分兵四路转入了进攻：第一路（北路）由宋哲元将军指挥（第六、四军和三个骑兵师），向包头，接着向张家口进攻；第二路（主力——第一、三、五军）由冯玉祥直接指挥，由陕县地区沿陇海铁路向洛阳、郑州进攻；邓宝珊的第三路（第八、十四军和樊钟秀将军的第十三军的残部）从陕西、河南和湖北交界的地区向南阳进攻。徐永昌将军的第四路挺进到了乌巴地区，它的任务是进军山西省的太原地区，以便协助，确切点说，催促新近转到了国民革命军一边的山西督军阎锡山展开积极的行动。改称为国民革命军第三军的山西军队的任务是进攻石家庄，切断奉军沿京汉铁路的退路。

军事政治形势促使两个对立的集团都以进攻性的姿态来实现自己的战略目标。奉军竭力想摆脱对他们不利的战略地位，因为他们的侧翼和后方都处于冯玉祥和阎锡山军队的威胁之下。张学良在吴佩孚的豫军的协助下，决定消灭国民革命军的西路部队，然后再打败冯玉祥。

奉军根据张学良的意图，于五月十三日进入沙河一带。右翼的第十七军（三个步兵旅、一个骑兵旅和一个炮兵团）沿京汉铁路向前进攻，并占领了郾城。被调上前来的骑兵部队前进了五公里，攻占了西宁车站附近的洪河渡口。在奉军到来之前，这个地方由河南的部队占据着，这些部队是站在哪一边的，说不清楚。根据一些材料证明，驻扎在那里的是以不断翻来复去倒戈而著称的田维勤将军的一个豫军师。在这期间，田维勤的这个师（近八千人）已转到了奉军一边。

在张学良部队的左翼向前进攻的是曾占领周家口附近的沙河渡口的奉军第十一军（三个步兵旅，一个骑兵旅，一个炮兵团，近一万三千人）。该军军长周应剑（音译）为了解救出在汝宁地区被国民革命军部队包围的吴佩孚的豫军部队，向上蔡和汝宁展开了进攻。

应当指出，对于奉军来说，汝宁不仅有战略意义，而且也有政治意义，它是豫南受吴佩孚思想熏陶的一部分人的堡垒。奉军一旦占领了汝宁，就可以借助于豫军部队——吴佩孚的追随者们——大大扩充自己的兵源，使该部队处于比驻扎在驻马店的国民革命军更有利的侧翼地位。

国民革命军的先头部队于五月十三日晚挺进到沙河一带，而且唐生智兵团还拿下了遂平地区的沙河渡口。张发奎兵团——第四军（第十二、二十五步兵师，两门山炮，三十五挺重机枪，一万人）和第十一军（第十和第二十六步兵师，八千人，二门炮，三十六挺重机枪），在右侧向前进攻。张发奎兵团的右翼由贺龙的第十五独立师掩护。关于这场复杂战役的所有变故，没有必要详细叙述。同时，不论在我的记忆中，还是在日记本上，都没有保留下来足够数量的用以更详细介绍这场战役的事例。我在档案文件中也未找到这些事例。我现在只谈谈战术方面的两件事，这两件事对河南战役的整个进程都产生了决定性的影响，它们对于评价双方的军事艺术和士气状况都很有代表性。

国民革命军的指挥机关得到消息说，冯玉祥的西北军消灭了洛阳地区的豫军部队，封锁了洛阳，并继续向郑州进攻。在这种情况下，张发奎得到了加快进攻速度、占领西洪桥和铜华桥地区的黄河渡口的命令。第四军的任务是在五月十五日拂晓向上蔡附近的敌人发起冲锋，而第十一军以一个步兵师包围汝宁——与奉军结盟的豫军驻守在这里——而以另一个师作为第四军的预备队，向上蔡前进。

五月十四日清晨五点，第四军沿着去上蔡的公路出发了。走在全军队伍前头的是第二十五师，而走在二十五师前头并负责侦察的是骑兵团（一百名骑手）。事先没预计到会与敌人发生遭遇。军司令部紧跟在第十二步兵师队伍的后面。前去解救被豫军包围的汝宁的奉军第十一军分两路纵队向前挺进：主力部队沿通往上蔡——汝宁的右侧公路挺进（先头部队为第十二旅，接着是与其保持一天路程距离的第六旅）；沿左侧公路向前进攻的是第四十六旅。先头旅（第十二旅）已作好了应付遭遇战的准备——抽出了一支强悍的先头部队（五个营，整个炮兵部队和一些重迫击炮）。这种行军队形符合当时通用的实施遭遇战的理论。

将近下午三时，南方人①的一个骑兵团在擦布口村附近的高地上遇见了奉军的前哨，他们跳下了马，展开了激烈的枪战。这个前卫团迅速地散开了，并展开了顽强的进攻。奉军部队在南方人的制压下，渐渐后撤。将近七点时，南方人前进了五公里，几乎整个师——七个营——都投入了战斗。奉军的四个团和所有能参战的炮兵打退了几次冲锋。随着夜幕的降临，战斗停止了。

军长赶来了。他审讯了俘虏，弄清了敌军力量的部署后，决定包围上蔡的敌军。这一任务交给了第二十五步兵师。第十二步兵师被派到了十里铺，以便阻止敌军从上蔡后撤，在敌军大部队到来之前占领西洪桥附近的渡口（十里铺位于从尚齐口到西洪桥渡口的半路上）。五月十五日清晨六点，第二十五师再次展开了进攻。敌人进行了顽强

---

① 指国民革命军。——译者注

的抵抗。双方都把预备队投入了战斗，南方人甚至把师部的警卫部队也投入了战斗。早上九点，奉军支持不住了，一部分部队（第十二旅和豫军的二个团）躲到了上蔡的城墙后面，其他部队都向东和东南方向退去。南方人的第二十五师没有追击他们，因为它要在西部和西南部包围该城，等待第十步兵师的到来，第十师的任务是在通向该城的各个要道消灭敌军部队。

第十二步兵师为了完成对上蔡的包围，抽调了一个营去北门，然后就向十里铺进发。中午十二点，师的先头部队在十里铺的北城边遇见了大约有一个步兵团的奉军部队。双方的行动都很积极，都想从侧翼绕到敌后。经过近一小时的战斗，奉军部队被击溃，南方人占领了西洪桥附近的沙河渡口。战斗进行得非常迅速，敌对的双方甚至都没来得及投入炮兵，因为炮兵一般都在队伍的后头。但是，奉军还是使用了迫击炮，使南方人遭受到不小的损失。第四军在占领西洪桥附近的渡口之后，便完成了自己的任务。

国民革命军的"铁军"第四军就这样打败了奉军第十一军（也称为"铁军"），尽管奉军在人数上和在军事技术方面都占有优势。奉军第十一军有十一个团，张发奎的第四军有九个团。此外，田维勤豫军的一个师还曾配合奉军一道行动。

就在五月十五日，第十二步兵师同奉军第四十六旅展开了遭遇战，结果该旅也被打垮并被赶到了东边。南方人之所以能取胜，主要原因在于他们在对部队统一指挥这一点上比敌人优越，同时又富有战斗经验，但主要的是他们在士气方面占着优势。在南方人那里，战斗的指挥权都掌握在各师长和团长手里。这些指挥员都身临前线，亲自察看形势并迅速做出相应的决定。在这一方面，苏联军事顾问们发挥了积极的作用，他们始终位于前列，为其他人做出了典范。

在奉军那里，各旅旅长都远离前线，战斗实际上都是由各团团长指挥。这样，各旅的行动，特别是在使用炮兵方面，互不协同。例如，奉军第十一军军长五月十四日距自己的先头部队有三天的路程，军部设在周家口。从下面这个事实可以看出，十一军各部队之间的协同行动是何等的差劲。五月十四日，第六旅的先头营已到了距上蔡有十一公里远的西洪桥渡口附近，当时第十二旅正同南方人在上蔡交着火，但第六旅直到五月十五日中午十二点才赶到十里铺。由此可见，第六旅的人对这场战斗都一无所知，或者是通知他们太晚了。

在奉军中，不管是各旅，还是各军，都拥有大批的飞机和大量的骑兵部队，尽管如此，奉军的指挥机关对敌方阵地情况的了解却非常差劲，这很令人奇怪。在张学良的部队中，第八军全部是骑兵。不能说奉军指挥人员的理论训练很差。相反，几乎所有的奉军指挥官都是军校毕业的，而高级指挥官都是从日本军校毕业的。奉军所拥有的通讯技术装备要比南方人强。在南方人那里，一个团内部的通讯联络都是靠通讯员步行完成，而师和团之间，都是用电话或骑兵通讯员来完成。

不过，南方人取得对奉军的胜利，是来之不易的。第二十五步兵师仅在五月十四日就损失了五百人，第二十五师的前卫团损失了百分之八十的指挥人员，第十二步兵师损失了二个团（近三百人）。在这些损失中，有百分之六十的人都是被迫击炮弹炸死的。奉军的损失不详，但据一些间接得来的材料看，他们的损失比南方人要小。

南方人遭受巨大损失的原因就在于奉军在物质技术方面占有优势和南方人不习惯在平原地区作战。在步枪、机枪的有效射程内，南方人的战斗队形非常密集，他们散开时都以排为单位，而在冲锋时都是全线一起出击。奉军的马匹牵引的大炮都能在隐蔽阵地进行射击。大炮和迫击炮弹药充足。南方人的大炮都是拆开来靠脚夫搬运的。

张发奎军于五月十六日和十七日被迫转入防御。它的对手依然是"铁军"第十一军。战斗进行得非常激烈，双方互有胜负。最后，奉军的进攻被打退了。部队在中段地区的撤退成了全线后退的信号，这种后退后来成了溃逃。张发奎的部队在追击敌人时，占领了周家口附近的沙河渡口。

我要谈的第二件事就是张发奎部队于五月二十四日向防守沙河北岸的奉军采取的进攻行动。奉军在五月十四——十七日的遭遇战失利之后，被迫全线退到沙河一带。活动在京汉铁路一带的奉军第十七军比较顺利地并且未受多大损失地退到了沙河北岸，在郾城地区占领了防御阵地。

在上蔡和十里铺战斗中遭受重创的奉军第十一军慢慢地退到周家口附近的沙河一带并渡过了这条河，在杨林地区驻扎了下来，以便进行休整。该军的左翼由豫军和第二骑兵旅负责掩护。

国民革命军的部队紧追敌人不放。国民革命军的第三十六军在铁路线一带向前进攻，在它以东向前进攻的是梁寿恺将军指挥的豫军一部，再往东则是下辖第四军、第十一军（第十、十二、二十五步兵师）和贺龙的第十五独立师的张发奎兵团。南方人的部队在沙河一带遇到了奉军炮火的阻击。只有张发奎在右翼将自己的先头部队向前推进了一天的路程。

在这种形势下，张学良决定将铁路沿线地区的部队组成一个突击部队，以便在东线展开猛攻。突击部队的这一行动由第八骑兵军第三十四旅的两个团（第五十三团和第八十四团）予以支援，这两个团已从郑州沿铁路开到了沙河北岸。它们在第十七军左侧构筑防御工事，负责掩护主力部队的阵地。

第三十四旅的防线长达二十二公里，第八十四步兵团的长达十——十二公里。第八十四团占领了逍遥镇，派出了侦察部队。第五十三步兵团的一个营留下担任预备队，驻在该镇西北二公里的地方。预计南方人将向逍遥镇展开主攻。五月二十四日凌晨，国民革命军的第十五独立师在第三十四步兵旅的左翼以东十五公里处渡过了沙河。在渡河时未遇到敌人的干扰。贺龙师立即利用敌人指挥机关战术上的失策，沿沙河北岸展开了进攻，并以连续不断的进攻将奉军的第三十四旅赶到了右翼，于下午六点占领了逍遥镇。敌第十军的第三十七旅赶来后，在这里碰到的不是自己的队伍，而是南方人的队伍，故被迫立即向北和西北方向退去。

张发奎的主力部队于五月二十七日逼近灵井并与敌人接火。敌人在这个城的四周建立了坚固的防御点。张发奎计划以两翼包抄来拿下这座城。第二十五步兵师负责从右边进攻，第十二师负责从左边进攻。但是，这一计划由于司令部人员的疏忽而破产了。当时派了一个军司令部的军官携带一份有关的命令去第二十五师，但他迷了路，又返回了军部，没向任何人报告情况就去睡觉了。军参谋长和作战部长也没查问师里是否接到了命令。后来才急忙调动该师，但时机已过了，敌人已经逃走了。

现在，奉军共占据着下述阵地：第十七军守卫着郾城地区，三个旅驻扎在沙河前线，一个旅充作预备队。他们在海龙亭以东的左翼由吴佩孚的第四十九旅负责掩护。下辖三个旅的第十军开进了灵井地区；经过休整和补充的第十一军驻扎在杨岭以南的地区。奉军的总预备队是张学良的警卫旅。

张发奎兵团的国民革命军部队驻扎在逍遥镇和西华地区，而先头部队被派到了逍遥镇以北地区。豫军梁寿恺的一个军占据着从海龙亭到铁道线的沙河南岸；第三十六军占据着铁道线及其以西的阵地。驻扎在最左翼的都是豫军部队。

奉军总指挥机关研究了形势，决定转入反攻。第十七军接受的任务是在铁道线和铁道线以东地区展开主攻，然后由被从杨岭调到灵井地区的第十一军扩大第十七军的战果。第十军负责从东边掩护这次行动。第十七军定于五月二十六日开始进攻。

奉军成功地渡过了沙河，突破了豫军的阵地，插入了第三十六军部队的侧翼。但是，他们没能扩大已取得的战果，因为预备队没有赶到。南方人的第三十六军投入了自己的预备队，将奉军赶到了沙河北岸。奉军部队反攻的失利影响了整个河南战役的结局。张发奎兵团连同贺龙师于五月二十六——二十七日挺进到扶州①——扶沟一线，威胁着通向郑州的交通线。也就在这时，在五月二十日，冯玉祥的主力部队在西北的洛阳地区消灭了陕西军阀刘镇华，并继续沿陇海铁路向前进攻，计划打到郑州，切断奉军的北退之路。

冯玉祥部队的另一个方面军——第十三和第十六军——在邓宝珊将军的指挥下从位于三省交界（陕西、河南、湖北）的荆紫关地区向南阳（吴佩孚新立的大本营）挺进，消灭了敌军吴佩孚部队，于五月二十八日占领了该城。奉军于是不得不转入防御，将自己的部队从河南省调过黄河。第十军负责从东边掩护奉军主力部队向北退却。第十七军则向灵井以南的一些非常坚固的阵地退却。

应当对奉军作出应有的评价，因为他们的防御战打得顽强灵活。张发奎部队和第三十六军的历次冲锋都被打退了。奉军充分利用了自己的大炮，特别是迫击炮技术上的优势。他们撤退部队时干得也很巧妙，没让南方人发现。他们成功地将自己的大部分技术装备运过了黄河。南方人只缴获了掩护奉军撤退的三辆坦克。然而，直奉联军的失败是一个彻底性的失败。奉军部队退过了黄河，吴佩孚部队作为一个有组织的独立力量已不复存在了。

以上讲的奉军在河南战役中发生的这两件事清楚地概括了奉军的军事原则。行动迟缓，消极被动，也是其他中国军阀部队的特点。

河南的战略形势要求张学良必须迅速而又果断地实施他所作出的决定（在冯玉祥部队还相距很远之际，先向国民革命军武汉集团的唐生智兵团展开进攻）。从上面谈到的军事行动中可以看出，奉军直到五月十四——十五日才以微弱的兵力转入反攻，而且在汝宁对面的

———————————

① 应为许昌。——译者注

主要战场上只投入了一个军来对付张发奎的两个军。结果，他们遭到了失败，退过了沙河。

然而这种悲剧在奉军五月二十六——二十七日的进攻行动中又重演了。张学良把自己的突击部队——四个军——集中到郾城、林城地区，但投入进攻的只有一个军。奉军部队尽管在郾城车站也略为得手，但他们最后仍被迫急忙退过了黄河，因为冯玉祥部队已逼近了郑州车站，他们有被全部包围和歼灭的危险。

国民革命军的第三十六军于六月一日占领了郑州，张发奎兵团占领了开封。冯玉祥部队是与国民革命军同时抵达郑州的。奉军在战斗中，特别是在撤退期间，遭受了相当大的损失——死伤和被俘近二万人。

国民革命军对最强大的军阀集团取得的这一胜利，大大地巩固了武汉政府的地位，为将中国的全部领土从军阀手中解放出来创造了具有实际意义的先决条件。但是，政府的处境仍非常艰难，这与其说是由于外部敌人的缘故，不如说是由于内部敌人的缘故—— 一些将军变节，反革命分子就在武汉进行公开活动。

就在国民革命军顺利地向奉军展开一系列进攻之际，四川军阀杨森于五月十四日再次反对武汉政府，沿长江向武昌进攻。杨森的主力部队于五月十四日挺进到了天门——监利地区（汉口西南一百二十——一百三十公里处）。五月十六日，派去对付军阀杨森的夏斗寅将军的第十五军第十四师发动了叛乱。该师与杨森部队联合起来，占领了岳阳城，这样，汉口到长沙的铁路交通线就被他们切断了。该师沿铁道线继续向北进攻，已挺进到龙宜地区（武昌以南六十公里处）。

五月二十一日，许克祥上校在长沙发动了反革命政变。工会都被解散，工人民兵都被缴械并被消灭了。五月十八日夜，夏斗寅的叛乱部队到达距武汉有三十——四十公里的地方。局势变得复杂化了，其主要原因在于国民革命军的指挥人员动摇不定，政府对自己的力量缺乏信心以及政府中行动不一致。后来发现，在第八军和军校中，有一部分指挥人员思想反动，甚至公开进行反共活动。

用了很大的力量，才阻止住杨森的部队，平定了叛乱的将领。国民革命军第二军被派去对付杨森，共产党员叶挺指挥的第二十四师被派去对付夏斗寅。军校的学员也被派去助战。由于共产党员英勇奋战，以身作则，夏斗寅部队被消灭了，缴获了一千多枝枪。国民革命军部队也受到了很大损失，死伤近一千三百人。

国民革命运动内部矛盾的激化主要同解决农民问题有关。已经从集会讲演者发表闪烁其词的讲话和各种委员会、会议发表宣言式的规定，进到了根据"耕者有其田"的口号，实际供给农民土地的时候了。

一九二七年四月二十七日，国民党中央执行委员会在广大农民群众的压力下，并由于中国共产党的极力主张，通过了一个支持农民夺取地主土地，巩固农民组织，解除民团武装的决议。但是，这个决议是国民党中央执行委员会在农民运动的压力下，在违背大部分中央执行委员会委员意愿的情况下通过的，因此，政府并不打算将其贯彻落实。湖南和其他一些省份农村中的阶级斗争大大地激化了。共产党人领导的农会在很多地方，实际上成了农村革命政权机构。但是，各省的实权仍在军人手里。

冯玉祥的叛变

如果说国民革命军取得的军事上的胜利超过了最乐观的预料的话，那么武汉政府的内部政治形势已变得非常动荡和紧张了。蒋介石的部队这时候也开到了陇海铁路，这样，就同唐生智的西路军发生了直接的冲突。

在长江流域，可能成为战区（从镇江到汉口）的长度达一千一百——一千二百公里，而部队一开到陇海铁路，这个长度缩小到了六百公里（从徐州到郑州）。如果部队要开到京津铁路的话，那么这个区域将缩小到二百公里。因此，即使从计划军事行动这一点考虑，也需同蒋介石指挥的部队达成某种协议。

基于这一点，武汉政府决定在郑州召开一个军事首脑会议。现在，很多问题都取决于冯玉祥的态度。我同瓦·康·布留赫尔作为政府委员会的成员，也一道前往北方。我们于六月六日乘火车前往郑州。鄢州附近的沙河大桥已遭破坏，因此不得不转乘摩托渡船。

我们于七日到达了郑州。冯玉祥部队的士兵迎接了我们。他们头上戴的军帽非常像我们戴的军帽。离会议开始还有一段时间，因此我便借机了解一下部队的情况。如果说我们对张发奎将军的那个军的战斗员人数了如指掌的话，那么我们对第三十六军的情况一无所知。

第三十六军的顾问菲利波夫斯基介绍说，该军的指挥人员大多数都是河南人，最初都反对讨伐奉军，对唐生智的政策表示不满。现在，情绪有了好转，开始对武汉政府有所信任了。下级指挥官都遵守纪律，忠于职守。直到营一级的全军各部队的战术训练都相当不错，但战斗侦察很薄弱，更准确点说，根本就不进行。偶尔也派出侦察队——一个军官和二个至三个士兵，但对他们的情报不可绝对相信，因为这些情报常常不准。军、师、团之间进行联系（不远于五公里）都用电话。至于内部联系，指挥员们常常忘记在命令和报告中通报他们所在的位置。军司令部有一部用于同上级进行联系的无线电台。

我们在郑州，开始时住在教会区，与政府成员们一起在银行就餐。我在这里见到了 А.Я.拉平和 М.В.桑古尔斯基。他们告诉我们说，冯玉祥预计六月九日到达。

郑州是个铁路枢纽站；车站的票房跟我国短途铁路线上的小车站一样，既小且矮。六月九日，车站不大的广场上挤满了欢迎冯玉祥的政府成员、军事将领、地方当局的一些代表团、铁路员工和闲逛的人群。在月台上排好了冯军的仪仗队。

那一天天气阴暗，但很暖和。一列货车开来了，其中有几节坐满士兵的高级车厢。乐队奏起了国民党党歌。我们都把视线集中到了几节高级车厢上，希望能看到由于要会见政府成员而戴上元帅标志的冯玉祥。但他并没在那儿出现。于是我便注意货车，货车的门口站着一个留着黑胡子，戴着眼镜，身材高大，体格结实的军人。他未带武器，腰带上挂着一小包馒头。冯军的士兵平常都将自己每日的口粮用这样的小包装着。

当车停下来后，那个留胡子的军人走下车厢的踏板，在月台上愣住了，他显得有些困惑不解，似乎在说。"干吗要这样迎接，我是一个普通的工人出身的士兵，一个农民的儿子！"

大家都明白这就是冯玉祥元帅。以谭延闿为首的政府成员想走近他。但兴高采烈的人群——大多数是铁路工人——把政府成员挤到了一边，把元帅抬了起来，把他送进一辆轿车里。轿车把他拉到了事先准备好的官邸。

后来才知道，冯玉祥一直坐在高级车厢里，但到了郑州的前两站，他再同士兵们坐到了一起。他的这一着，是做给普通人，做给老实人看的，然而应当指出，他达到了自己的目的。工人们把冯的这一做作信以为真了。我看见他们的眼睛里都闪耀着兴奋的泪花。从他们兴致勃勃的笑声和手势看来（他们都向上举着大拇指），我明白了，他们对这位"憨厚的元帅"，对他的谦虚精神敬佩得五体投地。他们似乎在一个普通人和油头粉面、衣冠楚楚的政府成员之间作了选择。

我不清楚会议上都讨论了什么问题，作出了那些决议。但后来事态的发展本身就作了说明。会议结束后，冯玉祥元帅去了开封，似乎为了视察驻扎在那里的部队，并突然"溜进了"徐州。他于六月十五日在徐州会见了蒋介石。但冯早在去郑州之前就命令撤掉反对蒋介石的标语，停止反蒋宣传。接着他便公开宣称他既不认为蒋介石是反革命，也不认为蒋领导的南京政府反动。在冯玉祥与蒋介石在徐州举行的会议上，就下述一些问题达成了协议：米·马·鲍罗廷必须返苏；武汉的国民党中央执行委员会应同南京的国民党中央执行委员会合并，不想去南京的，可以到国外去度假。唐生智的部队应同蒋介石指挥的部队归并到一起。

这样，武汉政府就遭到了来自背后的一击，而这一打击就是来自它在同蒋介石的斗争中极望获得支持的那一方面。过去操纵在老军阀（张作霖、吴佩孚、孙传芳）手里的实权现在转到了蒋介石、唐生智、冯玉祥这些新军阀手里。

冯玉祥无疑是在一九二五——一九二七年革命初期国民革命运动中的重要人物之一。他一九二六年五月二十一日在莫斯科同我国政府成员会谈时就明确地谈了自己在民族解放运动中的作用。

冯玉祥认为自己是一个无产者。他的父亲是一个瓦匠，祖父是一个成衣匠，而他自己是以当石匠开始其劳动生涯的。当他满十八岁的时候，便改换了自己的职业，当了兵。冯玉祥没有受过系统的教育，他是在军队里学到的本领。

会谈开始时，冯对中国总的政治形势和国民军在革命斗争中的作用做了估价。英美资本家争夺在中国的主导作用时，始终依靠中国军阀中的这股或那股势力的支持。

最初时，吴佩孚将军获得了胜利，宣布成立了以他的傀儡曹锟为总统的共和国。当时作为吴佩孚部队组成部分的国民军后来脱离了吴佩孚（出于什么动机，冯玉祥一直讳莫如深），与张作霖结成了反吴联盟并假道热河向北京进攻。冯玉祥在占领北京以后，赶走了曹锟和年轻的皇帝溥仪，坚决支持人民。而人民利益的捍卫者就是孙中山。冯玉祥部队的实际兵力当时已达四万人。敌人的兵力无论就数量和质量来讲，都胜过冯军，因而冯军没有公开宣布支持孙中山。

张作霖击溃了吴佩孚的军队，吴部有三个师转到了国民军一边。接收"未经改造的"吴佩孚部队参加国民军——这些部队后来又背叛了国民军——这是一个非常大的错误。国民军后来又同张作霖争斗起来。过去由于张作霖在兵力上占着优势，因而这场斗争一直未展开。冯认为国民党分为两派：老革命派和新革命派。老革命派深信赶跑了皇帝，建立了中华民国之后，他们就完成了自己的使命；新革命派力图将民族解放进行到底。国民军第二军和第三军就是由老革命派指挥的。当问到冯是属于哪派时，冯不好意思地说："我哪派也不属，我只是个军人。"

另外，冯玉祥认为还存在着第三革命派——民族解放派。冯把依靠北方广泛群众运动的国民军第一军算作这一派。尔后他通报说，一九二六年初发生的一些事件都同孙传芳与国民军签订的南北进攻张作霖的秘密协议有关。孙传芳已经着手实施这一协议。国民军第二军司令、河南督军岳维峻要求孙传芳让出山东，孙传芳同意了。冯认为这是一大错误，因为尽管国民军第二军的进攻开始时也很顺利，但由于岳维峻的部队组织纪律性差，因而还是遭到了失败。

将山东让给国民军第二军，公开了孙传芳同该军的联系。张作霖转而求助于日本，以租界地和经济实惠，直至将中国全部归日本统治作为交换。郭松龄将军（作为张作霖的代表）和国民军的代表韩将军去日本观看了演习。郭松龄在获悉张作霖同日本有了秘密勾结之后，十分恼怒，称他为贼，发誓要同他斗。冯玉祥在得知郭松龄不同意出卖中国的利益并准备反对张作霖后，同郭进行了联系并以下述条件结成了秘密联盟：1）反对张作霖；2）反对军阀暴力和帝国主义分子，争取废除不平等条约；3）依靠工农，实行全民教育；4）建立一个好人政府。

郭松龄为了赢得时间和不执行张作霖的命令，住进了医院。张作霖得知郭松龄变节以后，开始通缉他。

郭松龄对张作霖采取的军事行动在日本进行干涉以前一直比较顺利——日本人不仅提供了武器，而且也提供了人力援助。日本人的这种干涉导致了郭松龄的灭亡。

冯玉祥解释了促使他决定发动天津战役的原因。如果天津落入张作霖手里的话，那么国民军第二军和第三军必遭失败，而这是绝对不能容许的。国民军第一军经过激战，占领了天津，第二军和第三军开始向山东进攻。在这两个军中，缺乏内部团结和纪律性。将领们常常相互争吵。这些连续不断的内讧，以及敌人开展的特务活动，导致过去摆脱了吴佩孚转到国民军一边的卫、田、陈①三位将军现在又叛变而回到了自己的老主子那里。

吴佩孚在毒死了湖北督军萧耀南以后，再次投入了斗争的漩涡。他把已故的萧耀南的部队接收过来，补充豫军三个师，又转而向国民军展开进攻。天津和河南已被三面包围了。

---

① 指卫定一、田维勤和陈文钊。——译者注

冯接着感谢苏联提供的援助，对为共同事业而献出了自己生命的三名苏联飞行员表示哀悼。当问到冯为什么不入党时，冯回答说，他一直受着禁止军人入党偏见的影响，他认为国民军第一军可以用自己的行动帮助人民，即使它表面上不同国民党来往。他不入党的第二个原因是。在孙中山逝世以后入党，会被国民军的其他将领们看作是他想攫取党的领导权，即抢占孙中山的位置。现在这种危险性已经消逝，因此他决定入党。

冯玉祥认为国民军第一军有一个稳固的核心。苏联教官们帮助提高了部队的战斗力。在四个月的军事行动中，该军未遭一次失败。国民军第二军的情况就差一些。该军由老革命家指挥。这个军无组织无纪律，脱离群众。国民军后撤的主要原因是：缺乏子弹和炮弹；山西督军阎锡山威胁国民军第一军的后方。

谈话结束时，冯对未来作了预测。他认为张作霖和吴佩孚必然会互相厮杀。英国人支持吴佩孚，日本人支持张作霖。这两个集团之间的战争是两个帝国主义列强为争夺在中国的优势地位的一场争斗。国民军第一军准备利用这场争斗，在适当的时候同孙传芳联合对付他们。不必害怕孙传芳叛变，他是张宗昌不共戴天之敌。按百分比算，孙传芳与国民军的联系占百分之六十，与广州的占百分之三十，与国民党的占百分之十，他对张作霖怀有刻骨的仇恨。国民军当时拥有十四万人，计划在近期向阎锡山展开进攻。

冯玉祥宣称，国民军的领导机关决定改组为西北各省人民政府。政府的基本对外路线是：争取废除各种不平等条约；从中国撤走一切外国军队；取消所有的租界；彻底实现国民党的纲领。

冯玉祥在谈话中非常坚决地强调了这一决定。他肯定地说，国民军将开展政治工作。他在结束谈话时要求在物质上——金钱、武器、弹药、药品——帮助国民军。苏联政府成员们提请冯玉祥注意在休整间歇期间，不仅要积蓄国民军的军事力量，而且也要加深同群众和群众运动的联系。应当根据这一点来确定国民军的行动。否则,人民群众会把国民军看作是军阀队伍。国民军遭受失败的原因之一就是它没有争得人民的同情。

这个谈话,我是按速记记录援引的,作了一些修辞上的删改。冯玉祥的报告没有反映事情的真实情况。元帅所做的自负的预测——吴佩孚和张作霖、孙传芳和张宗昌一定会互相厮杀,因为他们是"仇敌"——并没有应验。"仇敌"在"赤色危险"面前都找到了共同的语言。一九二七年的春天和夏天,张作霖和吴佩孚曾肩并肩地对付冯本人,而孙传芳和张宗昌也是反对蒋介石的。

六月二十一日晚,确切点说,是在夜里,布留赫尔和国民军第一军总顾问米·弗·桑古尔斯基谈了一次话(我在自己的笔记本上做了笔记)。桑古尔斯基在谈话中是这样刻画冯玉祥的:"他(冯)最初时向左派献媚,确切点说,对他们的态度是消极的。他的政治副手于右任做了很多报告,一直在农民组织中做工作。冯玉祥于是不得不跟着左派走,承认了武汉政府,签署了反对蒋介石的电报和宣言。但是,他为自己同蒋介石谈判留下了后路。冯玉祥内心里是反对发展革命的工农运动的。他已开始镇压共产党人了。这是一个典型的新式军阀,是现代的吴佩孚。他在来回奔波所玩弄的蛊惑手段是很有意思的。例如,他去郑州乘的是货车。他到了大城市以后,到小饭馆里去吃饭。他命令将反对蒋介石的标语全撕掉了。他还秘密去了趟开封,在徐州同蒋介石举行了会见。"

应当指出,在冯玉祥军中工作的顾问们经受了最严峻的考验。该顾问组组长是米哈伊·弗拉基米罗维奇·桑古尔斯基。他长得黝黑,个子不高,结实,有一双小眼睛,是个留着短胡子的黑发男子。他的外表很像一个中国人,特别是在他穿上中国便服时更是如此。他毕业于莫斯科大学数学物理系,尔后又毕业于准尉学校。革命一开始,他立即转到了革命一边,于一九一八年参加了共产党。

国内战争期间，我曾与桑古尔斯基一道，参加了很多次战斗。他非常勇敢顽强，沉着冷静。他的指挥所从来都是设在直接靠近散兵线的地方。他不会自我吹嘘，而是喜欢尽量缩小自己和自己师的功绩。桑古尔斯基性情幽默。当时一些年青军官都喜欢夸大敌人的力量，他们把短时间的大炮对射说成是敌人的"密集火力"。有一次，桑古尔斯基在向 M.B.伏龙芝报告情况时，以嘲讽的口吻指出。"尽管有敌人的密集火力，英勇的鲍古恰尔师突破了敌人的防线，占领了大托克马克，受伤者二人：一人落马，另一人被车辕伤了背部。"他的同事们对他很亲近，很尊敬他。

要评价北方顾问组的工作作风和方法，我可以列举三个呈请授予 A.Я.拉平、H.Ю.别特凯维奇、K.Б.卡利诺夫斯基和翻译 Ф.鲍卡年科以红旗勋章的报告。一九二六年秋，国民军第二军和第三军的残部被围困在西安。城里发生了饥荒，每天死亡达一百人。

国民军第一军派孙良诚将军指挥的一支作战部队前去营救被围困的守城部队。孙良诚将军的顾问就是 A.Я.拉平。

这支部队就其人数而言，只是围困西安的敌人的三分之一。拉平利用战术上的优势，以一个步兵加强师成功地袭击了敌人的后方。当时不仅要制定和仔细研究作战计划，而且还得引导这个犹豫不决、行动迟缓的中国将军来完成这一计划。

在战斗中，拉平总是直接投身到战斗部队中去。这大大提高了他作为顾问和教官的威望。冯玉祥在向全军发出的指示电报中，向顾问拉平表示感谢，感谢他对国民军第一军的帮助。

尔后，拉平积极参加了豫西的各次战役。国民军第一军消灭了奉军第八骑兵军和直系将领张治公的部队，俘虏了几千人，缴获了二十门大炮。

还在早些时候，鉴于在一九二五年十二月的天津战役期间所立的战功，顾问 H.Ю.别特凯维奇、K.Б.卡利诺夫斯基和翻译 Ф.鲍卡年科都被授予红旗勋章。尼古拉·尤利安诺维奇·别特凯维奇指挥铁甲列车，突破布雷区，夜袭并占领了杨村车站，从而穿过了奉军的第一道防线。Н.Ю.别特凯维奇也成功地指挥炮兵于十二月二十五日突破了张凯州地区的奉军防线，他以身作则，鼓舞士兵参战。

康斯坦丁·勃罗尼斯拉维奇·卡利诺夫斯基由于积极主动、勇猛顽强地指挥铁甲列车参战而被授予了军功奖章。在天津战役期间，一九二五年十二月十六日，当李景林将军指挥的奉军部队迂回到了落堡车站，绕到国民军第一军后方时，卡利诺夫斯基主动向落堡车站派出几辆铁甲列车，粉碎了敌人的历次进攻。这些勇敢果断的行动使李鸣钟将军的国民军部队及时地赶来援助，阻止了敌人的进攻。

在我们的顾问来到国民军第一军以前，人们对铁甲列车全无了解。根据卡利诺夫斯基画的草图和他的讲解，以及经军工专家切金工程师的帮助，在张家口车站铁路工厂造出了几辆优质铁甲列车。大炮都安在能活动的铁甲炮塔上，机枪和步枪都在铁甲平台上。

随着冯玉祥转到蒋介石一边，武汉政府部队继续向北进攻已不可能了。更有甚者，冯玉祥以最后通牒的形式要求武汉政府解散。但是，武汉仍是令人向往的革命力量的中心。在这里召开的无数次代表会议和代表大会都反映出，广大的劳动群众的革命热情是很高的，他们准备为中国的自由承担各种牺牲。

但是，政府的领导人，如汪精卫、谭延闿以及军事领导人唐生智，甚至张发奎都准备同蒋介石言归于好，准备满足蒋介石和冯玉祥在徐州会议上共同提出的最后通牒式的要求。这样，中止我们在中国的工作已在所难免了。

离开中国

　　一九二七年七月初，我和我国的几个顾问一道，带着妻子，乘一艘英国轮船离开汉口前往上海。我们的这一趟旅行相当舒适，船舱很宽敞，有十七八平方米。这趟旅行对于我们来说，是一次休息。在战争中常常出现这种情况：熬过几个不眠之夜以后，即便有一两天甚至是相对的平静，也可以休息。

　　我在度过了体力和神经紧张时期后，观赏着这条中国大河的美丽风光。我们驶过了坐落在绿荫丛中的城市九江，尔后又驶过了位于丘陵地带的湖口。长江水流湍急，从马当附近的母岭山脉围成的深谷一穿而过，很快就到了安庆。它是安徽省的省会，是一座有漂亮高塔的城市。这一带的长江很宽，远远望去，有的地方都望不见北岸。南京终于到了，革命的高潮和失败的痛苦也都同这座城市的名字紧密相连。现在离上海也不远了。

　　我们是白天到达上海的。帝国主义分子已及时地平息了由于革命浪潮引起的波动，正竭力夺回丧失的东西，补上错过的机会。在此期间，上海的城市警察和白俄侨民冲进了远东银行。他们搜查住宅和保险柜达六七个小时。在法租界里的几个苏联机关同时也遭到袭击和搜查。

　　挑衅并没就此完结，驻上海和其他城市的苏联负责人员的住所都遭到了搜查。一些私人的书信、照片和证件都被抢劫一空。

我们刚一踏上上海的土地，我就被一个人叫住了，这个人显然是一个英国警官，由一个白俄侨民翻译陪着。据后来所知，他就是那个臭名昭著的皮克，确切点说，是个特务。这个淡黄色的年轻人，病态盈盈，在苍白的脸上两只眼睛老是贼溜溜地四下张望，他一度在米·马·鲍罗廷的机关里做过事务性工作。皮克曾被怀疑是一个奸细和英国特务，但他却及时地逃脱了惩罚，躲藏到上海。现在，皮克向英国警察局的特务报告了我的名字以及职务等等。但我没等他"报告"完就离开了。

我在上海碰上了Д.Я.达罗芙斯卡娅。她向我讲述了自我离开南京后那里发生的事情。季娜·雅科芙列芙娜当时任我们留在南京那一少部分人的总务主任。实际上，那里一个翻译也没有了，归我们调用的姓李的联络官只会法语，而且水平还很差。顾问斯特鲁姆比斯的妻子患了神经失调症。一个中国医生确诊说，这种病是由我们不习惯的中国饭菜引起的。在斯特鲁姆比斯来到南京，并把妻子带到上海之前，照顾病人的全部担子都落到了达罗芙斯卡娅的肩上。在离开这座城市时，武装警察搜查了他们每个人的东西。

在上海做了短暂停留后，我们准备乘七月十八日启航的最近一班上海直达符拉迪沃斯托克的中国轮船回国。但是，上海当局不想这样轻易放过我们。空军小组组长谢尔盖耶夫、政工人员米利亚什凯维奇、翻译托尔斯泰和我都没走成。

在这期间，国民党中央执行委员会和武汉政府同中国共产党彻底决裂了。国民党中央执行委员会政治委员会做出了同共产党断绝关系的决议，尽管一些著名的国民党左翼活动家坚决反对这一极为有害的决议，并辞职以示抗议。例如，政治部主任邓演达、部长徐谦、陈友仁，以及其他一些人都离开了武汉。孙中山的遗孀宋庆龄于七月十四日发表了一份声明，强烈抗议国民党为了讨好新军阀而背离孙中山关于对中国进行经济和社会改革的政策。

　　七月十七日，第三十五军军长何键将军在武汉发动了政变。他的部队占领了武昌、汉口和汉阳。所有这一切显然是得到了武汉统治者同意的。在国民党中央执行委员会采取的这些反革命措施的同时，还组织了反苏挑衅活动。中国警察伙同帝国主义列强的警察和领事当局在中国很多城市里，不仅袭击了苏联的机关，而且甚至还袭击了苏联官方人员的住宅。一九二七年七月十八日，当我们登上了我们苏联商船公司租的一条"亨利"号中国轮船时，中国宪兵带着一个手枪队也出现了。这是不足为怪的。而在码头旁的岸上，还有一个英国海军陆战队的持枪荷弹的士兵。

　　那个臭名昭著的白俄特务皮克又混进了这一伙人当中，充当品克顿①。他闯进一个船舱里，在枕头下面胡乱翻查。这时我们的几名顾问进了船舱。皮克发现后，立即掏出左轮手枪，向舱门奔去。我一拳把他打出了船舱，这个不走运的品克顿便一头栽倒了。然后，皮克捡起掉在地上的手枪和帽子，跑向上层甲板寻求中国手枪队的庇护去了。

　　他们让我们到警察局去一趟。我发现，所有的人都听从蒋介石部队的一个监察官、一个穿着中国将军服的年岁不大、个子很高而又削瘦的黑发男子的指挥。我在蒋介石司令部工作期间常和他见面。我们被安顿在平时审讯被捕者的一间房子里。根据这里的摆设，以前显然在这里起劲地搞过刑讯。

　　在一张像商店的柜台一样的审讯桌前，在天花板上安装着一个带滑车的钩子，上面挂着两根绳子，绳子的一头都打着活结。刽子手们把受害者的双手用这个活结捆紧，然后拉紧绳子，直到受害者的脚趾尖刚能着地。在这间房子的角落里，放着各种各样的像冰球的曲棍一样的木棍子，刽子手就用这些棍子来"鼓励"受审的人，以让他开

_____

　　①　品克顿为西方私家侦探公司的侦探，一般指私人侦探。——译者注

口。我以前的赵翻译曾给我介绍过这种审讯的工具。

在我们这一伙人中有一名日本共产党员。同我们一起在轮船上被捕的中国共产党员都已被带到另一个单独的房间里。我们都被戴上了美国造的手铐。越是想摆脱或是双手越来回动弹，手铐就夹得越紧。第二天早上，几个刽子手走进我们房间，坐在凳子上，准备一声令下就开始"动手"。这都是些吃得肥胖、体壮如牛、傻头傻脑的年青人。

就在那一天，一个中国共产党员被砍了头。刽子手是一个面孔黝黑，青筋嶙嶙的中国人。他的脸形很像蒋介石，也剪着平头。他走进屋以后，将染满鲜血的镣铐放在凳子上，做着令人厌恶的怪相，开始洗手。然后，他转身走到其同伙跟前，自豪地开始讲述斩刑的情景。他显然认为自己是一个"第一流的行家里手"。

监狱里的人员包括监狱官、带班员——一个老兵、一个打扫房间和打杂的男孩、一个身带手枪的看守士兵。监狱官是一个个子很高，年纪不大的中国人，显然靠有利可图的监狱伙食发了胖。我们向他提出了要求：向我们解释逮捕我们的原因；把我们的领事找来；给我们去掉镣铐；否则，我们将不吃东西，宣布绝食。监狱官两手拍了拍自己的大腿，笑着大声说："嘿，有意思，我看你们不吃不喝能坚持多久！"

那个日本共产党员也加入了我们一伙。他身体很弱很瘦，胸脯凹陷。我们劝他不要跟我们在一起，但这个日本人打着手势，向我们表示，他不能这样做。当天晚上根据日本领事的要求把他放出去了。他后来的情况怎样，我们便不得而知。

那个打杂的男孩姓李，是一个十四五岁性情欢快、爱说爱笑的小伙子。他负责打扫房间，端水送饭等等。他对我们提出的所有请求都欣然接受，甚至往领事馆传递我们写的条子。由于对我们抱有善良态度，他曾引起了监狱官的仇视，遭到毒打。但这并没有使他屈服，他背着监狱官更加热心地操办我们托他办的事情。

再说说给我们派的看守——一个呆头呆脑的士兵。显然他是在不久前才领到一支真毛瑟枪。他一直摆弄这支枪，后来又开始练瞄准，脸上一副凶相。我离他最近，因而也就常常成了他瞄准的靶子。在我的经历中，曾见过很多次这种不适当玩笑的悲惨结局。对他拿着上了子弹的枪，开这种危险的玩笑，我十分气愤，不得不高举着拳头向这位卫兵凑了过去，并向他大吼起来。

这位卫兵吓坏了。他像猴子一样，敏捷地一下子钻到了门后。过了一会儿，他的余悸未消的面孔才从半开着的门后露了出来。他迅速地抓起一只凳子，坐到了门后。显然他在那儿继续摆弄他的手枪，因为突然传来了一声枪响和一声惨叫。后来那个姓李的小孩告诉我们说，那个卫兵把自己的脚打穿了。

当时上海热得要死，空气中的水蒸气达到了饱和的程度。我们闷得难受，汗如雨下，全身都起了痱子，痒得难忍。我们都并排在石板上睡觉。直到第四天，总检察官才得暇过问他所逮捕的人。他来到我们的房间，随身带了一个白俄侨民翻译。那个翻译对我们说，他与监狱机关毫无关系。而翻译托尔斯泰恰恰也和我们在一起，他是哈尔滨人，从小就懂中文。

我们提醒检察官说，我们是奉中国政府的邀请，特别是奉孙中山总统的邀请来中国的。我们以及检察官本人现在之所以能到扬子江畔，加仑将军和我们的顾问为此是做出了不少贡献的。蒋介石和其他中国将领都可以肯定这一点。那么检察官先生有什么权利毫无根据地将我们逮捕并侮辱性地关进监狱呢？我们要求允许苏联领事来见我们并立即释放我们。我们再一次指出，在我们的要求得到满足之前，我们绝不复食。检察官没料到会遭到这样的压力，他像来时那样，慌慌张张地离开了房间。在他这次来访之后，一切依然如故。

在绝食的第五天，身体虚弱的翻译托尔斯泰晕倒了，从嗓子里往外吐血。我给领事馆写了一张条子，告诉他们，我们决定继续绝食，以及托尔斯泰病重的情况。这张条子是那个姓李的小孩送到领事馆的。然而，对于我们领事的几封照会，南京政府外交部丝毫未予以重视。

对我们的帮助突然从天而降。李济深将军在广州发动了反革命政变之后，那里的顾问组撤销并启程回国。当时顾问们都在上海等候开往符拉迪沃斯托克的轮船。该顾问组首席顾问 M.Г.叶弗列莫夫与白崇禧的顾问 B.H.帕纽科夫获悉我们被捕以后，主动去南京找蒋介石。有魄力，意志坚强的叶弗列莫夫①和像水银一样善于随机应变但感情外露的 B.H.帕纽科夫就这样向蒋介石施加了一点压力，结果不仅从他那儿拿到了一份立即释放我们的书面命令，而且还拿到了一份表示歉意的书面凭据。在 M.Г.叶弗列莫夫和 B.H.帕纽科夫回来前不久，监狱里就慌乱了起来。吓得脸色苍白的监狱官跑进我们的房间，用颤抖的双手打开镣铐，放开了我们。叶弗列莫夫和帕纽科夫冲进房间后，推开监狱官，把我们带出了监狱。我们把身上所有的钱都凑了起

---

① M.Г.叶弗列莫夫于一八九七年二月出生在土拉省。他曾在莫斯科一家工厂里当过工具雕刻师，同时在普烈奇斯基夜校上过学。一九一五年，他志愿入伍，参加了第一次世界大战。他于一九一七年毕业于高加索准尉学校。

叶弗列莫夫随莫斯科河南岸区第一赤卫大队积极参加了十月革命，在红军中担任过各种领导职务——从连长到旅长。他于一九一七年加入苏联共产党。一九二○年，他参加了从革命的敌人手中解放巴库的战斗，鉴于他所建立的战斗和革命功勋，他被授予三枚红旗勋章和一支革命荣誉步枪。

从中国回国后，他曾担任过很多高级领导职务。他于一九三○年毕业于军政学院（首长指挥系），而于一九三三年又毕业于 M.B.伏龙芝军事学院。从一九三七年起，他在很多军区担任过司令员，一九四一年一月，他被任命为红军陆军副总监。

在伟大的卫国战争初期，M.Г.叶弗列莫夫指挥过第二十一集团军，从一九四一年十月起，指挥第三十三集团军。为了表彰在莫斯科会战中出色指挥的几次战斗，他被授予一枚红旗勋章。在叶弗列莫夫将军的指挥下，第三十三集团军突破了希特勒的防线，于一月底抵达了维亚齐马河附近。在几乎三个月的时间里，这个同其他部队失去了联系的部队在极端艰难的条件下，英勇击退了法西斯分子的多次进攻。一九四二年四月初，根据方面军的命令，叶弗列莫夫将军的部队前去同方面军的主力部队会师。叶弗列莫夫后来牺牲了，他被授予苏联英雄的称号。

来，送给了那个老卫士和那个姓李的小孩。

我们先到了外交部，托尔斯泰在那儿又犯了病。B.H.帕纽科夫当即向外交部的工作人员们讲了一通气话。外交部的一位副部长接见了我们。他是一位仪表优雅、文质彬彬的中国人，穿一件传统的长袍。他代表蒋介石将军向我们表示了歉意。他解释说，逮捕我们是城防司令杨虎将军的擅自妄为，杨虎为此将受到严厉的处分。蒋介石打算通过领事馆转给我们三千美元，以补偿受到的损失，但我们拒绝接受这笔钱。

这就是我们在中国逗留的结果。当时举国上下都开始了对革命的工人、农民、知识分子，首先对中国共产党实行的白色恐怖。国民党当局为了取悦帝国主义分子，便又导演了这场反苏挑衅活动。

附　录

一九二七年蒋介石部队的组成情况

部队别	人　数	备　注
第一集团军①		
第一军	二万二千人	蒋介石的主要支柱，下辖六个师（第一、二、三、十四、二十、二十一师）。
暂编第一军	五千人	重建。
第五军	六千人	在常州——杭州地区重建。
第六军	五千人	由在南京被缴械的第六军第十九师重建。
暂编第七军	五千人	由招募的士兵和俘虏补员。
第十军	一万人	由豫军改编。
第十三军	五千人	在南京和浦口地区重建，其中百分之五十为俘虏。白崇禧网罗了自己很多追随者到该军。
第十四军	七千人	由忠于蒋介石的旧部对其作了补充。
第十五军	五千人	由白崇禧的鄂军第二军改编。
第四十军	五千人	由贺耀祖将军的独立师改编。
第四十四军	一万人	由豫军改编。军长叶开鑫极力反对唐生智，思想上反对武汉政府。
李（××）的部队海军	二千人	归白崇禧节制。站在蒋介石一边。

---

① 第一集团军是蒋介石同武汉政府斗争的最忠诚的部队；第二集团军是一支中立部队。

续表

部队别	人　数	备　注
第二集团军		
第七军	一万六千人	持观望态度。
第十军	一万二千人	由王天白部队（前贵州第一军）改编在进军湖南时归附国民革命军。
第十七军	五千人	准备退往福建，以便在与二十六军汇合后，静观风向。
第二十六军	七千人	由浙江第三步兵师改编。战斗力不强。竭力想退往杭州地区。
第二十七军	六千人	没有既定的目标。
第三十三军	七千人	由安徽军改编。军长柏文蔚反对蒋介石。全军较倾向于蒋介石。
第三十七军	五千人	陈调元的北线部队，由第六师和其他的安徽部队改编。该军内部不统一。
第十五独立师	三千人	由陈仪的浙江第一师改编的前第十九军。

一九二五——一九二七年革命期间的
中国军事活动家

白崇禧　桂系将军，生于一八九三年，参加过一九一一年革命。国民党右派分子，北伐期间指挥浙江战场的国民革命军。该部队后来打败了孙传芳，在工人解放了上海后，开进上海，白被蒋介石任命为上海警备司令，是反革命政变的领导人之一。他同李宗仁共同领导广西的军政集团，为国民党中央执行委员会主席团委员。

柏文蔚　将军，生于安徽省。曾在河南任国民军第二军军校校长，北伐期间指挥国民军第三十三军。柏属于国民党左派，拥护同苏联友好，赞同同中国共产党联合。

王为蔚　豫军将军，曾任国民军第二军第三师师长。倾向于直系首领吴佩孚。

魏益三　将军，曾为起义反对张作霖的郭松龄奉军部队的一员。郭松龄牺牲后，魏将自己的部队拉到山海关，参加了国民军，易名为国民军第四军。

郭松龄　奉军将军，一九二五年十一月二十三日发动了反对亲日奉系军阀首领张作霖的起义，转到了冯玉祥领导的国民军一边。当时归他指挥的有七个步兵师，两个炮兵团，一个工兵营。由于日本进行了干涉（其中包括武装干涉），郭松龄后来被杀，他的部队遭到了失败。

段祺瑞（一八六四——一九三六）　中国军阀，亲日的安福系首领。一九一九——一九二〇年和一九二四——一九二六年间在北京执政。一九一八年签署了中国同日本一道参加对苏维埃俄国干涉的协议。段祺瑞镇压过一九一九年的"五四"爱国运动。根据他的命令，对一九二六年三月十八日在北京举行的反帝游行进行了镇压。

邓宝珊　国民军第二军的师长。该军一九二六年初解体之后，他率自己一师人退到陕西，一九二七年，他作为军长，参加了冯玉祥的西北军在河南向张学良（张作霖之子）反动军队发动的进攻。

邓演达　将军，国民党左派。北伐期间任国民革命军政治部主任、黄埔军校校长、国民党中央执行委员会农民部部长。一九二七年七月武汉发生反动政变后，他辞去在国民党中的领导职务，组织了一个第三党。他后来被蒋介石分子杀害。

叶挺（一八九五①——一九四六）　中国共产党党员，国民革命军将军，北伐期间曾指挥第四军的独立团，该团在打败吴佩孚的过程中起了重要作用。一九二七年，独立团被扩充为第十一军第二十四

---

① 应为一八九六年。——编者注

师，该师在叶挺的指挥下，在镇压夏斗寅的反动暴乱时表现得极为出色。叶挺曾是反对国民党反动派的南昌起义领导人之一（一九二七年八月——九月），是广州公社部队的总指挥（一九二七年十二月）。一九三七——一九四一年间，他指挥在长江流域打击日本侵略者的新四军部队。一九四一——一九四六年，他被关在国民党监狱里，一九四六年因飞机失事牺牲。

阚朝玺 将军，热河省督军（军事长官）。曾同郭松龄签署了参加反对张作霖起义的协议，但在日本的压力下，却支持了张作霖，致使郭松龄遭到失败。

寇英杰 直系军阀集团将军，北伐期间任武昌守备司令，在国民革命军部队攻打武昌时，曾负责指挥武昌的保卫战。

李烈钧 国民党中央执行委员会委员，曾任胡景翼的国民军第二军，尔后任冯玉祥的国民军第一军政治顾问。

李鸣钟 将军，曾在国民军第一军中任职，一九二五年任绥远的都督（督军），一九二六年初取代冯玉祥任甘肃督军。

李品仙 国民革命军第三十六师师长，一九二七年任第八军军长和汉口守备司令期间，曾下令在六月底解散湖北省总工会，解除工人纠察队的武装。

李纪才 国民军第二军第九师师长。在一九二五年十二月的山东战役中指挥该军的部队。

李福林 驻广州的国民革命军第五军军长，国民党右派分子。

李虎臣 国民军第二军第十一师（驻守陕西省）师长，一度任过陕西督军。

李济深 国民革命军第四军军长，总参谋长，国民党中央执行委员会委员。他于一九二七年四月在广州发动反革命政变。日本帝国主义者侵占中国后，他开始赞成抗日统一战线，批评蒋介石的政策。一九四九年，他作为"国民党革命委员会"的副主席被选为中华人民共和国中央人民政府副主席。他于一九五八年逝世。

李宗仁（一八九〇——一九六〇①）　曾任孙中山的参谋长②，北伐期间，任国民革命军第七军（桂军）军长。他是国民党西南军阀集团的首领之一。一九四九年，他任国民党的代总统。他于一九五〇年返回中华人民共和国③。

李景林　将军，直隶省（河北省）督军。他曾同郭松龄签署了参加反对张作霖起义的协议，但在日本的压力下，却支持了张作霖，不让冯玉祥部队与郭松龄部队建立铁路联系，致使后者遭到了失败。

林伯渠（林祖涵）（一八八六④——一九六〇）　一九二一年加入中国共产党。北伐期间曾任国民革命军第六军政治部主任。他在国民党中担任过很多领导职务（到一九二七年七月）。后来，他参加了南昌起义；任过中华苏维埃政府委员，边区政府主席，从一九三八年起任中共中央委员，从一九四五年起任中共中央政治局委员。

林彪（一九〇八——一九七一）　中国共产党党员，黄埔军校毕业。北伐期间任国民革命军第四军的营长。参加过南昌起义、同国民党的内战、抗日战争（八路军一一五师师长）、一九四六——一九四九年的人民解放战争（第四野战军司令）。一九五九——一九七一年间任中华人民共和国国防部长。

鲁涤平　生于湖南，将军，曾任国民革命军第二军副军长（实际上的军长）。

陆佐龙⑤　吴佩孚部队的将军，北伐军占领武昌以后，转到国民革命军一边，其部队被改编为国民革命军第十五军。

鹿钟麟　冯玉祥的国民军第一军将军，一九二六年曾任北京警备

---

① 应为一八九〇——一九六九年。——译者注
② 原文如此，这里可能有误，未查到李任过该职。——译者注
③ 应为一九六五年。——译者注
④ 应为一八八五年。——编者注
⑤ 应为刘佐龙。——译者注

司令。

刘镇华 吴佩孚的直系将军，陕西省督军，一九二六年四月——十一月曾在西安围困国民军第二军和第三军的残部。

刘震寰 一九二三——一九二五年间任驻守广州的桂军司令。一九二五年六月发动了反对国民革命政府的叛乱，被击败。

孙传芳 将军，一九二四年底脱离直系军阀集团。孙以美国为靠山。一九二五——一九二六年间，孙统治了江西、安徽、江苏、浙江、福建等华南各省。孙在一九二六年十一月——一九二七年三月被国民革命军部队打败。

宋哲元 冯玉祥部队的骑兵军军长，曾任热河省的督军。

孙连仲 冯玉祥部队骑兵第二军军长。

孙　岳 国民军第三军司令，陕西省督军，死于一九二六年。

许克祥 国民革命军第三十五军三十三团团长，一九二七年五月二十一日在长沙发动反革命政变。

许崇智 驻守广州的粤军司令，一九二五年七月——八月间任国民革命政府陆军部长。他的部队于一九二五年九月被缴械，他本人被控搞反革命活动而驱逐出广州。

夏斗寅 国民革命军第十五军第十四师师长，一九二七年五月在湖北省发动了反革命叛乱。

唐生智 曾任国民革命军第八军（湘军）军长、国民革命西路军司令，一九二七年五月任武汉的国民革命军总司令，一九二七年七月开始反对中国共产党和工农运动。

唐镇达（音译）　冯玉祥的国民军第一军将军。

谭延闿 湖南的政治和军事活动家，国民革命军第二军军长。从一九二七年三月起，任广州国民政府主席，国民党中央执行委员会常设委员会（政治委员会）委员。

田维勤 国民军第二军第三师师长，吴佩孚的追随者。

　　吴佩孚（一八七八①——一九三九）　将军，统治长江流域和华北地区的亲英直系军阀集团的头子。吴的军队在一九二六年六月——十月间被国民革命军打败，此后，吴便退出了政治舞台。

　　樊钟秀　国民军第二军第六师师长，一九二六年作为国民革命军第十三军军长参加了反对吴佩孚的一些战役。

　　方振武　国民军第五军军长（该军实际上只有一个师）。

　　冯玉祥（一八八〇②——一九四八）　国民军总司令兼国民军第一军军长。一九二四年十月的直奉战争期间，冯作为吴佩孚部队的一个兵团司令，发动起义，占领了北京，将自己的部队改组为国民军。一九二六——一九二七年间，他多次参加了反对直、奉军的战役。一九二七年夏，冯玉祥转到国民党反革命阵营一边。第二次世界大战结束后，他反对蒋介石的反民族政策。

　　贺　龙　师长，尔后任第二十军军长。他在国民革命军于一九二七年五月在河南对奉军发动的战役中声威大振。贺龙是南昌起义（一九二七年八月）领导人之一，并在这次起义中加入了中国共产党，他也是中国红军的缔造者之一。

　　何应钦　北伐期间任国民革命军第一军军长兼东路军总指挥。从一九三二年起任国民党政府的陆军部长。

　　何键　第三十五军军长，一九二七年任汉口警备司令。他是一九二七年夏反革命政变的组织者之一。

　　胡景翼　国民军第二军军长，河南省督军。他曾将一些苏联军事顾问请到自己的部队里。胡死于一九二五年。

　　靳云鹗　吴佩孚的直系集团将军，一九二五年底同国民军第二军一道反对山东督军张宗昌，一九二六年任河南督军，一九二七年三月转到国民党一边。

―――――――

　　①　应为一八七三年。——编者注
　　②　应为一八八二年。——编者注

蒋介石 北伐期间任国民革命军总司令，一九二七年四月发动了反革命政变。一九四九年，蒋介石领导的国民党被革命力量打败，蒋介石逃到台湾岛，在那儿统管国民党行政当局和军队。

张学良 将军，亲日军阀、奉系头子张作霖之子。在其父于一九二八年死后，张学良统管中国东北（满洲）的军队和地方当局，承认了南京的国民党政权。他是中东路和一九二九年反苏边界挑衅事件的组织者之一。一九三一年，他对进攻满洲的日本帝国主义者不给予回击，率自己的军队退到华北。一九三六年，他在西安指挥军队逮捕了蒋介石。

张发奎 北伐期间曾任国民革命军第四军副军长（实际上的军长），由于在一九二六年对吴佩孚和一九二七年对张作霖连战连捷而闻名。在以后的一些年里，他是国民党粤桂军阀集团的首脑之一，参加过一九三三——一九三四年反对蒋介石的福建起义。

陈炯明 亲英的广东军阀。他的军队被国民党军队在一九二五年春天和秋天发动的两次东征中消灭。

于右任 曾任国民军第二军军长胡景翼的政治顾问，尔后又任胡的继任者岳维峻的政治顾问，一九二五年在冯玉祥的国民军第一军中任同一职务。于为国民党中央执行委员会委员。

岳维峻 胡景翼的国民军第二军第三师师长，胡于一九二四年死后，岳继任胡的职务，同时又任河南省督军。

杨希闵 一九二三——一九二五年间任驻守广州的云南军队司令，一九二六年六月发动反对国民政府的叛乱，后被粉碎。

阎锡山 任山西军队司令兼山西省督军近四十年（从一九一一年革命到人民解放军解放山西）。一九二五——一九二七年革命期间，阎时而同吴佩孚结盟，时而同张作霖结盟，时而又同蒋介石结盟（一九二七年反革命政变之后）。一九二九——一九三○年间，阎参加了北方军阀反蒋联盟。他在中华人民共和国成立前的最后职务是国民党行政院（政府）主席。

一九二五——一九二七年革命时期
在华的部分苏联军事和军政顾问

阿基莫夫（Акимов，В.М.）〔别嘉·西林（ППотя.Силин）〕生于一九〇二年。一九二五——一九二六年任张家口组军事顾问，一九二六——一九二七年任广州组顾问。参加过俄国国内战争，毕业于塔什干东方学专修班。他以顾问身份从事教官工作：在华北，任步兵军官训练班教官，在华南，任黄埔军校教官。曾任第一军第二步兵师顾问。参加过攻打武昌的战役。一九三二年毕业于工农红军军事学院。一九三七——一九三八年间，在中国（兰州市）负责参加抗日的中国军队的供给工作。伟大的卫国战争中，担任过师长和军长。荣获一枚红旗勋章。

阿尔根托夫（Аргентов，А.А.）〔马利诺（Марино）〕　广州组炮兵顾问。曾主持中国炮兵军官从掩蔽阵地进行射击的短期训练，讲课可以不用翻译。

巴泽纳乌（Баэенау，О.）　广州组空军顾问。航空机械师出身。战时担任观察员、炮手和射击手。攻打武昌时骁勇善战。

巴尔科（Балк）　张家口组铁甲列车顾问。曾随卡利诺夫斯基铁甲列车队参加国民军第一军的天津战役。一九二六年初死于血中毒，葬于北京。

别夏斯特诺夫（Бессчастнов，Т.А.）　一八九三年生。一九二五——一九二六年任广州组炮兵首席顾问，曾参加过广东的很多战役以及筹建兵工厂的工作，在黄埔军校讲过炮兵课。参加过第一次世界大战和俄国国内战争，曾任过加仑当时指挥的第五十一步兵师炮兵队长。从中国回国后，任第一炮兵旅旅长，参加过伟大的卫国战争。他担任的最后职务是炮兵指挥员高级进修学校校长，一九四七年逝世。

勃拉戈达托夫（Благодатов，А.В.）〔罗兰（Роллан）〕 一八九三年生。一九二五年四月来华。一九二五年在武官处工作，一九二六年任河南组参谋长，一九二七年任广州组参谋长和副总顾问。参加过第一次世界大战和俄国国内战争，毕业于工农红军军事学院。在中国期间，参加过华北的天津战役、华中的兖州战役、驻马店战役和洛阳之战，在华南，参加过北伐（南京战役和河南战役）。曾在河南的军校教授过炮兵知识课。在返苏途中被蒋介石分子劫下轮船，关进监狱。伟大的卫国战争期间，历任军长、集团军副司令、乌克兰第三方面军驻保加利亚第一集团军代表、维也纳城防司令。战后任总参谋部军事学院系主任。

布留赫尔（Блюхер，В.К.）〔加伦（Галин）〕 生于一八九二年。一九二四——一九二七年任华南军事总顾问。参加过第一次世界大战和俄国国内战争。俄国国内战争中，因功绩卓著荣获一级红旗勋章。曾任远东红旗特种部队司令，在中东路事件（一九二九年）和反击日本侵略者（一九三八年在哈桑湖）时，曾指挥过该部队的一系列行动。被授予苏联元帅称号。其余见本书第二四四——二四九页。

鲍罗沃伊（Боровой，П.Ю.） 生于一九〇二年，在哈尔滨就学。一九二二年以前在远东做党的工作。工农红军军事学院东方系毕业。在华期间，曾在武官处做外交工作。伟大的卫国战争初期牺牲。

鲍罗廷（Бородин，Т.С.） 生于一八九一年。河南组炮兵顾问，一九二六年七月起调到广州组。参加过第一次世界大战和俄国国内战争。国内战争期间任第四十鲍古恰尔师炮兵营长（该师师长为 М.В.桑古尔斯基，师炮兵队长为 А.В.勃拉戈达托夫）。参加过北伐。

曾写过一篇介绍自己在中国工作情况的文章《一个炮兵顾问的回忆》，该文载于《在中国的土地上》一书（莫斯科一九七四年版）。参加过伟大的卫国战争。

瓦辛（Васин，В.）　河南组工程兵顾问。曾在河南军校讲过战地工事学课。

维赫列夫（Вихлев，А.）　生于一九〇二年。张家口组铁甲列车顾问。曾参加过天津战役，一九二六年在甘肃省阵亡。

维什尼娅科娃（Вишнякова，В.В.）　生于一九〇五年，毕业于符拉迪沃斯托克国立远东大学东方系。一九二五——一九二七年在几个军事顾问组参谋部和国民党中央执行委员会政治总顾问 M.M.鲍罗廷的机关里担任翻译。

沃罗宁（Воронин，Н.М.）〔普季增（Птицин）〕　驻北京武官。医生出身。在土耳其斯坦参加过国内战争，任集团军的军事委员会委员。荣获两枚红旗勋章。

格克尔（Геккер，А.И.）　生于一八八八年，苏联首任驻华武官（一九二二——一九二五年）。参加过第一次世界大战和俄国国内战争。荣获三枚红旗勋章。在华（在河南）参加过几次战役。详见本书第三十三——三十五页。

格尔曼（Герман，Я.Г.）　广州组军事顾问（一九二三年来华的"第一个五人小组"成员之一）。参加过俄国国内战争。工农红军军事学院毕业（初级班和东方系）。在中国参加了黄埔军校的组建工作和广东的多次战役。

基列夫（Гилев，Г.И.）　广州组军事顾问，一九二四年十月来华，曾在黄埔军校任过教，作为炮兵顾问参加过广东的战役。

格米拉（Гмира，М.Я.）　生于一九〇〇年。一九二四年十月来华，在广州组任加仑的书记副官。详见本书第二四九页。

戈列夫（Горев，В.Е.）　生于一九〇〇年。一九二五——一九二六年任张家口组军事顾问，一九二六——一九二七年任广州组军事顾问。参加过俄国国内战争，毕业于工农红军军事学院（初级班和东方系）。在华南曾任过张发奎将军的第四军（铁军）顾问，参加过北伐。返回苏联后，任东方共产主义劳动大学的军事领导人。曾发表过一篇论述中国军队的文章，笔名维索戈列茨（Высогорец）。

格列伊（Грей，А.Н.）　生于一八九八年，广州组海军顾问。参加过第一次世界大战和俄国国内战争。在中国期间，主管武器航运等事宜。

德拉特文（Дратвин，М.И.）　生于一八九三年，广州组通讯顾问。参加过俄国国内战争。一九二五年起在黄埔军校讲授通讯课程。返回苏联后，毕业于工农红军军事学院。一九三七年再度来华，任武官和军事总顾问。参加过伟大的卫国战争。

叶戈罗夫（Егоров，А.И.）　生于一八八三年，一九〇五年毕业于军事学校，参加过第一次世界大战和俄国国内战争。一九二五年十月起任驻华武官。一九二六年三月奉召回国。在苏联担任过几个军区的司令员，一九三一——一九三七年任工农红军总参谋长，一九三七年起任国防部第一副部长。叶戈罗夫为苏联元帅。详见本书第一〇四——一〇六页。

叶弗列莫夫（Ефремов，М.Г.）〔阿勃诺利德（Абнольд）〕生于一八九〇年，参加过第一次世界大战和俄国国内战争。广州组军事顾问，一九二六年起在广东任总参谋长李济深将军的首席顾问。曾主持黄埔军校的顾问工作。参加过伟大的卫国战争，先后任第二十一集团军、第三十三集团军司令员。一九四二年四月十九日在斯摩棱斯克省牺牲。详见本书第三三五页。

泽涅克（Зенек，И.Я.）〔泽姆勃罗夫斯基（Зембровский）〕生于一八九八年，广州组军事顾问。参加过第一次世界大战和俄国国内战争，工农红军军事学院毕业。一九二五年在黄埔军校工作，参加过广东的战役和北伐，曾任第二军谭延闿将军的顾问。

齐利别尔特（Зильберт，И.Н.）　生于一八九八年，广州组军事顾问，参加过俄国国内战争，工农红军军事学院毕业（初级班和东方系）。一九二四年十月至一九二七年在中国工作，曾在黄埔军校任教，参加过广东的战役和北伐。

齐明（Зимин）　生于一八九六年，一九二五年六月起任河南组军事顾问，参加过俄国国内战争，速成班毕业，参加过天津前线的一些战役。后因病离华。

佐托夫（Зотов，И.）　生于一九〇〇年，广州组参谋长，一九二六年十月来华，参加过北伐。一九二七年八月在汉口的一次宴会上中毒身亡（据料，那个投放毒药的酒杯是为加仑预备的）。

久克（Зюк，П.）　生于一八九六年，张家口组骑兵顾问。参加过第一次世界大战，曾随 B.M.普利马科夫指挥的第八骑兵师参加了国内战争，任骑兵营营长。工农红军军事学院毕业。在中国曾任骑兵军军长孙连仲的顾问。国民军第一军的中国骑兵在华北战场上屡战皆败，溃不成军。П.久克返回苏联后，任列宁格勒军区第四步兵师师长。

伊万诺夫-利诺夫（Иванов-Ринов）　张家口组军事顾问，原系沙皇军队将军。他与前沙皇军队其他两名将军顿基赫、舍拉文一起，加入赴华苏联志愿军组。参加过华北的一些战役，双脚负伤。

伊利亚申科（Ильяшенко）　驻北京武官处军事顾问，一九二七年四月六日奉军袭击苏联大使馆时，与使馆其他苏联工作人员一道被捕，被囚禁一年半。

卡利诺夫斯基（Калиновский，К.Б.）〔科尔杰（Корде）〕生于一八九七年，参加过第一次世界大战和俄国国内战争。由于在国内战争中功绩卓著，被授予二枚红旗勋章。工农红军军事学院毕业；张家口组铁甲列车顾问，一九二五——一九二六年在华工作。他与工程师、军事顾问切金一道，制造了五辆铁甲列车，对冯玉祥的国民军第一军帮助很大。这些铁甲车在直隶省坚持了五个月，抗击占优势的奉军。返回苏联后，任工农红军摩托化机械化管理局副局长，一九三二年因飞机失事牺牲。

卡拉蒂金（Каратыгин.П，П.）〔拉冈（Рогон）〕 参加过第一次世界大战和俄国国内战争，旧军队的总参军事学院毕业。一九二五——一九二六年在华工作。曾作为陆海军人民委员 M.B.伏龙芝（Фрунзе）的特派军官，视察过军事顾问的工作。详见本书第五十七页。

科利莫夫（Климов，А.Я.） 生于一八九八年，军事政治顾问，一九二四——一九二五年在河南组、一九二五——一九二六年在张家口组工作。参加过远东的革命运动和国内战争。一九一八年加入苏联共产党。毕业于工农红军军事学院东方系，参加过共产国际第三次代表大会（一九二四年），一九二七年返回莫斯科，在外交人民委员部工作。

科比亚科夫（Кобяков） 广州组军事飞行员（随航机械师），在广东战役和北伐期间参加过多次空战。在江西战役中，与飞行员列米久克一起，被迫在敌占区着陆，被俘。国民革命军占领南昌后从监狱获释。

康奇茨（Кончиц，Н.И.） 生于一八九四年，广州组军事顾问，参加过第一次世界大战和俄国国内战争。一九二五年在华北任第六军军长程潜将军的顾问。北伐期间参加过粉碎孙传芳的南昌战役。他在中国的工作情况较为详细地记载于他的《在华日记》一书中。他参加过伟大的卫国战争。因表现勇敢，指挥作战有方，多次荣获勋章和奖章。

科列伊沃（Корейво，И.）〔诺加（Нога）〕 生于一八八五年，张家口组军事顾问，塔什干东方学专修班毕业。为了建立冯玉祥军队与国民革命军之间的联系，曾在敌占区出色地辗转两个月（从陕西省到汉口）。

科尔涅耶夫（Корнеев，И.）〔安杰尔斯（Андерс）〕　生于一八九〇年，张家口组军事顾问，曾任该组参谋长。参加过第一次世界大战和俄国国内战争。工农红军军事学院毕业。一九二六年任方振武将军的国民军第五军总顾问，并随该军同冯玉祥指挥的部队一道参加了华北的一些战役。

科尔涅耶夫（Корнеев，Н.С.）〔康（Кон）〕　广州组军事顾问，参加过俄国国内战争，工农红军军事学院毕业。一九二五年起在华任国民革命军通讯主任的顾问，参加过北伐。参加过伟大的卫国战争，曾任苏军驻布罗兹·铁托元帅处的代表。

柯拉夫佐夫（Кравцов，А.М.）　生于一八九七年，广州组空军顾问兼飞行队长。曾在耶戈里耶夫斯基航校和卡恰航校受过军事训练。参加过第一次世界大战和俄国国内战争。一九二五——一九二七年在华工作，参加过广东的一些战役和北伐，特别是武昌的空战。从中国回国后，指挥远东各种航空部队和堪察加空军。参加过符拉迪沃斯托克的防空战。曾多次荣获军功勋章。

库兹米切夫（Кузьмичев，Б.И.）〔温（Вен）〕　生于一九〇〇年。张家口组骑兵顾问。曾任过副总顾问普利马科夫的副官。

古比雪夫（Куйбышев，Н.В.）〔季山嘉（Кисанька）〕　在加仑回国疗养期间（一九二五——一九二六年三月）任广州组军事总顾问。后曾任工农红军干部部长。

库满宁（Куманин，М.Ф.）〔齐冈（Зигон）〕　生于一八九七年，广州组军事顾问，参加过第一次世界大战和俄国国内战争。一九二六年十月起在中国任第七军（桂军）军事顾问。参加过北伐。在河南战役中任贺龙将军的顾问。一九二七年秋，贺龙部队反对国民党叛变的起义失败，库满宁被俘，一年以后才获释回国。详见 М.Ф.库满宁写的南昌起义回忆录，载《苏联志愿者谈中国第一次国内革命战争》一书（莫斯科，一九六一年）。

拉平（Лапин，А.Я.）〔薛福林（Сейфуллин）〕 生于一八九九年，张家口组军事顾问，毕业于工农红军军事学院。一九二五——一九二七年在中国张家口组工作，尔后任河南组组长。一九二六年四月代理武官，尔后任冯玉祥的西北军副总军事顾问（详见本书第二十三——二十五页）。返回苏联后，进航校学习，毕业后转入空军。因在国内战争和在华工作期间功绩卓著，荣获四枚红旗勋章。

列别捷夫（Лебедев，И.в.）〔鲁别（Лубе）〕 生于一八九二年，河南组军事顾问，参加过第一次世界大战和俄国国内战争，曾在河南军校讲过课和指导学员野外演习。

隆格瓦（Лонгва，Р.В.） 生于一八九〇年，一九二六——一九二七年间任驻北京武官，参加过俄国国内战争，一九一〇年加入苏联共产党。因战功卓著，荣获一枚红旗勋章。从中国回国后，在总参谋部工作，任工农红军通讯部长。

洛班诺夫（Лобанов，И.В.） 张家口组军事顾问，参加过第一次世界大战和俄国国内战争，工农红军军事学院毕业。

利沃夫（Львов，В.И.） 生于一八九一年，张家口组军事顾问，国民军第三军孙岳将军首席顾问，参加过第一次世界大战和俄国国内战争，工农红军军事学院毕业，伟大的卫国战争期间，曾任集团军司令，在克里米亚英勇牺牲。

马迈耶夫（Мамаев，И.К.） 生于一八九六年，广州组军事顾问，哈尔滨商学院毕业，参加过第一次世界大战和俄国国内战争，后毕业于工农红军军事学院东方系。一九二四年十月——一九二六年在中国工作，曾任黄埔军校教官，作为第七军（桂军）的军事顾问参加了广东的一些战役和北伐，并参加了攻打武昌。返回苏联后在工农红军军事学院工作。

马采伊利克（Мацейлик，Ф.Г.）　　生于一八九五年，广州组军事顾问，参加过俄国国内战争，工农红军军事学院毕业，一九二四年十月来华，在黄埔军校任过教，曾作为第三军（云南军）顾问参加了广东的一些战役和北伐，返回苏联后任工农红军总参谋部对外联络处处长。

莫尔察诺夫（Молчанов，Н.С.）　　生于一八九六年，张家口组军医顾问，天津战役开始后，他在北京利用当地的条件，主动开设了一所医院。详见本书第五十七——五十九页。

穆拉维约夫（Муравьёв，В.Л.）　　生于一九〇〇年，驻北京武官处顾问，参加过第一次世界大战和俄国国内战争，一九二五——一九二七年在中国工作，曾参加了河南的一些战役。他的主要职业是建筑工程师，参加过伟大的卫国战争。

纳乌莫夫（Наумов，С.Н.）〔卡拉切夫（Калачев）〕　　生于一八九〇年，军政顾问，一九二五年五月至一九二七年先后在张家口、河南和广州组工作，参加过俄国国内战争，在广州顾问组期间，曾任黄埔军校政治总顾问。北伐开始后，在国民革命军总政治部工作。返回苏联后，从事科学和教育工作，曾任苏联国防部军事出版社总编辑。见《苏联志愿者谈中国第一次国内革命战争》一书中他写的文章《黄埔军校》（莫斯科，一九六一年）。

巴甫洛夫（Павлов，П.А.）　　生于一八九二年，首任驻中国军事总顾问，我们顾问组织工作的奠基人，通晓五种外语，参加过第一次世界大战和俄国国内战争，荣获二枚红旗勋章和一枚布哈拉金星勋章，一九二四年在石龙不幸牺牲。详见本书第一百七十—— 一百七十一页。

帕纽科夫（Панюков，В.Н.）〔科米（Коми）〕　　生于一八九九年，广州组军事顾问，塔什干东方学专修班毕业，一九二四年十月来华，在黄埔军校先后任翻译和教官。曾作为顾问参加了广东的一些战役，北伐开始时被加仑任命为第二十六军军长白崇禧将军的顾问。

佩特凯维奇（Петкевич，Н.Ю.）〔久弗连（Дюфрей）〕 生于一八九五年，张家口组炮兵顾问，参加过第一次世界大战和俄国国内战争，荣获二枚红旗勋章。一九二五年四月来华，曾在平地泉炮兵训练班向中国炮兵军官传授过新的射击法。返回苏联后，任莫斯科军区炮兵司令。

波洛（Полло，Я.） 生于一八九六年，广州组军事顾问，速成班毕业，一九二四年十月来华，任黄埔军校战术教官，曾作为师的顾问参加了广东的一些战役，尔后参加了北伐。

波利雅克（Поляк，В.Е.） 生于一八九〇年，广州顾问组军事顾问，参加过第一次世界大战和俄国国内战争，工农红军军事学院毕业（初级班和东方系），一九一八年入党，一九二三年六月作为"第一个五人小组"成员之一来华。曾参与筹建黄埔军校并任该校第一任首席顾问，参加过广东的一些战役。伟大的卫国战争期间，参加了莫斯科保卫战，曾任 М.В.伏龙芝军事学院教研室主任。一九四七年逝世。

普利马科夫（Примаков，В.М.）〔林（Лин）〕 生于一八九七年，张家口组副总顾问，积极创建国民军第一军的骑兵。俄国国内战争期间，历任闻名的第八骑兵师师长和红色哥萨克第一骑兵军军长，荣获三枚红旗勋章。返回苏联后，任北高加索军区和列宁格勒军区副司令。详见本书第二十八——二十九页。

普罗塔索央（Протасов，С.） 生于一八九七年，武官处地形测绘员，在北京和南昌为张家口组和广州组绘制了很多战术地图。

普特纳（Путна，В.К.） 生于一八九四年，张家口组军事总顾问，参加过第一次世界大战和俄国国内战争，由于屡建战功，荣获三枚红旗勋章，晚年出任驻英武官。详见本书第五十五页。

拉兹贡（Разгон，И.Я.）〔奥利金（Ольгин）〕 军事总顾问季

山嘉的政治助手。来华之前曾任工农红军军事学院主管政治工作的副院长。在广州期间，曾参与制定黄埔军校的大纲和条例。

列米久克（Ремизюк）〔维利（Вери）〕　广州组军事飞行员兼顾问，参加过国民革命军的广东战役和北伐。在江西省被迫着陆时与机械师科比雅科夫一道被俘，关押于南昌监狱。国民革命军攻下南昌后获释。

罗加乔夫（Рогачев，В.П.）　生于一八九一年，广州组军事顾问，参加过第一次世界大战和俄国国内战争，工农红军军事学院毕业，一九二四年十月来华，在广州任国民革命军参谋长。

罗戈夫（Рогов，Н.П.）〔洛德金斯基（Лодзинский）〕　生于一八九四年，广州组后方军事顾问，参加过俄国国内战争，军事经济学院毕业。

桑古尔斯基（Сангурский，М.В.）〔乌斯曼诺夫（Усманов）〕生于一八九五年，参加过第一次世界大战和俄国国内战争，高级指挥干部进修班毕业，曾任第一步兵军军长和列宁格勒警备司令。一九二六年年中来华，任冯玉祥元帅的国民军西北军（前张家口军）军事总顾问，离华回国后，任远东红旗特种部队副司令。详见本书第三二七页。

萨赫诺芙斯卡娅（Сахновская，М.）〔丘芭列娃（Чубарзва）〕生于一八九九年，广州组军事顾问，参加过俄国国内战争，荣获一枚红旗勋章，工农红军军事学院毕业，曾任广州组参谋长，在黄埔军校任过教官。

萨赫诺夫斯基（Сахновский）　生于一八九五年，广州组军事顾问，参加过俄国国内战争，工农红军军事学院毕业，曾参加过广东的一些战役，并在黄埔军校任过教。

谢苗诺夫（Семёнов，Н.А.）〔维克托罗夫（Викторов）〕　生于一八九一年，广州组军事顾问。参加过第一次世界大战和俄国国内战争，工农红军军事学院毕业。在华担任黄埔军校教官。返回苏联后，先后在列宁格勒军区司令部和工农红军总参谋部工作。

谢尔盖耶夫（Сергеев，В.Е.）　生于一八九三年，广州组和国民革命军空军负责人，参加过第一次世界大战和俄国国内战争，曾在俄国和法国攻读航空专业，参加过广东和北伐中的很多战役。

西林（Силин）　生于一八九四年，河南组军事顾问，参加过第一次世界大战和俄国国内战争，曾作为第三步兵师顾问参加了河南的一些战役。

斯卡洛夫（Скалов，Г.Б.）〔**西纳尼**（Синанин）〕　生于一八八九年，河南组军事总顾问，参加过俄国国内战争，曾任土耳其斯坦方面军革命军事委员会委员。因参加了镇压喀琅施塔得叛乱，被授予一枚红旗勋章，后来曾任莫斯科东方学院院长。

斯莫连采夫（Смоленцев，П.И.）　生于一八九一年，广州组军事顾问，参加过第一次世界大战和俄国国内战争，工农红军军事学院毕业（初级班和东方系），一九二三年作为"第一个五人小组"成员之一来华。曾参加了创建黄埔军校和广东的一些战役。

斯涅戈夫（Снегов，М.Г.）〔**斯维托夫**（Светов）〕　生于一八九三年，广州组参谋部军事顾问（作战部部长和副参谋长）。参加过俄国国内战争，返回苏联后，任国防人民委员部办公厅主任；伟大的卫国战争期间，曾任军长，因参加了佩烈梅什利的保卫战，荣获一枚红旗勋章。

索洛维约夫（Соловев，Н.В.）〔**奥尔洛夫**（Орлов）〕　生于一八九二年，广州组和国民革命军军医顾问。

斯捷潘诺夫（Степанов，В.А.）　生于一八九〇年，广州组军事顾问，参加过第一次世界大战和俄国国内战争，工农红军军事学院毕业，一九二四年十月来华，在黄埔军校工作，参加过广东的一些战役。

斯特鲁姆比斯（Струмбис）　广州组军事顾问，参加过俄国国内战争，一九二六年来华，在顾问组参谋部情报处工作。

苏霍鲁科夫（Сухоруков，В.Т.）　生于一八九二年，一九二四年起任驻华武官处军事顾问，参加过俄国国内战争，工农红军军事学院毕业，有关他在中国的活动情况，详见《蒋介石分子对苏联总领事馆的袭击》一文（汉口　一九二七年）。

塔利别尔克·琼（Тальберг.Джон）　生于一八九三年，广州组空军顾问，参加过俄国国内战争，参加过广东的一些战役和北伐。

捷列沙托夫（Телешатов，Н.И.）　生于一八九三年，广州组顾问，参加过第一次世界大战和俄国国内战争，工农红军军事学院毕业，一九二三年作为"第一个五人小组"成员之一来华，积极参与将中国武装部队改组为国民革命军，积极参加创建黄埔军校的工作和广东的一些战争。

铁罗尼（Теруни）〔铁尔·塔伊罗夫（Тер.Таиров）〕　生于一八八六年，广州组军事政治顾问，参加过俄国国内战争，历任过一系列军政要职。一九二四年来华，任总顾问加仑的政治助手，积极参与创建黄埔军校，积极参加国民革命军在广东的一些战役和北伐，参加过攻打武昌的战斗。

捷斯连科（Тесленко，Е.В.）〔捷列辛科（Терещенко）〕　生于一八九五年，广州组军事顾问，参加过俄国国内战争，工农红军军事学院毕业，一九二五年来华，在广州组参谋部工作，尔后任叶挺将军的军部顾问，参加过北伐。关于 Е.В.捷斯连科在中国的活动，见《苏联志愿者谈中国第一次国内革命战争》（莫斯科，一九六一年）一书中《从广州到汉口》一文和《在中国的土地上》一书中的《回忆叶挺》一文（莫斯科，一九七四年）。

顿基赫（Тоних，И.В.）　驻北京武官处军事顾问，前沙皇军队将军，参加过第一次世界大战和俄国国内战争，出身于外贝加尔哥萨克，曾在参谋部中整理参谋部的资料；在张作霖的士兵四月六日袭击苏联驻北京大使馆时被捕并被关进监狱，在狱中备受虐待达一年多。

乌格尔（Угер，Д.）〔列米（Реми）〕 生于一八九五年，广州组空军顾问，广州组和国民革命军空军飞行大队长，参加过俄国国内战争；参加过广东的一些战役。

费利波夫斯基（Филиповский，М.） 生于一八九五年，广州组军事顾问，参加过第一次世界大战和俄国国内战争，一九二六年来华，任第三十六军军事顾问，参加过北伐。离华回国后，在总参军事学院任教，参加了伟大的卫国战争。

哈西斯（Хасис，А.И） 生于一八九四年，自一九二五年二月起在华做外交工作；参加过第一次世界大战和俄国国内战争（在东南和土耳其斯坦方面军），一九二四年毕业于工农红军军事学院东方系，曾任过驻广州、汉口和上海的副领事，在蒋介石分子镇压广州公社时惨遭杀害。

切金（Чекин，С.С.）〔谢尔盖耶夫（Сергеев）〕 生于一八九四年，张家口组工程兵顾问，参加过第一次世界大战和俄国国内战争，一九二五年来华，与卡利诺夫斯基一起为冯玉祥的国民军第一军建造了五辆铁甲列车，这些铁甲列车在抗击奉军、保卫北京地区时发挥了很大作用。切金离华返回苏联后被任命为В.В.古比雪夫军事工程学院副院长。

切列潘诺夫（Черепанов，А.И.） 生于一八九六年，广州组军事顾问，工农红军军事学院毕业（初级班和东方系），参加过第一次世界大战和俄国国内战争；参加过纳尔瓦和普斯科夫战役，这次战役开始那一天——一九一八年二月二十三日——即成了苏联建军节。一九二三年随第一批顾问来华，参加了创建黄埔军校，参加过广东的一些战役和北伐。切列潘诺夫在其《一个驻华军事顾问的札记》（莫斯科一九七六年版）一书的第一、二部分中，描写了他一九二三年至一九二六年的活动情况，在第三部分中描写了一九三八年担任中国军队军事总顾问的情况。离华回国后，他在总参军事学院中工作，卫国战争期间，曾指挥过列宁格勒方面军的一个集团军。

切尔尼科夫（Черников，А.Н.）〔萨特拉普（Сатрап）〕　生于一八九一年，张家口组军事顾问，一九二六年起任广州组军事顾问，工农红军军事学院毕业，在华北时，曾在张家口军官机枪射击训练班中任过教，参加过天津战役；在华南，曾作为程潜将军的第六军顾问参加了北伐。

沙尔费耶夫（Шалфеев，С.）〔沃罗比约夫（Воробьёв）〕　生于一九〇一年，骑兵，加仑的私人副官，后随苏联军事代表舍科驻蒙古，被授予蒙军将军衔。

舍拉文（Шелавин）〔鲁特涅夫（РУДНЕВ）〕　一九二五——一九二六年任河南组军事顾问，在河南军校讲授过炮兵知识，一九二六年底至一九二七年在广州组参谋部工作。舍拉文原系沙皇军队的将军。

舍瓦尔金（Шевалдин，Н.А.）〔普利贝列夫（Прибылев）〕生于一八九二年，广州组军事顾问，速成班毕业，一九二四年十月来华，参加了组建黄埔军校并在军校中工作，参加过广东的一些战役，后来作为师的顾问参加了北伐，参加过攻打武昌和南京的战斗。

舒瓦诺夫（Шуванов，И.Г.）　生于一八九四年，广州组军事顾问，一九二六年来华，任国民革命军参谋部李济深将军领导的作战部顾问。И.Г.舒瓦诺夫曾在《在中国的土地上》（莫斯科一九七四年）一书中的《在华南》一文中，描写了自己在该参谋部的活动。

雅科夫列夫（Яковлев，В.А.）　生于一八八〇年，广州组工程兵顾问，第一次世界大战前毕业于军事工程学院（与Д.В.卡尔比舍夫同届），系永久性工事工程师，参加过第一次世界大战和俄国国内战争，一九二四年十月来华，积极参加黄埔军校的教学组织工作以及广东的一些战役。一九二六年回国后任 B.B.古比雪夫军事工程学院教研室主任。

雅诺夫斯基（Яновский）　生于一九〇〇年，广州组顾问，参加过俄国国内战争，工农红军军事学院毕业，一九二六年来华，任过师和军的顾问。

附注：这里列举参加一九二五——一九二七年中国革命的军事顾问和军政顾问的名单是非常不全的。由于各种原因，作者无法更详细地介绍顾问们的情况（特别是他们参加了哪个派，他们的战斗和军事理论修养以及称号等等）。但是，由于我本人对这些人的活动情况很了解，因而使我能看到他们所固有的共同特点。

他们大多数人都是苏共党员。他们前往中国是为了履行自己的国际主义义务，帮助中国人民从帝国主义的奴役下解放出来。

几乎所有当时在中国工作的顾问都是二十五——四十岁的中、青年人；大多数人都有第一次世界大战和俄国国内战争的经验。他们中的相当一部分人（大约占百分之五十），都是工农红军军事学院第四、五期毕业生。

这些苏联人在中国都忘我地工作，尽管条件非常困难，以及很多人都缺乏在中国当顾问的专门训练（例如，不懂该国的风俗习惯、语言、地理特点，不了解中国使用的武器等，其原因在于没有中国地图，缺少该国的地理和历史方面的科学书籍）。

参加一九二五——一九二七年中国革命的
苏联军事翻译和汉学家

阿勃拉姆松（Абрамсон，З.М.）〔马祖林（Мазурин）〕　生于一八九八年，列宁格勒大学东方系毕业，随军事顾问从事翻译和汉学工作。一九二五——一九二六年在河南组担任顾问组长 Г.B.斯卡洛夫的翻译，一九二六年九月至一九二七年在广州组加仑总部工作。在河南时，曾参加兖州和驻马店战役，在广州组工作期间，参加了北伐。

鲍卡年科（Боканенко，Ф.Т.）〔科尔弗（Корф）〕　张家口组军事翻译，符拉迪沃斯托克远东大学毕业，随 К.B.卡利诺夫斯基指挥的铁甲列车参加了国民军第一军的很多次战役。

瓦西里耶夫（Васильев，B.A.）　列宁格勒大学东方系毕业，主要担任武官 А.И.格克尔、Н.М.沃罗宁、А.И.叶戈罗夫的翻译。

卡扎宁（КазаниН，М.И.）　〔洛托夫（Лотов）〕　一九二六——一九二七年任广州组军事翻译、汉学家。勃拉戈达托夫任加仑的副手时，充任勃拉戈达托夫的翻译。М.И.卡扎宁曾写了《在加仑的司令部里》一书，介绍了他担任翻译的活动情况。他曾在很多中国问题科研机关工作过，著有《一个代表团秘书的札记》一书以及几部文学作品。

科萨切夫（Косачев）　顾问伊万诺夫-利诺夫的军事翻译，在包头战役中阵亡。

蒙泽列尔（Монзелер，Г.OO.）　广州组参谋 А.B.勃拉戈达托夫的军事翻译。列宁格勒大学汉语教员。一九二七年来华做学术考察，参加过北伐。

佩弗兹涅尔（Певзнер）〔柯拉弗特（Крафт）〕　张家口组军事翻译，汉学家，曾随该组顾问参加过一些战役。

奥沙宁（Ошанин，И.М.）　生于一九〇〇年，军事翻译，汉学家。一九二六——一九二七年在中国，先在北京，后在河南组工作。随河南组顾问参加了徐州前线的一些战役，曾在拉扎列夫学院和工农红军军事学院攻读中文和汉学。一九二八年——一九三八年在苏联驻华大使馆工作。文科博士、教授，现在苏联科学院东方事务研究所工作。

附注：我没能找到介绍没有参加过战役，但与军事顾问们一道工作过或在顾问组参谋部里工作过的那些翻译人员生平的更为详细的材料。

莫斯科、列宁格勒、符拉迪沃斯托克等苏联主要汉学中心的代表都去过中国。这些都是年青人，大多数都是二十——三十岁的年青学生，他们不遗余力地进行工作，为有幸参加争取中国人民的自由与独立的斗争而感到自豪。

回忆录《在起义中国的两年·1925—1927年》的作者 B.B.维什尼娅科娃-阿基莫娃非常详细地介绍了自己任张家口顾问组顾问的军事翻译，尔后任国民党中央执行委员会政治总顾问 M.M.鲍罗廷机关军事翻译的活动情况。B.B.维什尼娅科娃在其著作中除了介绍我国一些军事顾问和军政顾问的很有价值的材料外，还介绍了自己的一些同行——汉学家的活动情况。这使我只能列一下他们的名单和明确一下我与他们会见的地点。

第一批离莫斯科到中国去的汉学家有 B. Л. 加姆别尔克（Гамберг）、A. П. 罗加乔夫（Рогачев）、B. И. 麦利尼科夫（Мельников）和 И.M.奥沙宁（Ошанин）。И.M.奥沙宁最初在全权代表 Л.M.加拉罕机关中工作，尔后到河南组。接着从远东国立大学来了一大批人——З.С.杜芭素娃（Дубасова）留在了北京，Ф.Т.鲍卡年科（Боканенко）同 B.B.维什尼娅科娃去了张家口顾问组，B.沃伊洛什尼科夫（Войлошников）、Т.И.弗拉基米罗娃（Владимирова）及其丈夫 E.C.约克（Иолком）都在广州。在开封担任翻译的是列宁格勒来的瓦西里耶夫、C.M.奥科涅什尼科娃（ОконешникОВА），符拉迪沃斯托克来的 Г.Ф.斯科沃尔佐夫（Сконешникова）和 C.A.弗鲁别尔（Врубель）。Б.C.佩尔林（Перлин）一直在北京工作。

后　记

　　一九二五——一九二七年革命的矛头是对着军阀和他们的主子的。在这场革命中起主导作用的是国民党，它是在革命斗争中抱着各种目的的各种社会集团的一个联合组织。这是民族资产阶级、城市小资产阶级、农民和无产阶级的统一战线。当然，这个统一战线自成立之日起就产生了分歧，这个分歧主要是围绕革命中的领导作用问题而产生的。随着革命的发展，党内斗争变得越来越尖锐了。一九二六年三月二十日，蒋介石做了使革命服从自己和清除共产党人的首次尝试。

　　在进行北伐时，中国的资产阶级领导人竭力想使北伐仅局限于纯军事目的。在北伐初期，国民党内各种政治派别之间的分歧并没有妨碍一致的行动。革命斗争的规模如此之大，以至于帝国主义列强纠集了一些同革命不共戴天的敌人——吴佩孚和张作霖、孙传芳和张宗昌——建立了一个反动势力联盟。此外，帝国主义列强急忙将大批的本国部队开到了中国。

　　但是，反动派的各种挣扎当时都是徒劳的，没过一年，中国在一个中心周围的统一实际上已经实现了。国民革命军——它战胜了在数量上和军事装备上都占优势的敌人——迅速取得了军事上的胜利，有其一系列的原因：国民革命军的士气高，军事训练有素；以 B.K.布留赫尔为首的苏联军事顾问发挥了很大的组织作用，国民革命军在开展军事行动时得到了广大人民群众（农民、无产者、手工业者和中国劳动知识分子）的全面支持；中国共产党通过强有力的政治工作和动员当地居民援助国民革命军，在提高国民革命军部队的政治思想觉悟方面，做了很多工作。

随着革命运动的发展，农民和无产者被吸收参加革命斗争，在国民政府面前越来越尖锐地提出了必须作出关于土地问题的决定。但是，国民政府管区里的实权都掌握在军人手里，这些军人一般地都出身于封建地主和资本家家庭。中国共产党为了农民的利益，积极负责解决很多世纪形成的土地问题，因此，军界、封建地主、资本家和官僚都极端仇视中国共产党人。

国民党的内部矛盾导致它分裂为反动的右派和左派，后者坚持与中国共产党联合走革命斗争的道路。这些矛盾又导致国民政府分裂为两个政治中心——蒋介石和胡汉民政府的南京中心和以汪精卫、谭延闿为首的武汉中心。汪精卫和谭延闿的顾问一直是 M.M.鲍罗廷。武汉政府是中国所有革命力量向往的主要中心。

但是，武汉政府的成员们都不善于领导革命斗争，而且他们对此都不感兴趣，他们都具有小资产阶级政治家所固有的犹豫不决、摇摆不定的弊病。他们继冯玉祥投入蒋介石阵营之后，也投身到了反动阵营里边；他们破坏了国民党同共产党结成的联盟，屠杀共产党人和革命者。就这样，真正的革命运动与其暂时同路的资产阶级分子分道扬镳了。

我们苏联志愿人员——大部分人都是工农红军军事学院（现在的 M.B.伏龙芝军事学院）第四期、第五期的学员——应孙中山的邀请来到中国，积极参加了一九二五——一九二七年的中国革命。

苏联人真心愿意帮助中国人民从军阀和他们的靠山帝国主义列强的压迫下解放出来，获得自己的主权。

华南政府首脑孙中山将顾问们请来以后，为他们创造了顺利开展工作的各种条件。至于国民军的几个将领（冯玉祥、岳维峻、孙岳），他们都奉行独特政策。他们愿意接受我国政府提供的武器和其他物资，经常邀请顾问组出席宴会，但是他们却谨小慎微而又很少让顾问直接接触工作。我们实践中的几十个例子——兖州战役、天津战役、驻马店战役等等——都证明了这一点。

从我的这部记事所提供的材料中可以看出，尽管形式复杂而又充满矛盾，尽管困难重重，苏联顾问们最终还是完成了交给他们的帮助中国人民消灭北方军阀的任务。

我本人对我们的很多顾问都很了解，我们曾在工农红军军事学院一起学习过，在国内战争的战场上并肩战斗过。所有的苏联顾问在中国工作期间都表现出了高度的爱国主义和忘我精神。

张家口顾问组的顾问们（在国民军第一、二、三军中担任顾问）在工作中所遇到的困难可能最多，这是因为军阀的势力绝对胜过了这些军队，帝国主义分子都支持军阀势力，同时也因为国民军的领导软弱。但是，这些军队在我们顾问的帮助下，牵制了反动派的大量军队，因此使得国民革命军能在广州顾问组的帮助下准备并实施了反对军阀的北伐，把他们一一歼灭。

很多前顾问在自己的回忆录中都描写了国民革命军的组成和训练情况。这些著作都以丰富的材料令人信服地展现了国民革命军借鉴于我国指挥部队的方法的优越之处和利用俄国国内战争经验，消灭了军阀军队的历史。

尽管蒋介石变了节，以及尔后武汉政府的领袖们也破坏了一九二五——一九二七年革命的进一步发展，我们仍可自豪地说，去中国担任军事顾问的苏联人光荣地完成了我们党和我国人民所交付的帮助中国革命力量的任务。

责任编辑：李　冰　王世勇
封面设计：王欢欢

图书在版编目（CIP）数据

中国革命纪事：1925—1927/［俄］A．B．勃拉戈达托夫 著；
　李辉 译. —北京：人民出版社，2018.9
ISBN 978－7－01－019842－2

Ⅰ.①中…　Ⅱ.①A…　②李…　Ⅲ.①第一次国内革命战争-
史料-武汉-1925-1927　Ⅳ.①K262.06

中国版本图书馆 CIP 数据核字（2018）第 220871 号

中国革命纪事（1925—1927）
ZHONGGUO GEMING JISHI（1925—1927）

［俄］A．B．勃拉戈达托夫　著　　李　辉　译

人 民 出 版 社 出版发行
（100706　北京市东城区隆福寺街 99 号）

山东鸿君杰文化发展有限公司印刷　新华书店经销

2018 年 9 月第 1 版　　2018 年 9 月第 1 次印刷
开本：710 毫米×1000 毫米 1/16　印张：21.5
字数：280 千字

ISBN 978－7－01－019842－2　定价：88.00 元

邮购地址 100706　北京市东城区隆福寺街 99 号
人民东方图书销售中心　电话 （010）65250042　65289539